Letras Hispánicas

Impresiones y paisajes

Letras Hispánicas

Federico García Lorca

Impresiones y paisajes

Edición de Rafael Lozano Miralles

SEGUNDA EDICIÓN

CATEDRA

LETRAS HISPANICAS

Ilustración de cubierta: Fragmento de la portada de la edición
de 1918 de *Impresiones y paisajes*

Ilustraciones de cubierta e interiores, cortesía de la Fundación
Federico García Lorca

© Herederos de Federico García Lorca, 1994
Ediciones Cátedra, S. A., 1998
Juan Ignacio Luca de Tena, 15. 28027 Madrid
Depósito legal: M. 27.712-1998
ISBN: 84-376-1050-8
Printed in Spain
Impreso en Huertas, S. A.
Fuenlabrada (Madrid)

Índice

7

Introducción

En los primeros días de abril de 1918 aparece en las librerías granadinas un libro titulado *Impresiones y paisajes*. Lo firma un semidesconocido aspirante a escritor: Federico García Lorca. No es la primera vez que su nombre sale en letras de imprenta, pues ya había publicado algunos textos breves en revistas y diarios de Granada y Burgos, pero se trata de su primer libro. Un mes después escribe a Adriano del Valle:

> En cuanto a mi libro, le doy a V. las gracias por su elogio. Le digo que para escribir de él no tiene que decirme nada, porque una vez el libro en la calle, ya no es mío, es de todos... En mi libro (que es muy malo) sólo hay una gran emoción que siempre mana de mi tristeza y el dolor que siento ante la naturaleza... [...] Yo soy un gran romántico, y éste es mi mayor orgullo. En un siglo de zepelines y de muertes estúpidas, yo sollozo ante mi piano soñando en la bruma haendeliana y hago versos muy míos cantando lo mismo a Cristo que a Budha, que a Mahoma y que a Pan. [...] Tenemos que amar a la luna sobre el lago de nuestra alma y hacer nuestras meditaciones religiosas sobre el abismo magnífico de los crepúsculos abiertos... porque el color es la música de los ojos...[1]

Estas pocas líneas bastan ya para proporcionar una inicial fisonomía del libro y de su autor. Se intuye la deu-

---

[1] Federico García Lorca, *Epistolario, I*, Introducción, edición y notas de Ch. Maurer, Madrid, Alianza Editorial, 1983, págs. 18-19.

da consciente con conceptos y corrientes literarias que van del Romanticismo al Modernismo pasando por el Simbolismo, pero, sobre todo, se percibe una actitud de modestia que intenta enmascarar la autocrítica de *Impresiones y paisajes:* «es muy malo». Esta actitud ya le había llevado a escribir precavidamente en la parte final del «Prólogo» que «este pobre libro [...] es una flor más en el pobre jardín de la literatura provinciana..... Unos días en los escaparates y después al mar de la indiferencia». Y en efecto, a pesar de haber alcanzado un cierto éxito entre los amigos y recibido alguna reseña favorable, el libro fue retirado de las librerías al poco tiempo de su aparición.

El hecho de que Lorca se mostrara durante toda su vida muy reacio a referirse a él, relegándolo al olvido[2], no debe ocultar la especial significación que supone su publicación. No porque sea un libro 'bueno' o 'malo', o porque pueda ser considerado un ejemplo decididamente menor del panorama literario de aquellos años, sino porque *Impresiones y paisajes* es el primer libro que publicó, y por lo tanto ha de ser considerado como la inicial formalización de un proceso de escritura que desembocará en una de las producciones literarias más interesantes y consistentes de nuestro siglo. Su mayor mérito, como han señalado todos los críticos, reside precisamente en que ofrece las claves, en positivo y en negativo, para interpretar lo que arte y escritura significaban y llegarán a significar para Lorca[3].

---

[2] Son muy escasas las referencias al libro en sus entrevistas y declaraciones y no pasan de ser simples menciones de su existencia. Cfr. págs. 397, 498, 499, 672 del vol. III de F.G.L. *Obras completas,* Madrid, Aguilar, 1986, 3 vols., (a partir de ahora *OC).* Esto provocaba curiosos errores de los periodistas que escribían en ocasión de los estrenos y viajes del ya famoso poeta y dramaturgo: «A los dieciséis años [...] publica en Granada su primer libro. Son versos con el título de *Impresiones y paisajes*», en *El Debate,* Madrid, 1-10-1933.

[3] Y, como ha señalado Francisco García Lorca, se trata del primer libro de uno de los miembros de la generación del 27, *Federico y su*

La historia los años juveniles y de las personas con quien tuvo relación ha sido estudiada y descrita exhaustivamente por sus diversos biógrafos[4]. A ellos, pues, hay que remititirse para completar las notas que se ofrecen a continuación, que intentan explicar la génesis de Lorca como escritor y consiguientemente la de *Impresiones y paisajes*.

Francisco, el hermano del poeta, ha señalado que, de niño, «la música precedió en él a la palabra»[5]. Este fenómeno encuentra una interesante correspondencia también en lo referente a la literatura, pues el estudio, la composición y las actividades ligadas a la música monopolizaron los intereses artísticos y creativos del joven Lorca, como él mismo confirma: «la vida del poeta en Granada, hasta el año de [1916], es dedicada exclusivamente a la música»[6]. Precisamente durante ese año aparece una variable que cambiará de forma radical su porvenir: «se despierta en Federico la afición a escribir, actividad a la que poco después se entrega ardorosamente»[7]. Fruto de esta actividad son las decenas de tex-

---

mundo, edición y prólogo de M. Hernández, Madrid, Alianza Editorial, 1981 2ª ed., pág. 195.

[4] Cito sólo las fuentes esenciales: J. Mora Guarnido, *Federico García Lorca y su mundo*, Buenos Aires, Losada, 1958, utilísimo, pero cuyas informaciones han de ser, en ciertos casos, verificadas con cuidado. Francisco García Lorca, *op. cit.,* el testimonio familiar. A. Rodrigo, *Memoria de Granada*, Barcelona, Plaza y Janés, 1984, esencial para el entorno artístico. I. Gibson, *Federico García Lorca I. De Fuente Vaqueros a Nueva York*, Barcelona, Grijalbo, 1985, la biografía en sentido estricto.

[5] *Op. cit.*, pág. 61.

[6] *OC*, III, pág. 397. Corrijo el año que indicaba el propio Federico (1917), aceptando la sugerencia del hermano en *op. cit.*, pág. 160. El error es seguramente fruto de las frecuentes equivocaciones con las fechas en que incurría Lorca.

[7] Francisco García Lorca, *op. cit.*, pág. 160.

tos, escritos en cualquier papel que caía en sus manos, que se conservan en el Archivo de la Fundación Federico García Lorca[8].

No es posible saber con exactitud qué fue lo que le impulsó «ardorosamente» hacia la escritura, pero seguramente influyera la confluencia, casual pero significativa, de dos acontecimientos: el primero es el ingreso en la Universidad de Granada, en el curso 1915/16 (matriculándose en las Facultades de Filosofía y Letras y Derecho), y su encuentro con el profesor Martín Domínguez Berrueta, catedrático de Teoría de la Literatura y de las Artes; el segundo es el fallecimiento, el 26 de mayo de 1916, de su maestro de música, don Antonio Segura Mesa, a quien le unían estrechos vínculos de amistad y admiración.

La influencia de Berrueta resultaría, como se verá, determinante en el descubrimiento de la vocación de escritor y en el sucesivo proceso de elaboración de *Impresiones y paisajes*, y podría encontrar una primera explicación si se considera bajo una perspectiva psicológica: no parece casual que la pérdida de un punto de referencia como el maestro de música sea compensada mediante su sustitución por un 'maestro de literatura'.

---

[8] Agradezco a Isabel García Lorca y a Manuel Fernández Montesinos la autorización para la publicación de todos los textos recogidos en este volumen. Acaban de salir, en esta misma colección, las ediciones de Ch. Maurer F.G.L. *Prosa inédita de juventud*, Madrid, Cátedra, 1994, y de Ch. de Paepe F.G.L. *Poesía inédita de juventud*, Madrid, Cátedra, 1994, que recogen todo el material en prosa y en verso del período que nos interesa. Antes de la edición, Maurer se había ocupado de la llamada *juvenilia* en el artículo «Sobre la prosa temprana de García Lorca (1916-1918)», en *Cuadernos Hispanoamericanos*, núms. 433-34, julio-agosto 1986, págs. 13-30, donde incluía una representativa selección de páginas lorquianas y la descripción de una importante serie de textos escritos por Lorca bajo el título de *Místicas*. También E. Martín, en su polémico y sugerente libro *Federico García Lorca, heterodoxo y mártir. Análisis y proyección de la obra juvenil inédita*, Madrid, Siglo XXI, 1986, transcribía y analizaba gran cantidad de material de estos años.

También es interesante notar cómo en estos años se verifica una especie de 'lucha' entre las figuras que para Lorca representan la música y la literatura: obsérvese, por ejemplo, que dedica *Impresiones y paisajes* a Segura y no a Berrueta, como hubiera sido lógico suponer; que rompe bruscamente con éste poco después de la publicación del libro[9] y deja de estudiar hasta 1920, año de su muerte; que inicia la ininterrumpida y profunda amistad y colaboración con Falla en 1919. Resulta obvio señalar que en el descubrimiento y desarrollo de su vocación de escritor ejercen también una influencia notabilísima los estímulos procedentes del entorno cultural y artístico en que estaba integrado[10].

Lo que interesa subrayar de este período de aprendizaje es que las actividades artísticas de Lorca se desarrollan en dos sentidos diferenciados: el público, es decir, el estudio e interpretación de la música, y el privado, o ejercicio de la literatura como actividad íntima y mecanismo de introspección, protegida (de momento) del contacto con el exterior. La sorpresa de sus amigos más cercanos ante el desvelamiento de su vocación de escritor es algo exagerada pero significativa de la separación de esa doble dimensión artística: «Para todos nosotros Lorca había sido hasta entonces el músico [...]. Por consiguiente, recibimos la novedad con una actitud en la que había una mezcla de desencanto y alarma»[11].

Nos encontramos, entonces, ante un Lorca volcado hacia la representación exterior, intérprete de un material ya creado (la música), y otro Lorca dedicado (incluso de manera oculta, pues escribía de noche) a indagar

---

[9] Sobre los posibles motivos de la ruptura con Berrueta, véase Gibson, *op. cit.*, págs. 184-186.

[10] Véanse, en los estudios biográficos citados, las páginas dedicadas, por ejemplo, a la tertulia del *Rinconcillo*, o a la amistad con Fernando de los Ríos, o a los contactos con escritores y artistas de paso por Granada.

[11] Mora Guarnido, *op. cit.*, pág. 86.

y plasmar un mundo interior. En este contexto adquieren una importancia decisiva, además de las personas que frecuenta, tanto los acontecimientos citados (muerte del maestro de música, ingreso en la Universidad) como los viajes de estudio colectivos bajo la dirección de Berrueta, que darán lugar a los encuentros con Machado y Unamuno, las estancias en Burgos y las primeras publicaciones. Todo ello concluirá, si no en el abandono de la música sí al menos en su subordinación a la literatura[12]. Y precisamente en el *Diario de Burgos,* el 18 de agosto de 1917, aparece una muestra ejemplar de este proceso de definición. Se trata de *Divagación. Las reglas de la música,* uno de los textos que preceden a *Impresiones y paisajes.* En este artículo Lorca intenta una definición estética de la música que se traduce en una reflexión sobre el arte en general, entendido como expresión de una interioridad, de «un estado de ánimo». Véanse algunas frases que ilustran de manera casi excesiva esa intensa y a veces contradictoria contaminación (aquí conceptual) de Lorca en el acercamiento a la palabra escrita:

> Con las palabras se dicen cosas humanas; con la música se expresa eso que nadie conoce ni lo puede definir, pero que en todos existe en mayor o menor fuerza. [...] Y es que las reglas, en este arte de la música, son inútiles, sobre todo cuando se encuentran con hombres de temperamento genial, a la manera de Strauss... Y lo mismo ocurre con todas las artes y con la poesía. Llegó Rubén Darío «El Magnífico» y, a su vista,

---

[12] A. Soria, «La prosa de los poetas (apuntes sobre la prosa lorquiana)», en su *De Lorca a Lope y otros ensayos,* Granada, Universidad de Granada, 1980, págs. 213-297, afirma: «Hay que pensar en la subordinación de unos valores y en un culto constante, pero matizado, a dos divinidades gemelas» (pág. 247). Por su parte, M. Ramond en *Le passage a l'ecriture. Le premier livre de Lorca,* Toulouse, Presses Universitaires du Mirail, 1989, efectúa, con un corte marcadamente psicoanalítico, una interpretación de la obra basándose en las relaciones/obsesiones musicales de la escritura lorquiana en *Impresiones y paisajes.*

huyeron los sempiternos sonetistas de oficio [...]. Y él rompió todas las reglas, pero con aquella cantidad de ideas y de espíritu que guardaba en su corazón [...]. Siempre que la obra exprese un estado de ánimo con suma expresión, debemos callar ante ella...[13]

Berrueta es una figura meritoria en el panorama universitario español de aquellos años. Hombre de vasta formación, aplicaba métodos pedagógicos innovadores, indudablemente influidos por las ideas de la Institución Libre de Enseñanza. Concebía su magisterio como una especie de misión y mantenía una estrecha relación con los discípulos, intentando superar el obstáculo de la oposición teoría/práctica, típica de los estudios humanísticos, mediante frecuentes visitas a los principales monumentos de la ciudad y viajes de estudio por España[14]. Con estos viajes Berrueta pretendía alcanzar una síntesis de sus ideas mucho más elaborada y compleja, implicando a los alumnos que querían o podían seguirle. En efecto, concebía los viajes como un 'laboratorio' itinerante donde los discípulos tomaban notas, reflexionaban e investigaban sobre lo que veían, amén de dar o asistir a conferencias, conciertos y encuentros. El programa de actividades ha sido descrito por los mismos integrantes de uno de los grupos de viaje:

> Nuestra vida es muy sencilla. Distribuimos el día del modo siguiente: aproximadamente dedicamos tres horas al estudio en corporación, visitando los monumentos y las obras de arte, y otras tres las empleamos

---

[13] *OC*, III, págs. 369-371.

[14] A. Gallego Morell en su libro *El renacimiento cultural de la Granada contemporánea. Los «Viajes pedagógicos» de Berrueta. 1914-1919*, Granada, Editorial Comares, 1989, estudia y describe por extenso los viajes y actividades de Berrueta. Además de material fotográfico inédito, incluye las crónicas —escritas por José Fernández Montesinos y Miguel Pizarro Zambrano— de un viaje a Castilla en 1915, y la interesante crónica de Luis Mariscal Parado que relata el viaje a Castilla y Galicia en 1916, en el que participa Lorca.

en los Archivos y Bibliotecas. Unos trabajan en el Archivo de la Catedral, otros en el Ayuntamiento y otros en las Bibliotecas preparan notas y apuntes. Nos quedan luego otras dos horas en las que cada uno escribe y lee lo que quiere[15].

Son evidentes los elementos renovadores, para aquel tiempo, de una tal actividad pedagógica, pero lo que me interesa resaltar sobre todo es el valor de estímulo del magisterio de Berrueta en el joven Lorca y en el nacimiento de *Impresiones y paisajes*.

CRONOLOGÍA 1916 -1918

A la luz de las consideraciones expuestas, me parece oportuno indicar en sucesión cronológica los principales acontecimientos, viajes y escritos que en el arco de los años 1916-1918 originan, preceden y siguen a la publicación del libro:[16]

– *Curso 1915/16*. Lorca se inscribe en la Universidad y asiste a las clases de Berrueta, participando en las visitas organizadas por el profesor a los principales monumentos y obras de arte de Granada y alrededores.

---

[15] *Diario de Burgos*, 26-7-1917. En una carta desde Burgos se lee: «En seguida que llegamos aquí me dijo Don Martín el plan de estudios que debía seguir y he comenzado mi tarea» (cfr. *Apéndice I,* [ep. núm. 8]). Se ha conservado una de estas «tareas», hecha por Lorca, que transcribo y comento brevemente en el *Apéndice II: Fres-del-val* [núm. 14].

[16] A partir de ahora, los números entre corchetes remiten a la ordenación de los textos incluidos en el *Apéndice*, donde en la respectiva *Nota* aparecen los datos completos de cada uno, con las informaciones pertinentes respecto a la fecha, la publicación y/o la edición. Para evitar repeticiones, denomino aquí inéditos también los textos parcialmente editados. Para la descripción de los sucesos ocurridos, de las personas encontradas y de las actividades realizadas durante los viajes con Berrueta, me remito a las exhaustivas investigaciones de I. Gibson, *op. cit.*, y de A. Gallego Morell, *op. cit.*

– Se conserva en los archivos de la Fundación Federico García Lorca un texto manuscrito titulado *Mi pueblo*. Está fechado 1, 3 y 7 de abril, y por la letra y el contenido (una composición ingenua y delicada, escolar y autobiográfica, donde el adolescente indaga su niñez) es casi con certeza de 1916. Es probablemente el primer texto escrito por Federico[17].

– *26 de mayo de 1916*. Muere Antonio Segura Mesa, el maestro de música, a quien dedicará *Impresiones y paisajes* y recordará en alguna entrevista[18].

– *8 de junio de 1916*. Comienza su primer viaje de estudios con Berrueta. El grupo visitará Baeza, Úbeda, Córdoba y Ronda. El 10 de junio Berrueta organiza un encuentro al que asiste Antonio Machado, que por aquel entonces enseñaba en el Instituto de Baeza. Durante la reunión el poeta leyó alguno de sus poemas y otros de Rubén Darío; en la velada que siguió al acto Lorca tocó al piano, entre otras piezas, una perdida composición suya, probablemente titulada *Poema del Albaicín*. Debido a las amistades y a los textos que se originan en ella, Baeza adquiere una cierta importancia en la decisión de convertirse en escritor.

– *15 de octubre - 8 de noviembre de 1916*. Entre estas fechas efectúa el segundo viaje con Berrueta, cuyas etapas principales fueron: Madrid, El Escorial, Ávila, Medina del Campo, Salamanca, Zamora, Santiago de Compostela, La Coruña, Lugo, León, Burgos, y Segovia y de

---

17 Martín, *op. cit.*, pág. 175 y ss., publica partes inéditas de este texto, que fecha en 1917. Sin embargo, prefiero el año indicado por Francisco García Lorca (que en *op. cit.* publicó los primeros fragmentos) por la evidente diferencia —no sólo de letra sino, sobre todo, de estilo y contenidos— con los escritos conservados de abril de 1917. Cfr. los textos incluidos aquí en *Apéndice II*, y especialmente los publicados por Maurer, *op. cit.*, 1994.

18 Cfr. *OC*, III, págs. 397 y 498.

nuevo Madrid[19]. Este viaje supone un momento determinante en el desarrollo de su proceso de aproximación a la escritura. En efecto, son muchos los textos, entre los primeros que Lorca escribió —algunos inéditos, otros publicados previamente o recogidos en *Impresiones y paisajes*—, que surgen de las experiencias vividas en las varias ciudades visitadas por el grupo de Berrueta (tan sólo de Madrid, El Escorial y Segovia no han quedado huellas, salvo en las cartas y telegramas a la familia, véase *Apéndice I*). Ávila: queda el homónimo capítulo del libro, más las primeras versiones inéditas *Impresión de viaje. Ávila* [núm. 2] y *Díptico teresiano* [núm. 3]. Salamanca: no hay ningún texto específico, aunque en el libro Lorca la cita en un par de ocasiones: en «Ciudad perdida», refiriéndose a los desmanes urbanísticos perpetrados contra las ciudades monumentales; en «Monasterio de Silos», cuando se refiere a Unamuno como «el gran pensador de Salamanca». Se piensa que el grupo tuvo un encuentro con éste, del cual no existen noticias precisas[20]. Zamora: el capítulo «El Duero» se refiere al río

---

[19] En el Archivo de la Fundación Federico García Lorca se conserva una copia del proyecto de itinerario de este viaje. Se trata de una hoja mecanografiada, al dorso membrete «Colegio del S. Corazón de Jesús.-Castillejos, 1», sin fecha, con los horarios de salida y llegada de los trenes y con la indicación de los posibles alojamientos del grupo. La crónica escrita por uno de los participantes en el viaje, Luis Mariscal —publicada en el diario *El Defensor de Granada,* en trece capítulos, entre el 19 de octubre de 1916 y el 4 de febrero de 1917; editada por Gallego Morell en *op. cit.*—, describe detalladamente, aunque quizá con lagunas, las actividades y visitas a monumentos del grupo de Berrueta hasta Burgos, y relata algunas incidencias que obligaron a modificar ligeramente el proyecto original (por ejemplo, una visita no realizada a Toledo). El epistolario recogido en *Apéndice I* [ep. núms. 1-6] completa las informaciones sobre las incidencias del viaje, añadiendo algunos datos no recogidos por Gibson, *op. cit.*, y Gallego Morell, *op. cit.*
[20] En efecto, en un telegrama desde Salamanca [ep. núm. 3] se lee: «recibimiento espléndido. Rector obsequiónos mucho, retratándose con nosotros. Leed prensa, habla de nosotros», pero no se puede tratar de Unamuno que había sido destituido como rector en 1914; por su parte, tampoco Luis Mariscal, el ya citado cronista del grupo (cfr. *su-*

a su paso por esta ciudad. Santiago de Compostela: aunque sólo hay una referencia directa en «Ciudad perdida», el capítulo «Un hospicio de Galicia» es el producto de una visita que el grupo hizo al cercano Hospicio de Santo Domingo de Bonaval; el 10 de diciembre de 1917, en la revista granadina *Letras*, aparecerá el texto *Impresión del viaje. Santiago* [núm. 20], no recogido en el libro. La Coruña: un texto inédito *De Santiago a Coruña* [núm. 19] (cuyo título tachado era *Impresión de Lugo)*, y por ciertas analogías con éste es probable que el capítulo «Romanza de Mendelssohn» se refiera a esta ciudad.

– *Febrero de 1917*. Aparece por vez primera el nombre de Federico García Lorca firmando un texto impreso: se trata de un breve artículo publicado en el *Boletín del Centro Artístico y Literario de Granada,* en el número especial dedicado a Zorrilla. Se titula *Fantasía simbólica*.

– *Abril o junio de 1917*. Tercer viaje con Berrueta. Se trata de una excursión por tierras andaluzas cuyo momento más significativo es la visita a Baeza. Se celebra

---

pra, nota 19), relata ese posible encuentro. Al contrario, en un artículo, largo y bien documentado —si se exceptúa el lapsus de que Federico era sevillano—, fechado «Nueva York, Marzo 1930» y publicado en La Habana, en el *Diario de la Marina,* el 1 de abril de 1930, Germán Arciniegas diría: «Alguna vez el viejo atormentado de Salamanca, el viejo fiero y rudo que simboliza el espíritu rebelde e incorruptible de España, discutió con un chicuelo de [Granada] sobre cuestiones musicales. Y el chicuelo se levantaba como una afirmación contra la sabiduría del viejo a quien nadie osaba discutir. Federico no: Federico le negaba muchas cosas: ¡Claro! Porque Federico sabía de música y don Miguel de Unamuno no sabía. Este recuerdo se enhebraba como una madeja de luz en la memoria de Miguel de Unamuno. Y cuando el libro de Federico García Lorca sobre paisajes de España se publicó [...] escribió el más perfecto y el más penetrante [artículo] que se ha publicado sobre García Lorca. "Nadie me ha enseñado tanto sobre mi arte como Unamuno en aquella ocasión"». No se ha encontrado esta supuesta reseña de Unamuno.

un acto en el cual participa Machado, que lee partes de *La tierra de Alvargonzález;* Lorca, como era costumbre en las actividades públicas del grupo de Berrueta, actúa en calidad de músico, tocando el piano. En lo personal, reanuda su amistad con Mª del Reposo Urquía y con Lorenzo Martínez Fuset (conocidos en el viaje precedente), que le alentarán en su actividad, especialmente este último, y a quienes dedicará sendas partes de su futuro libro («Baeza» y «Albayzín», respectivamente). Dos capítulos de *Impresiones y paisajes*, «Ciudad perdida» y «Un palacio del Renacimiento», son fruto de la reescritura de un artículo, *Impresión del viaje II. Baeza: la ciudad* [núm. 10], publicado en la granadina revista *Letras* el 30 de diciembre de 1917.

– *29 de junio de 1917*. Según indica su hermano Francisco, es la fecha del primer poema escrito por Federico: / *Sobre tu cuerpo había penas y rosas*/ [21].

– *15 de julio hasta finales de agosto de 1917*. Son las fechas del cuarto y último viaje con Berrueta. Seguramente el más fecundo y el que marcó el definitivo decantamiento de Lorca por la literatura, y quizá también una toma de conciencia que le empuja a buscar una expresión propia, separándose de los modelos culturales y literarios del profesor. En una carta a Melchor Fernández Almagro dirá:

> ¡Qué dulce recuerdo, lleno de verdad y de lágrimas me sobrecoge cuando pienso en Burgos...! ¿Te choca? Yo estoy nutrido de Burgos, porque las grises torres de aire y plata de la catedral me enseñaron la *puerta estrecha* por donde yo había de pasar para conocerme y conocer mi alma. [...] Tu tarjeta de Burgos ha coloreado mi viejo estigma doloroso y ha hecho brotar de mi tronco resina de luz y nostalgia. Tengo un piadoso re-

---

[21] *Op. cit.*, pág. 162.

cuerdo para Berrueta (que conmigo se portó de una manera encantadora) pues por él viví horas inolvidables que hicieron mella profunda en mi vida de poeta[22].

Este proceso de traspasar el umbral del autoconocimiento estaba ya expresado en el «Prólogo» de *Impresiones y paisajes:* «Y pasar por el mundo, para que cuando hayamos llegado a la puerta de la ruta solitaria podamos apurar la copa de todas las emociones existentes, virtud, pecado, pureza, negrura.» En los meses que precedieron a este viaje, Lorca escribe afanosamente, en busca de respuestas y de la resolución de problemas existenciales cuyo denominador común es el desgarramiento interior provocado por el amor. En un fragmento inédito, fechado en la noche del 14 de julio, seguramente la anterior a su partida hacia Castilla, se lee: «Anoche tuve una invasión de simpatía, simpatía plena de un lejano y oculto amor. Era dulce y tenía languidez adorable. Mi alma se estremeció como ante un sacrificio azteca al saber lo que supe. ¡Corazón. Corazón! pero se fue y mi alma vagará hacia la fuerte Castilla para encontrar en ella un consuelo espiritual»[23]. Esta segunda experiencia burgalesa asume un significado especial tanto en lo referente a la literatura, con la influencia de Berrueta como factor determinante, como en el proceso de reflexión y conocimiento de sí mismo, con los problemas erótico-sentimentales como elemento de fondo.

Éstas son las principales ciudades visitadas y las referencias textuales de este cuarto viaje. Medina del Campo: camino de Palencia, los viajeros visitan el Castillo de la Mota; en éste Lorca escribe el 17 de julio una inédita

---

[22] *Epistolario,* cit., pág. 94. La cursiva es de Lorca. Martín, *op. cit.,* nota pág. 150, indica una matriz evangélica para el concepto de «puerta estrecha».

[23] Fragmento conservado en el archivo de la Fundación Federico García Lorca, 1 hoja, 22 x 16 cm., en lápiz, sin numerar, incipit: «por medio de todo está el corazón»; al dorso otro texto: *San Juan* (cfr. *Apéndice II* [núm. 18]).

Meditación [núm. 16]. Palencia: aparece en el breve fragmento inédito *Capilla de Doña Urraca* [núm. 17]. Burgos y provincia: el 31 de julio en el *Diario de Burgos* aparece el artículo *Notas de estudio. La ornamentación sepulcral* [núm. 9], que con algunas variantes será recogido en el capítulo «Sepulcros de Burgos»; una parte de éste aparecerá (el 1 de octubre de 1918) en la revista sevillana *Grecia*, a petición del amigo Adriano del Valle; queda también el apunte preparatorio del artículo burgalés: *Sepulcros.....* [núm. 7]. El cercano monasterio derruido de Fresdelval es objeto de un pequeño trabajo de investigación, el inédito *Fres-del-val* [núm. 14], y de una descripción en el homónimo capítulo de *Impresiones y paisajes*. La visita a San Pedro de Cardeña, clásico lugar del Romancero, produce un artículo en el *Diario de Burgos,* el 3 de agosto, con el título de *San Pedro de Cardeña. Paisaje.....*[núm. 6], luego incorporado con variantes a *Impresiones y paisajes*. La clausura de Santa María la Real de las Huelgas sugiere el texto *Las monjas de las Huelgas* [núm. 15], publicado en el *Diario de Burgos* el 7 de agosto, y que fue completamente reescrito para su inclusión en el libro con el título «Una visita romántica (Santa María de las Huelgas)». Hay otro capítulo de tema similar, «Otro convento», así como recuerdos de clausuras en «Jardín conventual» y «Albayzín» (cabe recordar que Berrueta tenía una especial predilección por este tipo de convento, y apenas podía llevaba a sus alumnos a visitar clausuras)[24]. De las visitas a la Cartuja de Miraflores y a Santo Domingo de Silos, pasando por Covarrubias, quedan los textos incluidos en el libro[25]. Aquélla sugiere además un inédito titulado *Cartuja. Clausura* [núm. 5]. Valladolid: no hay textos específi-

---

[24] Véase por ejemplo la impresión que causó en Lorca la visita, en Ávila, al convento de la Encarnación, cfr. *Apéndice I*, [ep. núm. 1].

[25] Véanse además los interesantes comentarios en las cartas escritas a sus padres desde Burgos y desde el Monasterio de Santo Domingo de Silos, cfr. *Apéndice I* [ep. núm. 9 y ep. núm. 10].

cos, pero sí hay una referencia importante en el capítulo «La Cartuja», al hablar del panorama de la escultura española representado en el Museo de Valladolid.

Mientras sus compañeros emprenden el regreso a Granada el 7 de agosto, Lorca se queda con Berrueta en Burgos hasta finales de mes y sigue preparando y publicando textos. Aparecen en el *Diario de Burgos* otros dos artículos: el 18 de agosto, *Divagación. Las reglas de la música,* importantísimo para descubrir sus primeras ideas estéticas; el 22 del mismo mes, *Mesón de Castilla* [núm. 4], que será incluido con variantes en *Impresiones y paisajes.*

Ya por estos días Lorca acariciaba el proyecto de reunir en un libro sus apuntes y recuerdos de viaje, incluyendo estos artículos y algunos más. En efecto, aparece una nota al final de *San Pedro de Cardeña. Paisaje.....* que dice: «Para el libro en preparación *Caminatas románticas por la España vieja,* prologado por el señor Berrueta.» En una nota de *Mesón de Castilla* el título del libro pierde el adjetivo «románticas», y, como sabemos, acabará llamándose *Impresiones y paisajes*[26].

– *30 de octubre de 1917.* Aparece en la granadina revista *Letras* el texto *Comentarios a Omar Kayyam,* firmado por Abu-Abd-Alah, pseudónimo que casi con seguridad esconde la autoría de Lorca[27].

– *10 de diciembre de 1917.* Se publica en *Letras* el ya citado *Impresión del viaje. Santiago* [núm. 20].

_____

[26] Lo cual demuestra, como ha sostenido Gibson, que el proceso de evolución de la estructura del libro permitió la inclusión de temas no castellanos. I. Gibson, «Federico García Lorca en Burgos: más artículos olvidados», en *Bulletin Hispanique,* LXIX, 1967, núms. 1-2, págs. 179-194, nota 37.

[27] I. Gibson, «Un probable artículo de Lorca sobre Omar Jayyam», en *Cuadernos Hispanoamericanos,* núms. 433-434, julio-agosto 1986, págs. 37-42.

– *30 de diciembre.* Siempre en *Letras* aparece la segunda parte de la colaboración de Lorca: *Impresión del viaje II. Baeza: la ciudad* [núm. 10].

– *17 de marzo de 1918.* En el Centro Artístico y Literario de Granada, Lorca da lectura de algunas páginas de su libro, ya en imprenta. El acto tuvo una cierta resonancia y trascendencia (por lo menos entre los amigos) y fue reseñado elogiosamente[28].

– *Primeros días de abril de 1918.* Aparece *Impresiones y paisajes.*

– *10 de mayo de 1918.* En la revista granadina *El Éxito* sale un breve artículo *Un prólogo que pudiera servir a muchos libros*[29].

– *1 de octubre de 1918.* Como ya se ha indicado, en la sevillana revista *Grecia* aparecen unas páginas extraídas del capítulo «Sepulcros de Burgos», con el título *Divagaciones de un cartujo. La ornamentación.*

– *Diciembre de 1918.* El periódico granadino *Gaceta del Sur* anuncia, el día 9, que el segundo número de la revista *Renovación* iba a incluir un poema de Lorca: *Crisantemos blancos.* Aunque todavía no se ha encontrado un ejemplar de la revista, todo parece indicar que fue su primera poesía impresa[30].

---

[28] Para una de estas reseñas, cfr. *infra*, pág. 48. Datos más completos en Gibson, *op. cit.*, 1985, capítulo 8.

[29] Cfr. A. Rodrigo, «Aclaraciones a un texto primerizo de F.G.L.», en *Ínsula*, Madrid, núms. 476-477, julio-agosto 1986, pág. 8.

[30] Cfr. pág. 121 de I. Gibson, «Los primeros escritos impresos de Federico García Lorca: dos artículos más», en *Bulletin Hispanique*, LXX, 1968, núms. 1-2, págs. 116-121.

Lo primero que hay que destacar de este recorrido cronológico es que Lorca se inicia en la literatura utilizando la prosa como género, y no sólo como vehículo de escritura sino, sobre todo, como primera exteriorización de su voluntad de convertirse en escritor. Nótese que la primera poesía es de junio de 1917; su primer poema se publicó, probablemente, en diciembre de 1918, su primer volumen de composiciones poéticas, *Libro de poemas,* es de 1921. La prosa es pues el primer testigo y al tiempo el primer instrumento de la aventura de la palabra que Lorca decide emprender. La lectura de los escritos juveniles que se conservan aclaran algo sobre esta cuestión. Así, por ejemplo, el comienzo del texto *Mi pueblo* resulta muy expresivo de cómo Lorca se enfrentó por primera vez a la creación literaria:

> Cuando yo era niño vivía en un pueblecito muy callado y oloroso de la vega de Granada. Todo lo que en él ocurría y todos sus sentires pasan hoy por mí velados por la nostalgia de la niñez y por el tiempo. [...] Yo quiero expresar lo que pasó por mí a través de otro temperamento. Yo ansío referir las lejanas modulaciones de mi otro corazón. Esto que yo hago es puro sentimiento y vago recuerdo de mi alma de cristal... [...] En ese pueblo tuve mi primer ensueño de lejanía. En ese pueblo yo seré tierra y flores... Sus calles, sus gentes, sus costumbres, su poesía y su maldad serán como el andamio donde anidarán mis ideas de niño fundidas en el crisol de la pubertad[31].

Como se puede notar, el contenido inevitablemente autobiográfico se suma a la ingenua indagación de las raíces infantiles que justifican e intentan explicar su yo actual enfrentado a la escritura.

---

31 Maurer, *op. cit.*, 1994, pág. 431.

Los textos sucesivos constituyen una especie de diario íntimo, en el cual, sin embargo, Lorca no describe y analiza los acontecimientos cotidianos sino que utiliza la escritura para intentar una reflexión sobre su propio yo en relación con los grandes problemas que le acucian, sean éstos de carácter sentimental, religioso, filosófico o social. Véanse algunos títulos de la serie de las *Místicas*, que son suficientemente explicativos a este respecto: *Meditación apasionada y sentimental, Mística de amor infinito y de abandono dulce, Mística en que se trata de Dios, Mística que trata del dolor de pensar, Mística del dolor humano y de la sociedad horrible* (cfr. *supra*, nota 8).

En estos primeros textos juveniles, la extrema necesidad de verter en escritura las grandes angustias que le afligen tiene a la prosa como vehículo de expresión, y con la prosa Lorca da inicial salida a la exuberante voluntad de exteriorización de las ideas y sentimientos que caracterizan este momento. Me parece plausible afirmar que la depuración formal que supone la poesía no le permite utilizarla, todavía, como soporte suficiente y autónomo para la indagación en el propio yo. Nótese, por ejemplo, que el primer poema conocido /*Sobre tu cuerpo había penas y rosas*/ no se aleja demasiado de la temática de los textos y fragmentos conocidos de las *Místicas,* las cuales abordan desde una misma perspectiva conceptual esa persistente obsesión por la relación entre amor y carne, pasión y muerte.

Este acercamiento a la poesía como simple transposición temática completamente privado de un adecuado dominio de los mecanismos poéticos, se percibe claramente en este fragmento de un poema inédito, titulado *La montaña:*

> Procesiones de pinos con sus tallos morados
> Descienden al abismo casi desdibujados
> Por las nieblas profundas que están petrificadas
> Escalas formidables del grave color gris
> Rudas escalinatas a sitios imposibles

Cárdenas hondonadas rebosantes de umbría
Perfiles gigantescos de rigidez sombría
Verdinegras retamas retorciéndose horribles
Ensueños medioevales en murallas de oro
Olores melancólicos de nieve y frescura
Naranjados, granates, azules, amarillos
Enebros encinares alcaparras tomillos
Cascadas hechas mármol sobre la roca obscura
Raros alfabetos grabados en el suelo
Fúnebres calaveras de pla[te]ados destellos
Lápidas adornadas con vagos arabescos
Dramáticos fondos de cubos ramayanescos[32]

La peculiaridad de estos versos, transcritos tal como
Lorca los dejó, reside en que no son más que la puesta
en verso de una serie de sintagmas y frases del capítulo
«La Cartuja», y más precisamente de un epígrafe de éste
titulado «La montaña» (cfr. especialmente págs. 100 y 103
de esta edición). Es probable que Lorca estuviera traba-
jando en el texto para *Impresiones y paisajes* cuando se
le ocurrió escribir un poema que recogiera esa especie
de animismo natural que caracteriza la descripción en
aquella prosa.

A propósito de este inicial enfrentamiento con la escritura, deben tenerse en cuenta dos características que
ya desde este momento serán constantes en la producción de Lorca. La primera, indicada por M. Laffranque[33],
es que toda su obra se articula alrededor de un consciente proceso de búsqueda e indagación sobre los aspectos formales de la creación artística. Y así, en esta
fase de tanteo, esa indecisión formal entre poesía y prosa puede adquirir un sentido diferente si se considera a
la luz de lo que Maurer ha llamado «el 'mestizaje' de los

---

[32] Fragmento del poema inédito, fechado 19 de enero ¿1918?, conservado en el Archivo de la Fundación Federico García Lorca. Cfr. De
Paepe, *op. cit.*
[33] *Les idées esthétiques de Federico García Lorca*, París, Centre de
Recherches Hispaniques, 1967.

géneros»[34], es decir, la necesidad de superar la barreras impuestas por la tradición («las reglas») para encontrar un cauce auténtico a la expresión de la emoción que es la base de la creación poética. Y el arte como interpretación de las emociones —generadas por el descubrimiento de la poesía de la realidad— es un concepto que Lorca maneja en el «Prólogo» de *Impresiones y paisajes* y que desarrolla para poder abarcar la multiformidad de la creación artística[35]: «La poesía existe en todas las cosas, en lo feo, en lo hermoso, en lo repugnante; lo difícil es saberla descubrir [...]. Hay que interpretar siempre escanciando nuestra alma sobre las cosas, viendo un algo espiritual donde no existe, dando a las formas el encanto de nuestros sentimientos.» Lorca, joven e inexperto, y ello justifica las indecisiones que se han visto, tenía muy claros, sin embargo, los caminos que quería recorrer con la literatura.

La segunda característica es la tendencia de Lorca a trabajar en ciclos. La unicidad de *Impresiones y paisajes* en la producción lorquiana, es decir, prosa fin en sí misma (y no como vehículo de comunicación, como pueden ser considerados las conferencias y el epistolario) encuentra una primera explicación bajo esta óptica. Lorca no volvió a escribir un libro en prosa, aunque escribió prosas[36], y ello no es, probablemente, sino el comienzo de esa aludida tendencia hacia el desarrollo de ciclos creativos (temáticos, genéricos o estilísticos) que, aun sin agotarse en un arco temporal determinado, tien-

---

[34] *Op. cit.*, 1988, pág. 17.

[35] Cfr. mi estudio «Hacia la edición de "Impresiones y paisajes". Las concordancias», en el volumen de homenaje P. Menarini (ed.), *Lorca, 1986,* Bologna, Atesa, 1988, págs. 107-277, especialmente página 126 y ss.

[36] Sobre las prosas de Lorca véase el trabajo de conjunto de M.T. Babín, *La prosa mágica de Federico García Lorca*, Santander, La Isla de los Ratones, 1962 (posteriormente recogido junto con otros artículos en su *Estudios lorquianos*, San Juan, Universidad de Puerto Rico, 1976).

de a considerar cerrados tras encontrar su expresión, siempre sufrida e insatisfactoria, en un libro. *Impresiones y paisajes* adquiere una fisonomía más precisa a la luz de estas consideraciones: por una parte es el resultado de un proceso consciente de búsqueda de definición artística, por otra inaugura y concluye un ciclo que, si bien formalmente no se agota en sí mismo, Lorca debió considerar ya acabado o sin posibilidades de posterior evolución. Y ello no es de extrañar, si recordamos las varias fases y actitudes creativas del poeta: a este respecto basta pensar en el itinerario que le lleva del *Poema del cante jondo* a *Romancero gitano,* o en el de *Poeta en Nueva York* que supone un viraje radical en la poética lorquiana. Y como este último, también *Impresiones y paisajes* nace de una determinada experiencia viajera: las excursiones que hizo con Berrueta por tierras andaluzas y castellanas.

El deseo de publicar un 'objeto-libro' (en este período la materialidad del objeto tenía para Lorca más valor incluso que el contenido mismo) que testimoniase y justificase el momento definidor de su paso de la música a las letras es evidente ya en los artículos burgaleses. En dos de ellos Lorca da incluso el título del «libro en preparación»: *Caminatas por la España vieja.* Sin embargo, el proyecto, como ya quedó indicado, se reveló insuficiente y Lorca, por prisas o por falta de material, se vio obligado a modificar seriamente su idea inicial. Esta modificación supone un proceso de antologización del que me parece oportuno subrayar algunos aspectos.

En primer lugar, si se compara *Impresiones y paisajes* con los otros escritos juveniles, se constata una diferencia sustancial: la temática es casi exclusivamente descriptiva (como corresponde a un libro de viajes); pero no sólo pues, en las inevitables intervenciones personales, Lorca interpone un filtro que enmascara todo lo que pueda considerarse como exposición de experiencias o sentimientos interiores, salvo la vaga y convencional actitud 'romántica' ante la naturaleza y el arte y las opi-

33

niones concretas ante problemas sociales, religiosos o artísticos. Lo destacable es la deliberada y consciente voluntad de evitar todo lo que pueda interpretarse como una reflexión sobre el propio yo o sobre las angustias que lo atormentan. En este sentido, puede verse el caso ejemplar del texto *Amanecer* [núm. 11], que podría considerse casi un manuscrito del capítulo «Granada», pero con una diferencia esencial. La parte que ha visto la luz en *Impresiones y paisajes* es tan sólo la inicial, introductoria de este texto, cuyo tema de fondo es la encendida protesta ante el amor ultrajado, la maldad, la injusticia y la hipocresía. Lorca, en el proceso de antologización del libro, ha seleccionado tan sólo la parte descriptiva de la ciudad, mientras que ha suprimido el núcleo central del escrito, muy connotado por su componente emocional. Compárese este texto con el titulado *Alegoría. La primavera llega* [núm. 22], no incluido en el libro, pero una técnica descriptiva y organización del discurso idénticas, y cuya parte inicial podría haber sido incorporada sin mayores problemas a cualquier capítulo de *Impresiones y paisajes*.

El segundo aspecto atañe a la estructura del libro y al procedimiento de elaboración y organización de sus partes. El índice de la edición original propone una subdivisión tripartita. El primer bloque está integrado por los textos nacidos de los viajes castellanos y andaluces con Berrueta; el segundo por los textos recogidos bajo el título «Granada»; el tercero por páginas sueltas bajo la etiqueta genérica de «Temas».

En realidad el volumen puede subdividirse en dos partes:

A) los textos de tema castellano que constituían el proyecto original, con la inclusión de un texto de tema andaluz, «Ciudad perdida» —que quizá es colocado aquí para aumentar los referentes andaluces o, si se quiere, para disolver el castellanismo del libro. Cuatro de los nueve capítulos ya habían sido publicados y fueron parcialmente reescritos para su inclusión en el libro. De los textos de tema castellano, tan sólo «Ávila» procede de la experiencia del segundo viaje con Berrueta (en *Apéndice II* se transcriben los apuntes [núms. 2 y 3] que dieron lugar a este capítulo). «Ciudad perdida» es probablemente fruto del tercer viaje.

B) un grupo de textos que se puede dividir en tres series: la de «Granada»; la de «Jardines»; la de «Temas». En este grupo sólo dos textos provienen, y muy parcialmente, de publicaciones anteriores y ello confirma que para dar una forma definitiva a *Impresiones y paisajes* Lorca ha tenido que utilizar y elaborar materiales procedentes de escritos que originalmente no estaban pensados para el libro que proyectaba en Burgos.

En este segundo grupo, en el que las tres series son profundamente diferentes entre sí, destacan algunas características del procedimiento de antologización seguido por Lorca. Al bloque «Granada» ya me he referido, pero cabe añadir que probablemente lo organizó pensando en una estructura simétrica: comienza con un amanecer, se desarrolla con la descripción del Albaicín y sus gentes y se concluye con las puestas del sol, después de un brillante ejercicio literario («Sonidos») en que pretende conseguir un «gran fresco musical»[37].

En la creación de la serie «Jardines» se constatan unas circunstancias muy significativas. Al final de *Impresiones y paisajes* Lorca incluye una página con el título «Obras del autor» que siempre ha suscitado perplejidad en los críticos. En efecto, en esta página se indican los textos de poesía y de prosa «en prensa» y «en preparación». Como es bien sabido, ninguno de esos textos vio nunca la luz. Las investigaciones de Maurer y Martín en el archivo Lorca han revelado que por lo menos dos de esas «obras» sí existían: *Místicas (De la carne y el espíri-*

---

[37] Soria, *op. cit.*, pág. 242.

tu), a las que ya me he referido, y *Fray Antonio (Poema raro)*. Éste, a despecho del subtítulo, es un proyecto de novela, con una organización en capítulos y una especie de índice: se trataba, pues, de un libro en preparación, aunque todavía lejos de su forma definitiva[38]. Pero lo que más llama la atención es que, al estudiar los manuscritos (fechados en septiembre de 1917), se descubre que una parte de ese proyecto novelesco «en preparación» ha sido reelaborada para su inclusión en *Impresiones y paisajes*. Se trata del capítulo titulado «El mundo. El jardín» [núm. 12], añadido a la serie, bien definida y estructurada, de «Jardines». Así pues, para la organización de esta serie, Lorca no sólo reescribió textos previos, sino sobre todo seleccionó muy conscientemente entre los preexistentes, como demuestra el hecho de que eligiera el texto procedente de *Fray Antonio*, mientras que decidió no incluir en la serie otro texto [número 13] sobre jardines que ya tenía escrito. Para completar estos datos puedo añadir otro caso interesante referido a la parte castellana. En el *Apéndice II* incluyo un inédito titulado *Cartuja. Clausura* [núm. 5]; en realidad este título es posterior al original, tachado, que era *Mística cuadro a lo fray Angélico*. Se puede suponer que se trata de un texto de la serie de las *Místicas,* inspirado por la visita a la Cartuja de Miraflores, que Lorca decidió incluir en el libro en un primer momento, para lo cual le cambió el título; después se arrepintió y lo excluyó.

Este procedimiento de antologización y de organización de los textos en series coherentes se difumina en los del grupo «Temas». Lorca se ve obligado a escribir unas líneas justificativas que les proporcionen un sentido de homogeneidad:

> Al viajar van desfilando una serie interminable de cuadros naturales, de tipos, de colores, de sonidos, y nuestro espíritu quisiera abarcarlo todo y quedarse con

---

[38] Se ha ocupado de este texto Martín, *op. cit.*, págs. 161-174.

> todo retratado en el alma para siempre [...]. Luego unas
> impresiones borran a las otras y forman una confusión
> de la que sobresale algo que nos hizo mucha mella...
> una cara de mujer... una torre con sol... el mar.....

Se podría incluso hablar de la inclusión de textos para dar volumen al libro. Los textos tienen varias procedencias, y algunos son de los primeros que Lorca escribió. «Un palacio del Renacimiento», carente de cualquier referencia geográfica, formaba parte del artículo sobre Baeza [núm. 10] publicado en la revista *Letras*; «Una visita romántica (Santa María de las Huelgas)» sólo de lejos recuerda al artículo burgalés [núm. 15] que nace de la misma experiencia[39].

Entre los «Temas» aparecen, pero casi de pasada, las evocaciones y descripciones del viaje a Galicia, pero ha de notarse la ausencia del paisaje gallego, y ello a pesar del entusiasmo suscitado por las experiencias vividas en ese segundo viaje (véase en el *Apéndice I* [ep. núm. 4]). El conocido capítulo «Un hospicio de Galicia» se recuerda y se menciona en la bibliografía por su fuerte carga social, pero no es un texto de tema gallego. Adviértase también que Lorca, que incluyó casi todos sus artículos previos en *Impresiones y paisajes,* no recogió *Impresión del viaje. Santiago* [núm. 20], como tampoco el otro texto de tema gallego [núm. 19] que transcribo en el *Apéndice II*.

Si bien el título «Temas» podría evocar las partes de una composición o estructura musical —no se olvide la formación artística del autor—, los textos adolecen de la necesaria homogeneidad. Lorca intenta organizarlos atendiendo a la dosificación de los contenidos y a la alternancia de situaciones emocionales y propuestas estilísticas, con el objetivo declarado de crear un paisaje emocional variado y contrapuesto. Y así, por ejemplo,

---

[39] Véase en *Apéndice I* la carta núm. 10 donde se alude a otros artículos en preparación que deberían salir en «periódicos de Madrid».

después de unas vagas meditaciones sobre un convento y un crepúsculo, coloca un tema casi costumbrista, impregnado de humorismo; hace una descripción casi naturalista de una iglesia abandonada, la hace seguir de una pausa reflexiva y a continuación propone un tema de profundo contenido social.

No puedo acabar este breve comentario sin aludir a la cuestión de las influencias literarias. *Impresiones y paisajes* se inscribe de lleno en el modernismo y en las maneras modernistas, y, como dice A. Soria, Lorca las «ha adoptado francamente. Es la verdadera actitud del principiante, que no sabe moverse sin apoyaturas»[40]. En efecto Lorca intenta dar una expresión personal a sus textos pero no consigue eludir en su escritura estímulos y lecturas de las más variadas procedencias. Así, aun reconociendo el modernismo como elemento unificador de su escritura, pueden encontrarse otros que, superpuestos o subordinados, convierten *Impresiones y paisajes* en un libro extremadamente deudor de las más variadas corrientes literarias, pero en el que ya se adivina la búsqueda de una estética que pueda empezar a considerarse autónoma, o que, en todo caso, pueda ser el primer paso de un largo camino que Lorca se ha propuesto recorrer. En cada texto del libro pueden individualizarse tanto las fuentes directas como los estímulos culturales ya codificados que conforman el planteamiento temático y estilístico, del que procede ofrecer una brevísima visión de conjunto[41]. Para las partes castellanas, puede indicarse una clara filiación noventayochista, sobre todo respecto a la visión e interpretación de Castilla (ya se señaló como no aparece el paisaje gallego, probablemente por el desconocimiento de refe-

---

[40] Soria, *op. cit.*, págs. 231-232.
[41] En L.H. Klibbe, *Lorca's «Impresiones y paisajes»: the young artist*, Madrid, José Porrúa Turanzas, 1983, hay un amplio estudio de las principales corrientes y modelos literarios que influyen sobre el libro.

rentes literarios a los que adscribirse). De Unamuno se percibe el concepto de ensayo a partir de la descripción de una experiencia determinada; Azorín aparece en la técnica descriptiva de algunas partes del libro; Machado, en la actitud ante el paisaje y las gentes. La cuestión de las formas de religiosidad, que es uno de los argumentos principales que atraviesan *Impresiones y paisajes*, es deudora de la actitud ante el tratamiento de los temas religiosos que empieza a desarrollarse a finales del siglo, que consiste en la recuperación de un sentido cristiano profundamente insertado en lo social y en una nueva exteriorización de la religiosidad: es lo que ha sido denominado «el retorno de Cristo»[42]. Los textos granadinos tienen una filiación mixta: la recepción de la visión romántica de los viajeros del siglo XIX se une a la voluntad de dar una interpretación personal a la literatura tópicamente andalucista; sin embargo, no puede prescindir de la influencia de algunas lecturas de Victor Hugo, Ganivet y Villaespesa, todo ello con un ropaje modernista. Típicamente modernistas son los «Jardines», con una presencia directa de Rubén Darío y con el filtro elegante de Juan Ramón Jiménez que atenúa la exuberancia expresiva procedente de Villaespesa[43]. Los «Temas», como ya se ha dicho, son fruto de dispares ejercicios de escritura y, por lo tanto, están sujetos a múltiples influencias. Los unifica el intento de creación de un paisaje emocional lleno de pausas, contraposiciones y languideces, lo cual es un concepto literario muy típico del romanticismo.

---

[42] H. Hinterhäuser, *Fin de siglo: Figuras y mitos*, Madrid, Taurus, 1980, págs. 15-39. Y otro tópico literario finisecular que lo impregna es el de las «ciudades muertas», *ibíd.*, págs. 41-66.

[43] Sobre Lorca y Villaespesa, véase el número monográfico de *Las nuevas letras*, Almería, núm. 7, otoño 1987. Sobre los jardines literarios de la época, véase el artículo de J.M. Balcells, «Jardines abandonados de Juan Ramón», en *Boletín de la Biblioteca de Menéndez Pelayo*, LVIII, 1982, págs. 287-324.

Véase este caso que ejemplifica esa doble posibilidad de influencias literarias (es decir fuente directa y estímulo cultural ya codificado). El primero es un texto de Rubén Darío, incluido en *Azul*, que puede considerarse la fuente directa del segundo, parte inicial del texto «Procesión», incluido entre los «Temas»:

> Vibraba el órgano con sus voces trémulas, vibraba acompañando la antífona, llenando la nave con su armonía gloriosa. Los cirios ardían goteando sus lágrimas de cera entre la nube de incienso que inundaba los ámbitos del templo con su aroma sagrado; y allá en el altar el sacerdote, todo resplandeciente de oro, alzaba la custodia cubierta de pedrería, bendiciendo a la muchedumbre arrodillada.
>
> (R. Darío, «Al carbón»)[44]

> Y sobre el altar de los sacros martirios, en donde descansan aquellos que fueron sangre y llamas por amor a Jesús, y sobre el arca de plata teñida de cielo por los vidrios místicos, el sacerdote vestido de luz y de grana destapó el cáliz antiguo, y haciendo una reverencia comulgó..... El órgano lloró sus notas de melancolía con Gounod. El incienso hacía gestos mimosos y en el aire se sentía una campana pausada entre un hueco arrastrar de pies... El palio, esencia de la solemnidad, y la cruz de oro con enormes esmeraldas se mecían lentamente entre la tragedia de los versos latinos, mientras el órgano seguía diciendo un poema de pasión y desfallecimiento.
>
> (Lorca, «Procesión»)

Nótese que Lorca no sólo hace suyo el planteamiento y la estructura del escrito, sino que el conocido concepto de la unidad de las artes —tan amado por Darío— encuentra en el texto lorquiano un ulterior y pretencioso intento de desarrollo: «Al carbón» era un intento de

---

[44] *Azul*, edición, estudio y notas de A.P. Debicki y M.J. Doudoroff, Madrid, Alhambra, 1985, pág. 120.

realizar una transposición verbal de efectos visuales y plásticos; con «Procesión» Lorca pretende añadir a éstos los efectos musicales.

El 19 de abril de 1918, en *El Defensor de Granada*, Aureliano del Castillo publica la primera reseña sobre *Impresiones y paisajes*. En ella afirma:

> Decir que en *Impresiones y paisajes* hay incorrecciones gramaticales de mayor cuantía, descuidos e inexperiencias incomprensibles, trivialidades innecesarias, etc., etc., para deducir de ello que no es un libro admirable, sería tomar el rábano por las hojas. García Lorca tiene hoy diecinueve años y no pasarán dos antes de que desaparezcan esos pequeños lunares de sus obras. Limpiar el estilo, como limpiar el color, es la última fase del artista.
>
> Después de leído cuanto antecede, alguien podrá preguntarme: —Y bien, ¿cuál es, concretamente, su juicio sobre García Lorca? Ahí van dos palabras, y en latín, para mayor claridad: *¡Papam habemus!*[45]

Ya en esta reseña se plantea uno de los principales problemas que afectan al texto al que se va a enfrentar el lector, es decir, el de la forma del discurso lorquiano en *Impresiones y paisajes*. Quisiera, por lo tanto, detenerme sobre esta cuestión, que a su vez está estrechamente relacionada o, quizá, provocada por la de los problemas de transmisión y edición.

La historia editorial de *Impresiones y paisajes* es una más de las paradojas bibliográficas sobre la obra de Lorca. En efecto, aun siendo su primer libro, ha sido hasta hace poco la obra más ignorada por la crítica no sólo

---

[45] Citado por Rodrigo, *op. cit.*, 1984, pág. 97.

desde el punto de vista literario sino especialmente desde el punto de vista filológico y textual. La edición original vio la luz en Granada en abril de 1918, y fue impresa en los talleres de la Tipografía y Litografía Paulino Ventura Traveset. Se trataba de un volumen en cuarto, de 264 páginas de un discreto papel, con una cubierta, en tonos verdosos y con un cierto aire *art nouveau,* realizada por el pintor Ismael Gómez de la Serna. El silencio en que se sume el libro se quiebra cuando Guillermo de Torre decide emprender en Buenos Aires la publicación para la Editorial Losada de las *Obras Completas* de Federico García Lorca, en 1938 y siguientes. *Impresiones y paisajes* no se asoma hasta el tomo VII (1942), pero se limita a eso. En efecto, Guillermo de Torre decide publicar tan sólo algunos fragmentos «a guisa de simples muestras» pues lo considera de escaso valor literario, y apoya su decisión afirmando que el mismo Lorca no accedería a reeditarlo[46]. La situación no se modifica mucho cuando en Madrid, en 1958, aparece la primera edición de las *Obras Completas,* publicada por Aguilar y cuidada por Arturo del Hoyo. También en ésta, y quizá por motivos distintos (razones estéticas o una extraña forma de censura), aparece una selección de textos, algo más amplia y diferente respecto a la edición Losada. Este curioso proceder —seleccionar entre los textos de un libro para una edición que se denomina «obras completas»— no cambia hasta la decimoctava edición (Madrid, Aguilar, 1973), la primera en dos volúmenes, donde finalmente se recoge por entero. En 1981 aparece en Granada una reproducción facsimilar de la edición de 1918, realizada por la Editorial Don Quijote.

Ésta es la situación en lengua española, pues para Gallimard, París, que lo incluye en las *Oeuvres Complètes,* vol. VI, C. Couffon lo traduce ya en 1958: *Impressions et paysages*. En Roma, para Newton Compton, C.

---

[46] Vol. I, pág. 11 y vol. VII, págs. 230-231.

Rendina publica su traducción, *Impressioni e paesaggi*, en 1976, pero ya en 1954, para Vallecchi, Florencia, había aparecido una amplia selección, traducida por Carlo Bo, en el volumen antológico *Prose*. En ese mismo año, E. Beck había incluido algunas partes, en alemán, en su antología lorquiana *Granada und andere prosadichtungen*, Zürich, Im Verlag der Arche. En otras palabras, el lector de lengua española no especialista conoce por entero *Impresiones y paisajes* sólo desde 1973 y sólo a través del texto propuesto por Aguilar, repetido en las ediciones sucesivas prácticamente sin modificaciones.

La situación descrita, efecto del desinterés de la crítica por el libro, tiene como corolario la ausencia de estudios bajo el punto de vista formal. Este hecho es bastante insólito, pues si se estudia el texto de la edición de 1918, se percibe inmediatamente la complejidad de los problemas que plantea y su analogía con los que aparecerán en la sucesiva producción lorquiana. En efecto, ya desde las primeras páginas se aprecia que el texto está literalmente plagado de erratas; adopta soluciones gráficas muy diferentes para los mismos elementos; existen serios problemas de tipo gramatical, sintáctico, léxico y de puntuación; posee una disposición gráfica en cierto sentido peculiar; etc.

La cuestión adquiere una nueva dimensión cuando se procede al cotejo de la edición de 1918 con la de Aguilar. Aun reconociendo la enorme labor y los innegables méritos que tienen las *Obras Completas,* en esta edición se nos presenta un texto prácticamente reescrito, no sólo lejano de la forma que Lorca efectivamente le dio, sino con el añadido de algunas erratas[47]. En otras palabras, lo que se ha efectuado es una intervención

---

[47] Cito tan sólo algunas: «*algo» por «lago», pág. 24, «*brotará» por «brotara», pág. 30; ha sido omitido: «de un espíritu que acaba de despertar», pág. 52. Sorprende que se hayan ignorado las atentas observaciones y comentarios de Klibbe, *op. cit.*, quien también señala alguna de estas erratas.

normalizadora de tal entidad que permite afirmar que, en sentido estricto, el texto propuesto por Aguilar es una buena versión de *Impresiones y paisajes,* pero no es *Impresiones y paisajes* tal como Lorca lo concibió, escribió e hizo publicar.

Mucho han discutido los especialistas sobre los problemas que surgen a la hora de editar los textos lorquianos[48]. Las cuestiones que plantea *Impresiones y paisajes* son relativamente más simples que las de otras obras puesto que sólo disponemos de un punto de referencia (la edición de 1918), pero presentan una cierta complejidad en sí mismas. Pertenecen a dos órdenes de problemas relacionados entre sí: los que se refieren a la forma de la palabra y los que afectan a la forma del discurso. Respecto a los primeros, el texto de 1918 aparecía, como ya se ha dicho, literalmente plagado de erratas y soluciones gráficas muy desiguales. Ahora bien, al estudiarlos y compararlos con los de los manuscritos de la época, no se puede considerar a Lorca ajeno a muchas de las soluciones que aparecen en el libro. Es decir, Lorca no tenía una elevada conciencia de la corrección ortográfica y tenía una manera peculiar de escribir, usando con criterios bastante heterogéneos mayúsculas y minúsculas, subrayados, etc. Esto, a su vez, implica dos cosas en el proceso de elaboración y edición del libro: la primera es que si vemos cualquier página escrita a mano por Lorca, está claro que difícilmente un tipógrafo hubiera aceptado un manuscrito de puño y letra suyos; se puede suponer entonces que el compositor recibiera una copia mecanografiada (o escrita con buena letra), realizada siguiendo con precisión las indicaciones de Lorca (dado que no sabía escribir a máquina ¿podría

    48 Véanse, por ejemplo, las *Notas al texto* de M. Hernández en sus ediciones de *Romancero gitano,* Madrid, Alianza Editorial, 1983[2], y especialmente de *Libro de poemas,* Madrid, Alianza Editorial, 1984; o las cuestiones suscitadas por D. Eisemberg en «*Poeta en Nueva York*»: *Historia y problemas de un texto de Lorca,* Barcelona, Ariel, 1976.

pensarse en un eventual dictado a alguien con problemas gramaticales y dialectales análogos a los suyos?); la segunda es que el libro no pasó por las manos de un corrector de estilo o de pruebas en ninguna fase de la impresión, ya que es difícil hallar a un corrector que se encuentre doce veces con la palabra «cipreces» y no la corrija; al contrario, no ver erratas de esta clase en una hipotética correccción de pruebas podría ser muy 'lorquiano'.

Si los problemas tipográficos y ortográficos han podido ser resueltos casi completamente, los problemas que se refieren a la forma del discurso presentan una mayor complejidad, dado que es muy difícil establecer los límites de lo que se entiende por gramaticalidad. Sabemos que Lorca, si bien poseía un extraordinario sentido total del lenguaje que le hizo llegar a ser el poeta que fue —e *Impresiones y paisajes* es una primera demostración de ello—, no tenía una equivalente conciencia normativa de la lengua. Éste ha sido uno de los problemas constantes de los estudiosos y de los editores de su obra, que han tenido que dirimir, entre lecciones de manuscritos, lecciones de apógrafos manuscritos o mecanografiados, ediciones, etc., cuál era o podría haber sido la forma más correcta, exclusivamente bajo un punto de vista gramatical. En el caso de *Impresiones y paisajes,* nada impide pensar que desde el punto de vista de la corrección gramatical no hayan podido interferir los mismos factores a que aludía precedentemente: un Lorca que ¿dicta? a un copista sus manuscritos (ya hay una pérdida), un Lorca que lo corrige parcialmente, un tipógrafo que compone el texto (y hay otra pérdida), un Lorca que vuelve a corregir parcialmente, de nuevo con su peculiar competencia gramatical y haciéndolo con una atención e interés desiguales e inversamente proporcionales a la dificultad del texto. El análisis de estas cuestiones confirma la última hipótesis: los problemas, los errores y las erratas de *Impresiones y paisajes* no están distribuidos homogéneamente y se concentran en determinadas partes del libro, las más comprometidas desde el punto de vista conceptual o de organización del discurso, apareciendo mucho menos en las más sencillas, por ejemplo, en los textos descriptivos del capítulo «Temas». Desde esta perspectiva, no parece muy atendible la afirmación de Mora Guarnido (periodista experto y culto) cuando dice que «[todos los amigos] le ayudamos a corregir las galeradas de imprenta»[49]. Considérese, además, para justificar una escasa participación del editor-tipógrafo y una responsabilidad en primera persona de Lorca, que se trataba de una edición 'de pago', es decir enteramente financiada por el padre de Federico.

El criterio general de esta edición persigue un difícil equilibrio entre lecciones quizá 'anómalas' pero que se pueden atribuir a Lorca (para identificarlas disponemos como apoyo incuestionable el uso en los manuscritos de la época) configurándose entonces como selecciones estilísticas, no importa si consciente o inconsciente, y lecciones que pueden atribuirse a intervenciones ajenas y que, en consecuencia, han sido modificadas o corregidas. Si por una parte se pretende ofrecer un texto lo más correcto y legible posible, por otra no puede olvidarse que el texto pertenece, para bien y para mal, al escritor, cuya *forma mentis* ha determinado y generado casi todas las soluciones gramaticales que podrían parecernos incorrectas.

Bajo esta óptica ha de verse la cuestión de la puntuación, que es quizá el mayor problema que se plantea en la lectura y la edición de *Impresiones y paisajes,* en cuanto afecta no sólo al sistema gramatical, sino también al concepto mismo de escritura. Hacer una pausa o no hacerla, detener más o menos el devenir del discurso, acelerar o frenar el ritmo de las palabras, son cuestiones esenciales que afectan tanto a los signos verbales cuanto a la significación no verbal que un autor persi-

---

[49] *Op. cit.*, pág. 91.

gue, y más en el caso del joven Lorca, proclive a un tipo de escritura emotiva, lírica e impresionista, donde, como ya se ha visto, se cruzan y contraponen influencias literarias dispares, a veces de no fácil integración. Un determinado sistema de puntuación puede modificar sustancialmente la recepción de un texto, y por lo tanto crear o destruir los juegos connotativos y denotativos que el autor persigue: baste recordar las polémicas entre los investigadores a propósito de las varias ediciones de *Poeta en Nueva York*. Son muy significativas, en este sentido, las quejas de Lorca contra sus editores (es emblemática su 'pelea' con Emilio Prados en ocasión de la publicación de algunos romances previos a *Romancero gitano* en la revista *Litoral,* en noviembre de 1926), pero también es muy significativo el hecho de que él mismo sea 'culpable' de esos problemas de edición, por lo que se ha llamado su posible «alergia» a la imprenta[50].

En cualquier caso, lo que siempre se ha puesto de relieve al hablar o recordar a Lorca es su enorme facilidad con la expresión oral. No interesan tanto las entrevistas y declaraciones en ocasión de publicaciones, estrenos y otras actividades públicas, cuanto sus conferencias, que siempre constituyeron un éxito por la carga intelectual, artística, y sobre todo emotiva que Lorca les confería. En otras palabras, Lorca hacía gala de una capacidad de conferenciante que se sumaba a su don de artista[51]. Esta característica se evidencia pocos días antes de la publicación de *Impresiones y paisajes*. Nótese dónde está colocado el énfasis de esta reseña —claramente parcial en cuanto escrita por su amigo José Murciano— que se refiere a una lectura pública de algunas páginas del libro que estaba a punto de aparecer:

---

[50] Martín, *op. cit.*, pág. 66.
[51] Véanse las páginas dedicadas a definir y delimitar esta actividad en Soria, *op. cit.* págs. 227-229.

En estos momentos quisiéramos tener su pluma maravillosa, la única que podría describir, tal como se merecen, las bellezas de este libro enorme; pero ya que no podemos, dejaremos hacerse cargo de ello al lector, juzgando por el efecto que causó su lectura en el público, y diremos que durante todo el tiempo en que la voz clara y armónica de su autor resonó en la sala, puede decirse que jugó con el público [...]. Sus palabras resonaban en nuestros oídos como admirable sonata, con sus modulaciones y pausas, con sus pujantes «allegros», con sus cadenciosos y lánguidos «pianíssimos». Y se aplaudió atronadoramente, febrilmente...[52]

M.T. Babín ha señalado «que la prosa de García Lorca fue concebida para la transmisión oral»[53]; se debe puntualizar en el sentido de que se escribió pensando en su realización oral, es decir, que el mecanismo de la escritura está fuertemente influido por una lectura interior que refleja el mecanismo de la lectura pública. Y así, lo que determina la forma del discurso en *Impresiones y paisajes* es la imagen mental que hacia 1918 Lorca tenía de la prosa. El resultado fue este libro, y de hecho sucesivamente utilizó la *prosa* pero no volvió a escribir *en prosa*, en el sentido que se da a este término, pues era consciente de que esta forma de escritura literaria no le pertenecía como le pertenecían la forma lírica y la forma dramática.

---

[52] José Murciano en *El Eco del Aula,* Granada, núm. 6, 27-3-1918. Citado por Gibson, *op. cit.,* 1985, pág. 182.
[53] *Op. cit.* pág. 17.

Esta edición

El criterio de esta edición no puede seguir, por lo tanto, un procedimiento normalizador: ante la ausencia de un manuscrito que pueda servir para reconstruir determinadas soluciones —que parecen erróneas—, no queda más remedio que aceptar y reproducir esas soluciones en cuanto fruto de una precisa voluntad (o, si queremos ser radicales, ignorancia) de escritura. Se trata, en otras palabras, de presentar un libro de Lorca, 'mal escrito' pero suyo. Con esta óptica me he propuesto ofrecer al lector un texto lo más fiel posible a la edición *princeps* (Granada, Tipografía y Litografía Paulino Ventura Traveset, 1918), lo cual inevitablemente planteará muchas dudas durante la lectura. No ignoro que, si bien fruto de la pluma de Lorca, ciertas soluciones gramaticales y de puntuación parecen casi injustificables.

En este sentido, la lectura previa del apartado *Notas al texto* puede facilitar la comprensión y justificación de esas soluciones (cfr. especialmente los epígrafes referidos a la concordancia y al uso de la coma); en efecto, para no cargar el texto de *Impresiones y paisajes* con un enorme y repetitivo aparato de notas, he preferido agrupar y discutir los problemas y las intervenciones en ese apartado, donde he intentado analizar, justificar e interpretar uno por uno los diversos problemas gramaticales —referidos tanto a las varias categorías gramaticales como a los principales aspectos morfológicos y sintácticos— y los diferentes signos de puntuación, con las distintas casuísticas que se plantean, las posibles soluciones y las intervenciones llevadas a cabo.

La organización de las *Notas al texto* responde al siguiente esquema:

Forma de la palabra: I) erratas tipográficas; II) problemas ortográficos y de grafías (acento, grafías fonéticas, grafías especiales, transcripción gráfica); III) recursos tipográficos (cursiva, mayúscula y minúscula);
Forma del discurso: I) problemas morfológicos y sintácticos (artículos, preposiciones, relativos, pronombres personales, verbos, concordancia, problemas varios); II) puntuación (coma, punto y coma, punto, interrogación y exclamación, puntos suspensivos, discurso directo, otros problemas).

* * *

A Piero Menarini, cuyos consejos y sugerencias me han guiado durante este trabajo, todo mi agradecimiento por su sincera amistad.

La edición de Impresiones y paisajes no hubiera sido posible sin la generosa disponibilidad de Manuel Fernández Montesinos e Isabel García Lorca, que me han permitido el acceso al archivo de la Fundación Federico García Lorca, y sin la ayuda de Mario Hernández.

Mi gratitud a Gabriele Bersani-Berselli, Fernando Rimblas, y Félix San Vicente, amigos desinteresados.

Bibliografía

Indico aquí sólo los trabajos que se han ocupado por extenso de *Impresiones y paisajes* y de la obra juvenil en prosa. Para otras referencias, así como para el panorama de la ediciones y de las traducciones, véase la *Introducción*.

Ediciones

Impresiones y paisajes, Granada, Imprenta y Tipografía Paulino Ventura Traveset, 1918.

Impresiones y paisajes, Granada, Editorial Don Quijote, 1981 (edición facsimilar).

Obras completas, al cuidado de Arturo del Hoyo, Madrid, Aguilar, 1973, 18ª ed., 2 vol. (1986, 22ª ed., 3 vols.).

Prosa inédita de juventud, edición de Ch. Maurer, Madrid, Cátedra, 1994.

Estudios

BABÍN, María Teresa, *La prosa mágica de Federico García Lorca,* Santander, La Isla de los Ratones, 1962 (recogido en su *Estudios lorquianos,* San Juan, Universidad de Puerto Rico, 1976).

GALLEGO MORELL, Antonio, *El renacimiento cultural de la Granada contemporánea. Los «Viajes pedagógicos» de Berrueta. 1914-1919*, Granada, Editorial Comares, 1989.

GARCÍA LORCA, Francisco, *Federico y su mundo,* edición y prólogo de Mario Hernández, Madrid, Alianza Editorial, 1981, 2ª ed.

51

GIBSON, Ian, «Federico García Lorca en Burgos: más artículos olvidados», en *Bulletin Hispanique,* LXIX, 1967, núms. 1-2, págs. 179-194.

—, «Los primeros escritos impresos de Federico García Lorca: dos artículos más», en *Bulletin Hispanique,* LXX, 1968, números 1-2, págs. 116-121.

—, *Federico García Lorca I. De Fuente Vaqueros a Nueva York,* Barcelona, Grijalbo, 1985.

KLIBBE, Lawrence H., *Lorca's «Impresiones y paisajes»: the young artist,* Madrid, José Porrua Turanzas, 1983.

LAFFRANQUE, Marie, *Les idées esthétiques de Federico García Lorca,* París, Centre de Recherches Hispaniques, 1967.

LOZANO MIRALLES, Rafael, «*Impresiones y paisajes* nel passaggio dalla musica alla scrittura», en *Quaderni di Musica/Realtà,* Atti del Convegno "Federico García Lorca nella musica contemporanea" (Cagliari 4-6 diciembre 1986), núm. 24, 1990, págs. 120-132.

—, «Hacia la edición de *Impresiones y paisajes.* Las concordancias», en P. Menarini (ed.), *Lorca, 1986,* Bolonia, Atesa, 1988, págs. 107-277.

MARTÍN, Eutimio, *Federico García Lorca, heterodoxo y mártir. Análisis y proyección de la obra juvenil inédita,* Madrid, Siglo XXI Editores, 1986.

MAURER, Christopher, «Sobre la prosa temprana de García Lorca (1916-1918)», en *Cuadernos Hispanoamericanos,* números 433-34, julio-agosto 1986, págs. 13-30.

MORA GUARNIDO, José, *Federico García Lorca y su mundo,* Buenos Aires, Losada, 1958.

RAMOND, Michèle, *Le passage a l'ecriture. Le premier livre de Lorca,* Toulouse, Presses Universitaires du Mirail, 1989.

RODRIGO, Antonina, *Memoria de Granada,* Barcelona, Plaza y Janés, 1984.

SORIA, Andrés, «La prosa de los poetas (apuntes sobre la prosa lorquiana)», en *De Lorca a Lope y otros ensayos,* Granada, Universidad de Granada, 1980, págs. 213-297.

YOUNG, Howard T., «Breaking the rules in *Impresiones y paisajes*», en C.B.Morris (ed.), *Cuando yo me muera... Essays in Memory of Federico García Lorca,* Londres, University of America Press, 1988, págs. 11-23.

Impresiones y paisajes

Portada de la edición de *Impresiones y paisajes* (1918),
realizada por el pintor Ismael Gómez de la Serna.

DEDICATORIA

A la venerada memoria de mi viejo maestro de música, que pasaba sus sarmentosas manos, que tanto habían pulsado pianos y escrito ritmos sobre el aire, por sus cabellos de plata crepuscular, con aire de galán enamorado y que sufría sus antiguas pasiones al conjuro de una sonata Beethoveniana. ¡Era un santo!
Con toda la piedad de mi devoción.

El Autor

PRÓLOGO

Amigo lector: si lees entero este libro, notarás en
él una cierta vaguedad y una cierta melancolía. Verás
cómo pasan cosas y cosas siempre retratadas con amargura, interpretadas con tristeza. Todas las escenas que
desfilan por estas páginas son una interpretación de
recuerdos, de paisajes, de figuras. Quizá no asome la
realidad su cabeza nevada, pero en los estados pasionales internos la fantasía derrama su fuego espiritual sobre
la naturaleza exterior agrandando las cosas pequeñas,
dignificando las fealdades como hace la luna llena al
invadir los campos. Hay en nuestra alma algo que so-
brepuja a todo lo existente. En la mayor parte de las
horas este algo está dormido; pero cuando recordamos
o sufrimos una amable lejanía se despierta, y al abarcar
los paisajes los hace parte de nuestra personalidad. Por
eso todos vemos las cosas de una manera distinta. Nuestros sentimientos son de más elevación que el alma de
los colores y las músicas, pero casi en ningún hombre se
despiertan para tender sus alas enormes y abarcar sus
maravillas. La poesía existe en todas las cosas, en lo feo,
en lo hermoso, en lo repugnante; lo difícil es saberla
descubrir, despertar los lagos profundos del alma. Lo
admirable de un espíritu está en recibir una emoción e
interpretarla de muchas maneras, todas distintas y con-
trarias. Y pasar por el mundo, para que cuando hayamos llegado a la puerta de la «ruta solitaria» podamos

apurar la copa de todas las emociones existentes, virtud, pecado, pureza, negrura. Hay que interpretar siempre escanciando nuestra alma sobre las cosas, viendo un algo espiritual donde no existe, dando a las formas el encanto de nuestros sentimientos, es necesario ver por las plazas solitarias a las almas antiguas que pasaron por ellas, es imprescindible ser uno y ser mil para sentir las cosas en todos sus matices. Hay que ser religioso y profano. Reunir el misticismo de una severa catedral gótica con la maravilla de la Grecia pagana. Verlo todo, sentirlo todo. En la eternidad tendremos el premio de no haber tenido horizontes. El amor y la misericordia para con todos y el respeto de todos nos llevará al reino ideal. Hay que soñar. Desdichado del que no sueñe, pues nunca verá la luz..... Este pobre libro llega a tus manos, lector amigo, lleno de humildad. Te ríes, no te gusta, no lees más que el prólogo, te burlas..... es igual, nada se pierde ni se gana..... es una flor más en el pobre jardín de la literatura provinciana..... Unos días en los escaparates y después al mar de la indiferencia. Si lo lees y te agrada, también es igual. Solamente tendré el agradecimiento espiritual tan fino y estimable... Esto es muy sincero. Ahora, camina por las páginas.

- Hay muchas listas de la variedad de sentimientos

- Él dice "todo" a menudo

- Dice que a él no le importa que hace el lector con el libro ahora

- Hay una variedad de perspectivas.

Se descorre la cortina. El alma del libro va a ser juzgada. Los ojos del lector son dos geniecillos que buscan las flores espirituales para ofrendarlas a los pensamientos. Todo libro es un jardín. ¡Dichoso el que lo sabe plantar y bienaventurado el que corta sus rosas para pasto de su alma!... Las lámparas de la fantasía se encienden al recibir el bálsamo perfumado de la emoción.

Se descorre la cortina.

compara mucho a la naturaleza, especialmente un jardín.

MEDITACIÓN*

Hay un algo de inquietud y de muerte en estas ciudades calladas y olvidadas. No sé qué sonido de campana profunda envuelve sus melancolías..... Las distancias son cortas, pero sin embargo qué cansancio dan al corazón. En algunas de ellas, como Ávila, Zamora, Palencia, el aire parece de hierro y el sol pone una tristeza infinita en sus misterios y sus sombras. Una mano de amor cubrió sus casas para que no llegara la ola de la juventud, pero la juventud llegó y seguirá llegando, y sobre las rojizas cruces veremos elevarse un aeroplano triunfador.

Hay almas que sufren con lo pasado..... y al encontrarse en tierras antiguas cubiertas de moho y de quietud ancestral se olvidan de lo que son para mirar hacia lo que no vendrá, y si a su vez piensan en el porvenir llorarán de un triste y amargo desencanto..... Estas gentes que cruzan las calles desiertas lo hacen con el cansancio gigante de estar rodeadas de un ritmo rojo y aplanador..... ¡Los campos!.....

Estos campos, inmensa sinfonía en sangre reseca, sin árboles, sin matices de frescura, sin ningún descanso al cerebro, llenos de oraciones supersticiosas, de hierros

---

* Véase el texto «Al amparo de los muros de oro...», Apéndice II [núm. 1. Pv]

quebrados, de pueblos enigmáticos, de hombres mustios, productos penosos de la raza colosal y de sombras augustas y crueles..... Por todas partes hay angustia, aridez, pobreza y fuerza... y pasar campos y campos, todos rojos, todos amasados con una sangre que tiene de Abel y Caín... En medio de estos campos las ciudades rojas apenas si se ven. Ciudades llenas de encantos melancólicos, de recuerdos de amores trágicos, de vidas de reinas perpetuamente esperando al esposo que lucha con la cruz en el pecho, de recuerdos de cabalgatas funerales en donde al miedo de las antorchas se veía la descompuesta cara del santo mártir que llevaban a enterrar huyendo de la profanación mora, de pisadas de caballos fuertes y de sombras fatídicas de ahorcados, de milagros frailunos, de aparecidos blancos en pena de oraciones que al sonar las doce salieran de los campanarios apartando a las lechuzas para rogar a los vivos misericordia para su alma, de voces de reyes crueles y de angustiantes responsos de la inquisición al chirriar las carnes quemadas de algún astrólogo hereje. Toda la España pasada y casi la presente se respira en las augustas y solemnísimas ciudades de Castilla... Todo el horror medioeval con todas sus ignorancias y con todos sus crímenes... «Aquí —nos dicen al pasar— estuvo la inquisición; allí el palacio del obispo que presidía los autos de fe», y en compensación exclaman: «Aquí nació Teresa. Allí Juan de la Cruz»... ¡Ciudades de Castilla llenas de santidad, horror y superstición! ¡Ciudades arruinadas por el progreso y mutiladas por la civilización actual!... Estáis tan majestuosas en vuestra vejez, que se diría que hay un alma colosal, un Cid de ensueño sosteniendo vuestras piedras y ayudándoos a afrontar los dragones fieros de la destrucción... Unas edades borrosas pasaron por vuestras plazas místicas. Unas figuras inmensas os dieron fe, leyendas, y poesía colosal; vosotras continuáis en pie aunque minadas por el tiempo... ¿Qué os dirán las generaciones venideras? ¿Qué saludo os hará la aurora sublime del porvenir?

Una muerte eterna os envolverá al sonido manso y meloso de vuestros ríos, y un color de oro viejo os besará siempre bajo la fuerte caricia de vuestro sol de fuego... Las almas románticas que el siglo desprecia, como vosotras sois tan románticas y tan pasadas, las consoláis muy dulcemente y ellas encuentran tranquilidad y un azul cansancio bajo vuestros techos artesonados... y las almas vagan por vuestras callejas y vosotras, cristianas, les mostráis para que recen... cruces rotas en parajes ocultos o santos muy antiguos bizantinos, fríos y rígidos, extrañamente vestidos, con palomas torcaces en las manos, llaves de oro o custodias ahumadas, colocados en los pórticos llorosos de las iglesias románicas o en los soportales desquiciados..... ¡Ciudades muertas de Castilla, por encima de todas las cosas hay un hálito de pesadumbre y de pena inmensas!

El alma viajera que pasa por vuestros muros sin contemplaros, no sabe la infinita grandeza filosófica que encerráis, y los que viven bajo vuestro manto casi nunca llegan a comprender los geniales tesoros de consuelo y resignación que tenéis. Un corazón cansado y lleno de hastío por los vicios y por el amor encuentra en vosotras la amarga tranquilidad que necesita, y vuestras noches de incomparable quietud amansan el espíritu rugiente de aquél que os busca para descanso y meditación...

¡Ciudades de Castilla, estáis llenas de un misticismo tan fuerte y tan sincero que ponéis al alma en suspenso!... ¡Ciudades de Castilla, al contemplaros tan severas, los labios dicen algo de Haendel!...

En estas caminatas sentimentales y llenas de unción por la España de los guerreros, el alma y los sentidos gozan de todo y se embriagan en emociones nuevas que únicamente se aprenden aquí, para que cuando terminen dejen la maravillosa gama de los recuerdos. Porque los recuerdos de viaje son una vuelta a viajar, pero ya con más melancolía y dándose cuenta más intensamente de los encantos de las cosas... Al recordar, nos

envolvemos de una luz suave y triste, y nos elevamos
con el pensamiento por encima de todo... Recordamos
las calles impregnadas de melancolía, las gentes que tra-
tamos, algún sentimiento que nos invadió y suspiramos
por todo, por las calles, por la estación en que las
vimos... por volver a vivir lo mismo en una palabra.
Pero si por un cambio de la Naturaleza pudiéramos volver a vivir lo mismo, no tendríamos el goce espiritual
que cuando lo vemos realizado en nuestra fantasía...
Luego un recuerdo tan dulce de los crepúsculos de oro
con álamos de coral y pastores y rebaños acurrucados
junto a un altozano, mientras unas aves rasgan el bravo
fondo aplanador... En estos recuerdos, adobados siempre con la rebelde imaginación fantástica, dejan un dul-
zor amable, y si alguien en nuestro camino recorrido
nos hizo algún mal, tenemos el perdón para él y una
misericordia despreciativa para con nosotros mismos,
por haber albergado al odio en nuestro pecho, porque
comprendemos que todo es el momento, y al mirar al
mundo con un corazón generoso no se puede por
menos de llorar... y se recuerda... El campo rojo, el sol
es como un pedazo de la tierra... por las veredas los
gañanes marchan acurrucados sobre sus bestias... unos
solitarios de oro se miran en el agua melosa de una acequia... un pregón... el ángelus lejano... ¡Castilla!... y al
pensar esto el alma se nos llena de una melancolía plomiza.

I

Fue una noche fría cuando llegué. En el cielo había pocas estrellas y el viento glosaba lentamente la melodía infinita de la noche... Nadie debe de hablar ni de pisar fuerte para no ahuyentar al espíritu de la sublime Teresa..... Todos deben sentirse débiles en esta ciudad de formidable fuerza...

Cuando se penetra por su evocadora muralla se debe ser religioso, hay que vivir el ambiente que se respira.

Estas almenas solitarias, coronadas de nidos de cigüeñas, son como realidad de un cuento infantil. De un momento a otro espérase oír un cuerno fantástico y ver sobre la ciudad un pegaso de oro entre nubes tormentosas, con una princesa cautiva que escapara sobre sus lomos, o contemplar a un grupo de caballeros con plumajes y lanzas, que embozados en capas rondaran la muralla.

El río pasa casi sin agua por entre peñascos, bañando de frescura unos árboles desmirriados, que dan sombra a una evocadora ermita románica, relicario de un sepulcro blanco con un obispo frío rezando eternamente,

---

* Véanse los textos *Impresión de viaje. Ávila* y *Díptico teresiano* en el Apéndice II [núm. 2. Pv] y [núm. 3. Pv]. Véase la carta *Ávila, 19 de octubre de 1916* en el Apéndice I [ep. núm. 1].

oculto entre sombras... En las colinas doradas que cercan la ciudad la calma solar es enorme, y sin árboles que den sombra tiene allí la luz un acorde magnífico de monotonía roja... Ávila es la ciudad más castellana y más augusta de toda la meseta colosal... Nunca se siente un ruido fuerte, únicamente el aire pone en sus encrucijadas, modulaciones violentas las noches de invierno... Sus calles son estrechas y la mayoría llenas de un frío nevado. Las casas son negras con escudos llenos de orín, y las puertas tienen dovelas inmensas y clavos dorados... En los monumentos una gran sencillez arquitectónica. Columnas serias y macizas, medallones ingenuos, puertas calladas y achatadas y capiteles con cabezas toscas y pelícanos besándose. Luego en todos los sitios una cruz con los brazos rotos y caballeros antiguos enterrados en las paredes y en los dulces y húmedos claustros... ¡Una sombra de muerta grandeza por todas partes!... En algunas obscuras plazuelas revive el espíritu antiquísimo, y al penetrar en ellas se siente uno bañado en el siglo XV. Estas plazas las forman dos o tres casonas con tejados de flores amarillas y únicamente un gran balcón. Las puertas cerradas o llenas de sombra, un santo sin brazos en una hornacina, y al fondo la luz de los campos que penetra por una encrucijada miedosa o por alguna puerta de la muralla. En el centro una cruz desquiciada sobre un pedestal en ruinas y unos niños andrajosos que no desentonan con el conjunto. Todo esto bajo un cielo grisáceo y un silencio en que el agua del río suena a chocar constante de espadas.

II

La Catedral, formidable en su negrura sangrienta, cuya cabeza epopéyica tiene por cerebro al Tostado, dejó escapar la miel de sus torres y las campanas lo llenaron todo de religiosidad ideal..... El interior del templo es abrumador por su sombra pasada incrustada en sus paredes y por su obscuridad tranquila, que invita a la meditación de lo supremo.

El alma que crea y esté llena de fe celestial, que sueñe en esta Catedral que levantaron aquellos reyes de hierro de una edad guerrera. El alma que vea la grandeza de Jesús que se suma en estas sombras húmedas con ojos de cirios para sentir consuelo espiritual..... Así, en un rincón escuchando al mago órgano y oyendo el tintineo grave de una campanilla, podrá pensar sin ser visto y gozar de una dulzura que únicamente encuentra allí. Eso es adoración a Dios, pero nunca entre luces, trompetas y ante una estatua de colorines colocada irrisoriamente sobre un promontorio de flores de trapo...]. Esta Catedral hace pensar aunque el alma que pasee sus galerías esté desposeída de la luz de la fe...[. Esta Catedral es un pensamiento de más allá en medio de una interrogación al pasado..... El incienso y la cera forman un aire marmóreo y místico que da consuelo a los sentidos... En algunos rincones hay sepulcros olvidados con estatuas mutiladas y cuadros que son una mancha indefinida por la que asoma algunas veces una cara espantada o una pierna desnuda, como un enigma. Muchos ventanales rasgados, están cerrados a la luz y sus dibujos se recortan sobre el muro. Las lámparas de plata muestran su alma amarillenta sobre las sombras santas, y un gran crucifijo que se levanta en el crucero pone una nota de sacra albura sobre la luz cenicienta del ábside... Unas viejas con largos y gruesos rosarios suspiran y silabean tristonas junto a las pilas de agua bendita y una mujerzuca reza llorosa a una virgen que tiene un corazón de plata sobre su pecho y una fauna absurda en sus pies. Se oyen algunos pasos lejanos y después una soledad de sonidos tan angustiante, que llena de amargura dulcísima el corazón..... Al salir de la Catedral, el retablo de la portada está lleno del sol de la tarde, que hace de oro a los calados y a los santos apóstoles que en él se hallan, y dos monstruos cubiertos de escamas y con caras humanas, recuerdan al que pasa el antiguo y generoso derecho de asilo..... Por calles llenas de quietud y oro de crepúsculo, se desemboca en una plaza que posee una iglesia dorada que la tarde hace un inmenso topacio... Y desde un muro viejo se contemplan a los campos solitarios bajo el preludio de la noche. En el fondo y sobre las colinas, hay una lumbrada de color rojo, y encima de los campos un polen amarillento y suave. La ciudad se tiñe de color anaranjado y las campanas dicen todas el ángelus con un aire pausado y ensoñador..... Poco a poco la noche va llegando, unos pinos se mecen airosos en la umbría y las cigüeñas de las murallas vuelan sobre una espadaña..... Pronto el oro será plata con la luna.

[handwritten annotations:]

stained

belfry/ cattail

Stork

to rock/ to swing

— El atardecer con los colores: más cambios

— el cuento empero con la noche y termina con la noche: círculo

68

MESÓN DE CASTILLA*

Yo vi un mesón en una colina dorada al lado del río de plata de la carretera.

Bajo la enorme románica fe de estos colores trigueños, ponía una nota melancólica la casona, aburrida por los años.

En estos mesones viejos que guardan tipos de capote y pelos ariscos, sin mirar a nadie y siempre jadeantes, hay toda la fuerza de un espíritu muerto, español..... Este que yo vi, muy bien pudiera ser el fondo para una figura del Españoleto.

En la puerta había niños mocosos, de ésos que tienen siempre un pedazo de pan en las manos y están llenos de migajas, un banco de piedra carcomida pintado de ocre, y un gallo sultán arrogante, con sus penachos irisados, rodeado de sus lujuriosas gallinas coqueteando graciosamente con sus cuellos.

Era tanta la inmensidad de los campos y tan majestuoso el canto solar, que la casona se hundía con su pequeñez en el vientre de la lejanía... El aire chocaba en los oídos como el arco de un gigantesco contrabajo, mientras que al cloqueo de las gallinas los niños, riñendo por una bola de cristal, ponían el grito en el cielo...

Al entrar, diríase que se penetraba en una covacha.

---

* Véase el texto *Mesón de Castilla* en el Apéndice II [núm. 4. Ap]

Todas las paredes mugrientas de pringue sebosa, tenían una negrura amarillenta incrustada en sus boquetes, por los cuales asomaban sus estrellas de seda las arañas.

En un rincón estaba el despacho, con unas botellas sin tapar, un lebrillo descacharrado, unos tarros de latón bollados de tanto servir, y dos toneles grandes, de ésos que huelen a vino imposible.

Era aquello como una alacena de madera por la que hubieran restregado manteca negruzca y en la que miles de moscas tenían su vivienda.

Cuando callaban el aire y los niños, sólo se oía el aleteo nervioso de estos insectos y los resoplidos del mulo en la cuadra cercana.

Luego, un olor a sudor y a estiércol que lo llenaban todo con sus masas sofocantes.....

En el techo, unas sogas bordadas de moscas señalaban quizá el sitio de algún ahorcado; un mozo soñoliento por el mediodía se desperezaba chabacano con la horrible *colilla* entre sus labios egipcios, un niño rubito quemado del sol jugueteaba al rum rum de un abejorro; otros viejos echados en el suelo como fardos roncaban con los desquiciados sombreros sobre las caras; en el infierno de la cuadra los mayorales hacían sonar los campanillos al enjaezar a los *machos*, mientras allá, entre las manchas obscuras de los fondos caseros brillaba el joyel purísimo de la hornilla que daba a la maritornes boquiabierta el apagado brillo de un cobre esmaltado de Limoges.

Con la calma silenciosa de las moscas y del aire, rodeados de aquel ambiente angustioso, todas las personas dormitaban.

Un reloj viejo de ésos que titubean al decir la hora, dio las doce con una rancia solemnidad. Un carbonero con un blusón azul entró rascándose la cabeza, y musitando palabras ininteligibles saludó a la posadera, que era una mujeruca embarazada con la cabellera en desorden y la cara toda ojeras...

«¿No quieres un vaso?»

Y él: «No porque tengo malo el gaznate.»

«¿Vienes del pueblo?»... «No. Vengo donde mi hermana, que tiene esa enfermedad que es nueva»...

«Si fuera rica —contestó la mujeruca— ya el médico se la habría quitado»... «ya... pero ¡los pobres!» Y el hombre haciendo un gesto cansado repetía: «¡Los pobres! ¡los pobres!»; y acercándose el uno al otro continuaron en voz baja la eterna cantinela de los humildes.

Luego los demás, al ruido de la conversación, se despertaron y comenzaron a platicar unos con otros, porque no hay cosa que haga hablar más a dos personas que el estar sentadas bajo un mismo techo sin conocerse... y todos se animaron menos la embarazada, que tenía ese aire cansado que poseen en sus ojos y en sus movimientos los que ven a la muerte o la presienten muy cerca.

Indudablemente, aquella mujeruca era la figura más interesante del mesón.

Llegó la hora de comer y todos sacaron de sus bolsas unos papelotes aceitosos y los panes morenos como de cuero. Los colocaron sobre el suelo polvoriento, y abriendo sus navajas comenzaron la tarea diaria.

Cogían los manjares pobrísimos con las manazas de piedra, se los llevaban a la boca con una religiosa unción, y después se limpiaban en sus pantalones.

La mesonera repartía vino tinto en vasos sucios de cristal, y como eran muchas las moscas que volaban sobre los pozuelos dulzones, éstas se caían a pares sobre las vasijas, siendo sacadas de la muerte por los sarmentosos dedos de la dueña.

Llegaban tufaradas sofocantes de tocino, de cuadra, de campo soleado.

En un rincón, entre unos sacos y tablas, el mozuelo que se desperezaba engullía unas sopas coloradas que la criada le servía entre risas e intentos a ciertas cosas poco decorosas.

Con el vino y la comida los viajeros se alegraron, y alguno más contento o más triste que los demás, tarareaba entre dientes una monorítmica canción.

Y fue sonando la una y la una y media y las dos, y todo igual.

Siguió el desfile de tipos campesinos, que todos parecen iguales, con sus ojos siempre entornados por la costumbre de mirar toda la vida al campo y al sol... y pasaron esas mujeres, que son un haz de sarmientos, con los ojos enfermos y los cuerpos gibosos, que van con gestos de sacrificadas a que las curen en la vecina ciudad, y desfilaron las mil figuras de tratantes, con sus látigos en la faja, que son muy altos, y los rumbosos de las posadas, y esos hombres castellanos, esclavos por naturaleza, muy finos y comedidos, que tienen aún el miedo al señor feudal, y que al hablarles siempre contestan: «¡Señor! ¡señor!»... y los que son de otras regiones, que hablan exagerando sus palabras para llamar la atención... y hasta se asomó por aquella escena pintoresca el prestidigitador, que va de pueblo en pueblo sacándose cintas de la boca y variando las rosas de color... Y dieron las dos y las dos y media, y todo igual... Como ya había sombra en la puerta, a ella se salieron todos los personajes para gozar del aire perfumado de los cerros...

Solamente quedaron dentro adormilados aún y cubiertos de moscas, dos vejetes muy apagados, que con las camisas entreabiertas enseñaban un mechón de pelo cano de sus pechos, como mostrándonos la muerta bravura de su juventud.

Afuera se respiraba el aire sonado por los montes, que traía en su alma el secreto más agradable de los olores.

Las peladas y oreadas colinas, tan mansas y suaves, invitan con su blandura de hierbas secas a subir a sus cumbres llanas.

Unas nubes macizas y blancas se bambolean solemnes sobre las sierras lejanas.

Por el fondo del camino viene una carreta con los bueyes uncidos, que marchan muy lentos entornando sus enormes ojazos de ópalo azul con voluptuosidad dulcísima y babeando como si masticaran algo muy sabroso... Y pasaron más carretas destartaladas con arrieros en cuclillas sobre ellas, y pasaron asnos tristes, aburridísimos, cargados de retamas y golpeados por rapaces, y hombres, hombres que no veremos más, pero que tienen sus vidas, y sospechosos de los que miran de reojo... y silencios augustos de sonido y color...

Dieron las tres... y las cuatro...

La tarde se deslizaba melosa, admirable...

* * *

El cielo comenzó a componer su sinfonía en tono menor del crepúsculo. El color naranjado fue abriendo sus regios mantos. La melancolía brotó de los pinares lejanos abriendo los corazones a la mística infinita del ángelus...

Ciega el oro de la tierra. Las lejanías sueñan con la noche.

El grupo de Domínguez Berrueta a la entrada de la Cartuja
de Miraflores (Burgos), en la visita de julio de 1917.

LA CARTUJA*

.....Porque el que siembra para su
carne de la carne segará corrupción,
mas el que siembra para el espíritu
del espíritu segará vida eterna.

*Epístola de San Pablo a los
[Gálatas (Cap. 5), Ver. 8]*

I

El camino que conduce a la Cartuja se desliza suave
entre los saúcos y las retamas, perdiéndose en el corazón gris de la tarde otoñal. Las laderas, tapizadas de verde obscuro, tienen una modulación delicada al morir
en la llanura. Sobre el campo castellano, plomiza niebla
azul da transparencias acuosas y fantásticas a las cosas.
Ningún color definido en la plancha pesada del suelo.
A lo lejos, torres cuadradas y severas de pueblos de abolengo, hoy mutilados, solos en su grandeza.

Tristeza derramada, ingenuas montañas, acorde mayor de plomo derretido, suavidades simples, y en los
horizontes, vagos fulgores de ceniza tornasol. A los la-

---

* Véanse el texto *Cartuja. Clausura* en el Apéndice II [núm. 5. Ni]
y la carta *Burgos, 23 de julio de 1917* en el Apéndice I [ep. núm. 9].

dos del camino, árboles macizos de ramajes sonoros, meditan inclinados ante la amargura inefable del paisaje. A veces el viento hace llegar solemnes marchas en un tono constante, que apaga un seco sonido de hojas marchitas.

Por una vereda va un grupo de mujeres con faldas agresivas de bayeta encarnada. Una puerta ojival, bordada de manchas por el sol, se levanta en el camino como un arco triunfal... Tuerce el sendero, y la Cartuja aparece con todo su ropaje funeral. El paisaje muestra toda su intensidad de sufrimiento, de ausencia de sol, de pobreza pasional.

La ciudad se extiende negruzca con las rayas de las alamedas, enseñando al monstruo gótico de su catedral, labor de un orfebre gigante, recortada sobre un triunfo de color morado. El río lleno de agua da impresión de sequedad, las masas arbóreas semejan borrones de oro antiguo, los sembrados despliegan las líneas rectas de sus pentágramas, perdiéndose en las tonalidades húmedas del horizonte. Este paisaje asceta y callado tiene el encanto de la religiosidad dolorosa. La mano eterna no derramó en él sino la melancolía. Todas las cosas expresan en sus formas una amargura y desolación formidables. La visión de Dios es en este paisaje la de inmenso temor. Todo está sobrecogido, miedoso, aplanado. El alma pobre del pueblo expresa su angustia en su hablar, en su andar lento y grave, en su temor al diablo, en su superstición. Todos los caminos escoltados por cruces herrumbrosas, en las iglesias Cristos en covachas polvorientas, aderezados con abalorios, ex votos mugrientos y trenzas de pelo chamuscado por el tiempo, ante los cuales rezan los campesinos con la trágica fe del temor. ¡Inquietante paisaje el de las almas y los campos!......

En medio de toda esta solemnidad, la Cartuja se eleva como portadora de la angustia general. En la amplia plazoleta que la antecede, una cruz con su Cristo ventrudo pone la nota de severo recogimiento... La Cartuja es un sombrío caserón ungido con la frialdad del ambiente. El cuerpo de la iglesia se eleva sobre lo demás, coronado de pináculos sencillos y una cruz. Lo restante es de piedra semidorada, sin ningún adorno. Tres achatados arcos dan entrada a un portalón enjalbegado, donde hay que llamar.

La puerta se abre y aparece a contraluz un cartujo con su hábito blanco de lana y pálido como el mármol, con una barba enorme cubriéndole el pecho. Chilla la puerta apagadamente y se penetra en el patio. La luz es suave y tenue. En el centro, entre rosales y yedras, surge una blanca escultura de San Bruno, llena de majestad sentimental. A la izquierda está la portada de la iglesia, fuerte de línea, viril de conjunto, en cuyo tímpano la escena del calvario aparece expresada con dolor primitivo. En los rincones hay brochazos de verde humedad que flota en el aire helado. El fraile nos entra en la iglesia, nevada tumba de reyes y príncipes, divino escenario de hechos medioevales. En el fondo, el soberbio retablo reproduce figuras de santos ataviados ricamente, entre los que descuella la espantosa visión del Cristo tallado por Siloe, con el vientre hundido, las vértebras rompiendo la piel, las manos desgarradas, el cabello hecho raros bucles, los ojos hundidos en la muerte, y la frente desecha en cárdeno gelatinoso..... A su lado los evangelistas y apóstoles, fuertes e impasibles, escenas de la pasión con rigidez cadavérica, y sosteniendo la Cruz, un Padre Eterno con gesto de orgullo y fiereza, y un mancebo corpulento con cara de imbécil.

Sobre la cabeza de Cristo, el blanco pelícano de la eucaristía, y completando el conjunto, coros de ángeles, medallones, escudos reales, maravillosos encajes ojivales y toda una fauna de santos y animales desconocidos. Todo el retablo tiene una sola impresión de dolor: el Cristo. Lo demás está divinamente ejecutado, pero no dice nada. La figura del Redentor aparece llena del misticismo trágico del momento, pero no encuentra eco en el mundo de esculturas que lo rodean. Todo está muy lejos de la pasión y del amor, sólo él está desbordado de apasionada lujuria de caridad y pesadumbre, en medio de la indiferencia y orgullo general. ¡Retablo magnífico de vibrante simbolismo! A sus pies, el grandioso sepulcro de los reyes de Castilla, Juan I y su mujer, es una hoguera de mármol blanco. Las estatuas yacentes están colocadas sin la muerte en sus gestos. El artista supo infundir en los rostros y en las actitudes el retrato admirable del cansancio y el desprecio real. Tienen las manos transparentes y cálidas, recogiéndose los mantos riquísimos cuajados de piedras preciosas, recamados de labores con flores elegantísimas. De los dedos les pende un rosario de grandes cuentas, que va ondulando por los pliegues del manto a morir en los pies. Tienen vueltas las caras, como para no verse, con un rictus de supremo desdén.

Alrededor vive toda la doctrina cristiana hecha piedra: virtudes, apóstoles, vicios. Algunas figuras de alabastro recortan en las sombras sus aristocráticos perfiles; hay graciosos monjecillos en oración, raros hombres con libros abiertos, caras pensativas con labios sensuales, monos entre pámpanos, leones sobre bolas, perros dormidos y lazos con frutas, naranjas, peras, manzanas, racimos de uvas. Todo un mundo fantástico y enigmático rodeando a la realeza muerta. Al lado se alza otro soberbio sepulcro del infante Don Alfonso, de suave ritmo, pleno de fúnebre severidad... La luz se apaga un poco. Frente a los sagrarios tiemblan las llamas. Hay olor a extraña humedad y a incienso.

Un monje de cara rasurada y de ojos brillantes aparece en el coro, se inclina repetidas veces, y abriendo el breviario se abisma en las páginas. El fraile que me acompaña me hace notar el delicado dibujo de la admirable sillería coral. El ruido de los pasos extiende sus ondas concéntricas por el aire, llenando a la iglesia de sonido... Por los ventanales revolotean palomas.

Después de haber visitado la iglesia, el monje venerable, me llevó a contemplar una imagen de San Bruno
colocada en un detestable altarito situado en una capilla
reservada. «Este es el San Bruno de Pereira», me dijo... y
refirió una serie de anécdotas a propósito de la imagen.
Indudablemente la escultura está bien hecha, pero ¡qué
poca expresión! ¡Qué actitud de eterna teatralidad! El
santo del silencio y de la paz mira al crucifijo que lleva
en las manos con aire indiferente, como si mirara otra
cosa cualquiera. Ni el sufrimiento espiritual, ni la lucha
con la carne, ni la locura celestial aparecen grabados
en el gesto de la efigie. Es un hombre... cualquiera que
haya pasado cuarenta años en el mundo tiene el sello
mismo del sufrimiento vulgar... Estamos en España
soportando una serie insoportable de esculturas ante las
cuales los técnicos se extasían, pero que no poseen en
sus actitudes, en sus expresiones un momento de emoción. Son modelos admirablemente retratados y a veces
admirablemente policromados... pero qué lejos está el
alma del personaje del retrato.

Los santos héroes de historias lejanas, románticos del
sufrimiento por amor a Dios y a los hombres, no encontraron su encarnación artística. ¡Hay que pasar [por] las
salas del museo de Valladolid! ¡Horror! Bien es verdad
que hay algunos aciertos, muy pocos... pero lo demás...

Causa pena profunda observar la espantable medianía de la escultura. Es el arte que toca más a la tierra.
Los genios de ella llegaron a la primera nota de la escala
espiritual... Nunca dieron un acorde...

Es algo la escultura, muy frío y muy ingrato al artista.
La fuente apasionada del escultor se estrella ante la piedra que talla... Quiere dar vida y la da, quiere dar sentimiento y alma y la da en las figuras... pero no puede

79

abrir en ellas el libro sagrado y dulce en que los demás hombres leen las emociones que los llevan al solitario jardín de los sueños... Reproducen... nunca crean...

Este santo, que tiene la rudeza de un patán y la fortaleza de un castellano pueblerino, me hace la impresión del retrato de un pobre lego antiguo, de ésos que repartían la sopa boba por las tardes rodeado de una turba de pobres envejecidos por el hambre. Pobre idea del pobre señor Pereira, que imaginó al Bruno loco del misticismo reposado y doloroso como un hombre vulgarísimo, después de haber comido y discreteado un poco... Desdichada imaginación del Sr. Pereira, como casi todos los escultores que *exponen* en Valladolid, que hicieron de figuras ideales, casi fantásticas, retratos de hombres recios, de idiotas y de bobalicones...

«¡Ay! —exclamarán muchos— ¡qué disparate! ¡Estas esculturas son magníficas! ¡Note usted la maravilla de esas manos! ¡Fíjese usted, qué cosa tan anatómica!» Sí, sí señor, pero a mí únicamente me convence el interior de las cosas, es decir, el alma incrustada en ellas, para que cuando las contemplemos puedan nuestras almas unirse con las suyas. Y originar en esa cópula infinita del sentimiento artístico el dolor agradable que nos invade frente a la belleza... [A] esta estatua de San Bruno, tan cacareada [por] sabios y no sabios, únicamente le observé, mejor, le puse toda la indiferencia cartujana. Bien es verdad que el autor no quiso hacer la estatua indiferente, pero así me resultó a mí. Aquella mirada fría, inexpresiva, ante la amargura del suplicio de la cruz encierra el enigma de la cartuja... Así lo veo yo...

* * *

«... Y por unas circunstancias que no son del caso relatar, pude entrar en clausura...» El monje de las barbas, severo y simpático, me acompañó.

Salimos de la iglesia... Ya la tarde quería decir sus

últimas modulaciones en oro, rosa y gris. Era sereno el ambiente como el agua estancada de los bosques. Era dulce la luz como una nostalgia de amanecer. Eran tranquilas las palabras como rezos crepusculares...

Una puertecita achatada se abrió, y entramos en el recinto sagrado de la clausura. No hay suntuosidad interior en esta Cartuja de Miraflores. En el pasadizo de la entrada lucen sus colores feos una horrible colección de cuadros con escenas de martirios... El retrato de un monje impone silencio, llevándose un dedo a los labios... el corredor se perdía en una claridad lechosa.

Al final, otro corredor lleno de puertecitas abiertas en la blancura de las paredes, y una cruz de madera pintada de negro... Hay solemnidad humilde, austeridad angustiosa, y silencio de inquietud en estas estancias. Todo callado a la fuerza. Porque sobre estos techos hay cielo, y palomas, y flores, y sobre estos techos hay tormentas, y lluvias, y nieves... pero la fuerza de unas torturas espirituales pone las notas de quietud espantosa en estos claustros pobres y blancos. Nada se oye... nuestras pisadas son insultos que despiertan a los ecos lejanos.

De cuando en cuando, al detenernos en nuestra marcha, fluye el plomo de la quietud con toda su pasión... Huele a membrillo al pasar por algunas habitaciones umbrosas. Huele a sufrimientos y pasiones casi ahogadas. Husmea Satanás en medio de la soledad. Es doloroso el silencio de la Cartuja. Estos hombres se retiraron de la vida huyendo de sus vicios, de sus pasiones. Fueron a ocultar en este relicario de añeja poesía toda la amargura de su corazón. Adivinaron un estado de quietud espiritual, un lago encantado donde sepultar sus deseos, sus desgracias; pero no lo consiguieron... Seguramente aquí se reflorecieron sus pasiones de una manera exquisita.

La soledad es la gran talladora de espíritus. El hombre que entró en la Cartuja trémulo y aplanado por la vida, no encontró aquí el consuelo.

Somos muy desdichados los hombres, queremos regirnos por nuestros cuerpos y supeditar las cosas a nuestros cuerpos, sin contar para nada con las almas. Estos hombres sepultan aquí sus cuerpos, pero no sus almas. El alma está donde ella quiere. Todas nuestras fuerzas son inútiles para arrancarla donde se clava. Además... ¿qué sabemos nosotros lo que desea nuestra alma?

¡Qué angustia tan dolorosa estos sepulcros de hombres que se mueven como muñecos en un teatro de tormentos! ¡Qué carcajadas de risa y llanto dará el corazón! Nuestras almas reciben las pasiones admirables, y ya no se pueden sacudir de ellas. Lloran los ojos, rezan los labios, se retuercen las manos, pero [es] inútil; el alma sigue apasionada, y estos hombres buenos, infelices, que buscan a Dios en estos desiertos del dolor, debían comprender que eran inútiles las torturas de la carne cuando el espíritu pide otra cosa.

Es harta cobardía estos ejemplos de los cartujos. Ansían vivir cerca de Dios aislándose... pero yo pregunto ¿qué Dios será el que buscan los cartujos? No será el Jesús seguramente... No, no... Si estos hombres desdichados por los golpes de la vida soñaran con la doctrina del Cristo, no entrarían en la senda de la penitencia sino en la de la caridad. La penitencia es inútil, es algo muy egoísta y lleno de frialdad. Con la oración nada se consigue, como nada se consigue tampoco con la maceración. En la oración se pide algo que no nos pueden conceder. Vemos o queremos ver una estrella lejana, pero que borra lo exterior, lo que nos rodea. La única senda es la caridad, el amor los unos a los otros.

Todos los sufrimientos puede tenerlos el alma, lo mismo en el estado de penitencia que en el de caridad; por eso estos hombres que se llaman cristianos debían no huir del mundo, como hacen, sino entrar en [él] remediando las desgracias de los demás, consolando ellos para ser consolados, predicando el bien y esparciendo la paz. Así serían con sus espíritus abnegados verdaderos Cristos del evangelio ideal. Es verdaderamente anticristiano una Cartuja. Todo el amor que Dios mandó nos profesáramos falta allí, ni ellos mismos se quieren. Sólo se hablan los domingos un rato, y sólo están juntos durante los rezos y la comida. No son ni hermanos. Viven solos...

¡Y todo por no pecar... por no hablar! ¡Cómo si en las meditaciones íntimas no hubiera pecado! Quieren, como he dicho antes, ser cuerpos sin mancha, porque el alma... el alma puede con todas las maceraciones. Estos desdichados a quien todos debemos compadecer, creen engañarse y engañar sus sentidos con una tortura de la carne. ¿Quién puede asegurar que alguno o casi todos no sienten deseos, ni aman a mujeres lejanas por quien entraron allí; ni odien ni se desesperen?... Tendrán el Cristo delante como el San Bruno de Pereira, llorarán invocando a los espíritus celestiales, pero sus almas amarán y desearán y odiarán... y la carne también se desatará... y por las noches muchos hombres de éstos que son jóvenes y vibrantes de vida, verán desde su cama visiones de mujeres a quien amaron, gentes a quien despreciaron, y amarán y despreciarán, y querrán cerrar los ojos, pero los tendrán abiertos... porque los hombres no somos quién ni podemos encauzar nuestras almas hacia el lago sin inquietud y sin dolor que deseamos. Estos hombres admirables de decisión, huyen del ruido creyendo que los pecados se esconden en él, y cayeron en otro lugar propicio a los pensamientos y por lo tanto al pecado. Cayeron en un jardín abonado para el bien y el mal, y gustaron una gran pasión, ellos que tanto huían de ella. La gran pasión del silencio.

Aquí mueren habiendo apurado la copa de la pasión espiritual, y sin haber hecho ningún bien... ¿Bien a ellos?... creo que no, porque si hubieran apurado sus lágrimas entre los desgraciados, se llevarían al otro reino un rosal piadoso con las rosas blancas del recuerdo, mientras así mueren sin haber gustado las maravillas espirituales del bien cumplido... Además estamos aquí

sin saber por qué... ¿Dios nos da sufrimientos? pues su-
frámoslos... no nos queda otro remedio.

Pero a veces me parece que sois geniales protestan-
tes del mismo Dios al huir del mundo que él creó, para
buscar otro Dios de calma y sosiego... pero no podéis,
porque las crueldades refinadas por su dolor que acompañan a nuestro corazón, viven con nosotros hasta la
muerte...............................

¡Qué silencio tan abrumador! Todos ven así el silencio cartujano, paz y tranquilidad. Yo sólo veo inquietud,
desasosiego, pasión formidable que late como un enorme corazón por estos claustros. El alma siente deseos de
amar, de amar locamente y deseo de otra alma que se
funda con la nuestra... deseos de gritar, de llorar, de llamar a aquellos infelices que meditan en las celdas, para
decirles que hay sol, y luna, y mujeres, y música, de lla-
marlos para que se despierten para hacer bien por su
alma, que está en las tinieblas de la oración, y cantarles
algo muy optimista y agradable... pero el silencio reza
su canto gregoriano y pasional.

Al pasar por una estancia fría y severa, se ve una virgen con su manto celeste bordado de estrellas, con un
niño chiquito alegre, llevando su corona altísima imperial... algo que recordaba el mes de Mayo... una alegría
religiosa entre aquella tristeza cartuja.

Nadie se ve por los salones, sólo nos habla la humedad y olores extraños de cera, de huerto umbrío.

Y más silencio, y silencio, y una gran sensualidad...
¡Enorme pesadilla la de estos hombres que huyen de las
asechanzas de la carne y entran en el silencio y la soledad que son los grandes afrodisíacos!......

Pasamos por el comedor que tiene una dignidad
señorial con su púlpito para las tremendas lecturas de
martirios y ejemplos píos... con los vasos blancos, las
mesas pobres con aire de castidad... Unas cortinas rojas
dejan pasar la luz llenando al salón de tinte rojizo tristísimo... más corredores deshabitados, y el gran patio de la
Cartuja.

Tiene este patio un rincón de cipreses lleno de miedo y misterio, donde son enterrados los monjes. Una cruz se alza en el centro cuajada de herrumbre de color oro viejo. Una gran sombra azul llena la melancolía del ambiente.

Hay rosales mustios, y madreselvas cubriendo románticamente los muros. Hay mimbres de las que lloran sus ramas elegantísimas y funerales. Hay plantaciones en el suelo, y perales y manzanos...

En el centro una gran fuente canta la melodía del agua con rum rum temeroso..... tiene algas que chorrean lamiendo la piedra... Un mascarón sonríe con su cara rota y casi borrada.....

En el fondo y junto al cementerio hay un triunfo de yedras..... Cae la tarde preñada de color íntimo y suave..... Atravesamos otra vez lo andado y salimos al patio exterior de la Cartuja..... Todo estaba bañado de rosa maravilloso. Era la quietud de la naturaleza.

Sonó la campana el ángelus con su voz grave y armoniosa..... El monje se arrodilló, cruzó las manos, besó al suelo..... En el tejado bajo una covacha se arrullaban dos palomas..... Hora en que pasan las almas hacia la eternidad..... El viento hablaba entre las ramas y ponía temblores de manantial en las hojas de las yedras..... Al salir, las lejanías esparcían su infinito tono gris.

SAN PEDRO DE CARDEÑA*

Sobre el aire lleno de frescura primaveral está cayendo toda la oración castellana. Por los montes de trigos olorosos brillan las arañas, y en las lejanías brumosas el sol pone unos rojos cristales opacos..... Los árboles suenan a mar y en toda la solitaria llanada inmensa el resol da raros tonos de esmalte. En los pueblos se respira el ambiente de quietud honda; las eras de seda se llenan de rubio incienso y cascabeleos pausados como oficios a la resignación del trabajo..... mientras una fuente besa siempre a la acequia que la traga..... Bajo las suaves sombras de los olmos y los nogales, los niños harapientos gritan alegres espantando a las gallinas..... las torres silenciosas, con jardines salvajes en los tejados; las casas cerradas con toda la tristeza de su humildad... y un canto de mozuelo que viene del trigal.....

En un remanso que parece un bloque de mármol verde, lavan unas mujeres desgreñadas como Medusas entre risas y parloteos chismosos.....

La sublime unidad de las tierras castellanas se mostraba en su solo y solemne color. Todo tiene la austeridad cartujana, el aburrimiento de lo igual, la inquietud de lo interrogante, la religiosidad de lo verdadero, la

---

* Véase el texto *San Pedro de Cardeña. Paisaje...* en el Apéndice II [núm. 6. Ap].

solemnidad de lo angustioso, la ternura de lo simple, lo aplanador de lo inmenso.

Las sierras lejanas se ven como indecisas escorias violeta, algunos árboles tienen alma de oro con el sol de la tarde, y en los últimos términos los mansos y obscuros colores abren sus enormes abanicos cubriendo de terciopelo tornasol las dulces y melancólicas colinas.....

Los segadores con las guadañas dan muerte a las espigas entre las cuales enseñan las amapolas la tela antigua de su flor.

Por los fondos de plomo comienza a sonar el arrebol; el aire se para, y bajo la mística coloración indefinida, la tarde castellana dice su eterna y cansada canción.....

Suenan las carretas por los caminos, los insectos músicos tienden al aire las cuerdas de sus gritos, parece que los henos y las flores sin nombre han roto las arcas de sus aromas para acariciar a la blanda obscuridad... parece que del profundo e incomprensible diálogo divino, brotara una explicación a la eternidad.

En las aguas se reflejan los árboles en medio de la tristeza de un otoño ideal..... y por las hondonadas umbrosas, llenas de sombra ya, se oyen balar las ovejas a la monotonía de una esquila pausada.

Toda la grandeza rítmica del paisaje está en su amarillo rojizo, que impide hablar a ningún otro color... Las yerbas secas que alfombran a los suelos se amansan y entre los nogales y los olmos una torre severa, con las ventanas vacías, asoma su cabezota cansada del tiempo.

* * *

El sol pone transparencias de aguas verdes sobre el prado en que parlotearon doña Sol y doña Elvira.

En el sentimiento de la historia de piedra, el silencio pone su hondura religiosa sólo turbada por las palomas, con sus aleteos suaves.

Todo el monasterio, al que ya aman las yedras y las golondrinas, enseña sus ojos vacíos de una tristeza desconsoladora, y desmoronándose lentamente deja que las yedras lo cubran y los saúcos en flor.....

Los luminosos acordes del sol de tarde envuelven a los olmos y nogales de flores amarillas, mientras los fondos de verde macizo van tomando su bronceado color.

Al pasar, enjambres untosos de moscas levantan un murmullo melodioso y los pájaros vuelan alocados posándose en los chopos que parecen hoscos tenebrarios.

En el gran compás del monasterio se levantan grandes piedras como tumbas, cercadas de ortigas y flores moradas.

En un lado del caserón, hay una portada sencilla con los escalones dislocados, una torre con escudos negruzcos, y sobre ella el hieratismo de las cigüeñas con sus zancas y picos rosa...

Sus grandes nidos enredan sus marañas en los pináculos.

La gesta colosal quisiera hablar en el misterio soleado, pero ya las cimeras y los petos de malla huyeron por un fondo sin luz...

La figura amorosa de Jimena que describe la formidable leyenda, aún parece esperar al caballero más amante de las guerras que de su corazón y esperará siempre como esperan los Quijotes a sus Dulcineas sin notar la espantosa realidad.

Toda la historia de aquel amor fuerte, está dicha sobre estos suelos; todas las melancolías de la mujer del Cid pasaron por aquí..... todas las palabras de réplica mimosa y apasionada se oyeron por estos contornos, hoy muertos...

> Rey de mi alma y destas tierras, conde.
> ¿Por qué me dejas? ¿Adónde vas? ¿Adónde?

Pero el héroe tenía ante todo que ser héroe, y apartando a la dulzura de su lado, marchaba entre fijosdalgo

en busca de la muerte... y la mujer dolorida y llorosa
pasearía entre estos sauces y entre estos nogales renovados, hasta que algún religioso con barba blanca y calva
esmaltada viniera en su busca para conducirla a su aposento en donde quizá todas las noches oyera a los gallos
cantar... Y lo desearía y lo amaría por grande y por fuerte, pero todo en vano, pues tan sólo algunas horas pudo
de sus caricias gozar...

La figura de Doña Jimena es la nota más femenina y
subyugadora que tiene el romancero... Casi se esfuma al
lado de las bravatas y contrastes de Rodrigo su marido,
pero tiene el encanto suave del amor.

Jimena siente un amor gigante visto a través de las
páginas de los romances. Amor reposado, lleno de un
apasionamiento vibrante que tiene que ahogar ante el
fantasma del deber... En el interior del convento y junto
a la fuente de los mártires surge el claustro románico lleno de escombros y de polvo... Luego la iglesota grande,
profanada, y el sepulcro del Cid y su mujer, en donde
las estatuas llenas de esmeraldas derretidas de humedad, yacen mutiladas y sin alma... Lo demás todo ruinas
con hilos de plata de las babosas, ortigas, rudas, enredaderas, y mil hojas entre las piedras caídas... y cubierto
con una amarga y silenciosa pátina de humedad...

Las cigüeñas están paradas, tan rígidas que parecen
adornos sobre los pináculos...

Hay olor a prados y a antigüedad. Bajo las sombras
de la tarde desfallecida, el convento acariciado por los
nogales cargados de fruto, tiene más preguntas y más
evocación...

* * *

Al salir de su hondura, todos los claros reflejos del
sol ya muerto se esparcen por las tierras llanas... Una llanura de oro viejo coronada por un nimbo rojo, unas
murallas de plata oxidada, y en los cielos la azul frialdad

de la luna en creciente... Pero por encima de todo esto, es la gesta que da voces de hierro sobre los campos, muy altas, muy fantásticas, muy sangrientas, sirviéndole de perfume, el sollozo de una canción de tarde de Schumann que pasa dolorosamente por mi alma.

MONASTERIO DE SILOS*

I

EL VIAJE

Hay que salir de Burgos en esos odiosos automóviles incómodos, que van jadeando ansiosamente con la enorme balumba de maletas y sacos de viaje. Ante el auto se abre el gran ángulo de la carretera, que se pierde en el confín, con sus filas de álamos esbeltos y rumorosos.

Es un día del Agosto sereno y el sol resalta la gama roja del paisaje... En algunas umbrías de retamas, tiene el suelo el encanto de un rosa fuerte, en los árboles y en las hondonadas, brilla toda la escala del azul, en los tremendos vientres de las ondulaciones grita el rojo ensangrentado, y sobre las lejanías indefinidas, hay truenos de plomo y de sol. A veces quiere la llanura ser la expresión del paisaje, pero en seguida nacen los suaves lomos de las colinas.

Entre las muertas desolaciones del color, surgen cruces antiguas casi derrumbadas, cercadas de árboles y de hierbas... Pasan los pueblos, tristones, mudos, de una amargura apasionada, con sus iglesias como bloques de

_____

* Véanse las cartas *Burgos, 23 de julio de 1917* y *Santo Domingo de Silos, 1 de agosto de 1917* en el Apéndice I [ep. núm. 9] y [ep. número 10].

piedra, enseñando las torres llenas de fortaleza, con sus ábsides silenciosos... El automóvil va jadeante y antipático insultando con su bocina a la gravedad del paisaje, hundiéndonos en vagas sombras y en plenitudes de luz.

Pasa el automóvil junto a un maravilloso palacio del renacimiento enclavado en estas soledades a la sombra de grandes árboles, con sus balcones volados, sus rejas espléndidas..... hoy solo, cerrado, luciendo su altiva grandeza junto a un huerto de jazmines... En seguida brota la leyenda popular... «Esto —me dicen— fue el refugio de una tapada señorial que enamoró a Felipe II»... Las torres del palacete se pierden entre los ramajes. Sigue la carretera su cinta silenciosa llena de claridad cegadora... Entre las torres que desfilan por ella hiere nuestra emoción un torreón guerrero de piedra gris, solo, a la salida de un pueblecito, con traza de romance de amores, un poco desvencijado por el peso dulce de un manto soberbio de yedras. Son los álamos altísimos y escuetos, dando a la carretera un acento funeral.

Por fin se descansa al dejar el automóvil, que se pierde en las lontananzas gritando horrorosamente. Quedamos los viajeros en el corazón de Castilla, rodeados de sierras severas, en medio del abrumador y grandioso paisaje. Hay suavidades de sedas fuertes sobre los suelos...

Para llegar a Silos se toma una diligencia desvencijada y pobre, tirada por tres bestezuelas llenas de maduras donde se cebaban las moscas. Los viajeros eran personas vulgares, con gestos de idiotez, que ansiaban subirse pronto no les fueran a quitar el sitio, gentes que no veían la maravilla solemne de las lejanías. Unas mujeres con niños en brazos, un cura con la sotana verdosa y sin afeitar, otro jovencito con unas gafas enormes con aire de seminarista, y unos deplorables tratantes en ganado. Nada interesante decían; unos dormitaban, y otros charlaban [de] cosas idiotas... El mayoral arreaba graciosamente al ganado con una voz de armoniosa virilidad gutural. Tenía cierto gesto de arrogancia y señorío. Blancas nubes de polvo envolvían al coche. A veces éste se deslizaba rápido por las cuestas entre las garras grises de los tomillos empolvados, al sonsonete lánguido y adormecedor de los collares.

En el interior de la diligencia todas las personas callábamos. Era uno de esos instantes de meditación general que suceden en los viajes y en los que el sueño va tendiendo sus cadenas melosas e invisibles derramando sus bálsamos en los corazones, haciendo entornar los ojos en un espasmo de gratitud corporal, y danzando con las cabezas caprichosamente... Alguien pronunciaba una palabra y en seguida callaba; el ambiente adormecedor y lánguido le hacía callar. El señor cura roncaba beatíficamente, con la boca entreabierta y moviendo el vientre con ritmo ridículo; el joven de las gafas suspiraba con afeminamiento monjil, alguno se desperezaba, y una mujer de mirada apacible hizo florecer en la semiobscuridad de su traje un seno blanco, enorme, temblorosamente augusto, para dar de mamar a la nena rechoncha y rubiasca, que posó en su punta ennegrecida la casta rosa de su boquita.

El mayoral comenzó a cantar fuertemente. Yo temblé todo. Pensaba hallar por estas seriedades de color y luz, alguien que pusiera en su voz algún noble canto castellano, que tanta fortaleza tienen y tanta tranquilidad... pero quedé horrorizado. En vez de una melodía casi gregoriana por su lentitud y sencillez (matiz que tienen muchos cantos de estas tierras) escuché un cuplé espantoso, de una fea chulería madrileña. El cochero gritaba las notas de una manera imposible de soportar. Todas mis meditaciones se rompieron... Sólo pensaba amargamente en la detestable y criminal obra de algunos musiquillos españoles..... Haced melodías; pero ¡por Dios y su madre! ¡no hagáis habaneras de alma grosera y canallesca!... Los cascabeleos de los animales tienen un crescendo, y me libran piadosamente del cantar... Los montes surgían con suavidades doradas enseñando sus lomos escamados con piedras redondas y tomillares obscuros.

Tiene la diligencia un descanso en un pueblecito tranquilo, con chimeneas enormes.

La plaza conserva algunas casas hundidas en el suelo, con escudos admirables y originales cubiertos de negro. En una de ellas hay una fragua, viéndose entre las negruras profundas del antro, el inmenso granate del carbón encendido, y los ojos parados y penetrantes de los trabajadores. Juegan unos niños con un perro en pleno sol. En un sombrajo pobre hay gallinas jadeantes. Mis compañeros de viaje se despiertan, charlan y protestan porque no nos ponemos en marcha. Una de las bestias, vieja y cansada, tiene una formidable expresión de dolor, moviendo resignadamente la cabezota, cerrando sus ojos pitarrosos enrojecidos por el polvo de la carretera, tratando de aspirar involuntariamente un aire consolador. ¡Pobre animalejo simpático y trabajador, que recorres estos caminos siempre en los inviernos crueles y los estíos espléndidos! ¿Quién creerá que eres más noble y digno que estas gentecillas que chillan siempre llenas de egoísmos? ¡Pobre víctima de nuestro Dios, condenada para siempre a llevar y traer gentes que ni siquiera te miran! ¿Quién creerá que eres más buena, santa y digna de admiración que muchísimos hombres? ¡Pobre podredumbre fisiológica, humilde sacerdote de un rito de fuerza! ¡Cuánta más elegancia y caballerosidad tienes que estos tratantes que llevo a mi lado!..... y el animalejo humilde y bueno, movía desesperadamente todo su cuerpo, espantando a las moscas que iban a cebarse en las heridas hondas que tenía sobre sus lomos.....

Otra vez seguimos la carretera adelante y el paisaje fue tomando serios acordes de grandeza salvaje. Había montes potentes de sencillez y grandeza, peñascos rudos, y manchones de rojos extraños.

Serpenteaba el camino por el monte haciendo curvas y pendientes rápidas. Otro momento de meditación íntima invadió a los viajeros. Momentos éstos en que se borra el paisaje con un solo color. Momentos silenciosos de monotonía solar. Momentos de inquietud sin inquietud..... La diligencia desciende airosa del monte por una cuesta reptilínea y se divisa en el fondo de un valle pequeño y agradable, los tejados rojos de un pueblo junto a los cristales mansos de un río.

II
COVARRUBIAS

Entra la diligencia en la primera calle atrayendo las miradas de las gentes. Pasa una cruz de estructura bizantina, admirable y solitaria y se cruza por bajo de un soberbio arco de triunfo, puerta de la ciudad. Es dorado y aristocrático, de un renacimiento maravilloso. Tiene grandes rejas repujadas y adornos de cuernos de la abundancia, hojas y escudos. Después el coche se detiene junto a una puerta ojival en que impera un escudito. Es el mesón. El mesonero es a la vez médico del pueblo. Es una figura extraña, con los ojos desencajados, con grandes tufos a la malagueña y de una finura comedida. Surgió de una puerta rodeado de su chiquillería y nos saludó amablemente... En una mesa vi unos libros de Pérez Zúñiga y de Marquina, que son los favoritos de dicho buen señor.

Este pueblo tiene rincones magníficos de añejo carácter. La calle principal, estrecha, obscura, con casas antiguas desvencijadas y panzudas, con escudos hasta en los dinteles más humildes. En el suelo triunfa un empedrado brutal. Hay en las puertas de las casas mujerucas fracasadas, con los ojos hundidos en las arrugas amarillas de su piel. Hay hombres que andan lentamente, con las caras negruzcas, los hombros estrechos. En un soportal con columnas macizas hay figuras humanas retrepadas en las paredes, angustiadas inconscientemente de aquel ambiente tan abrumador. Siente ansia el corazón de ver una cara fresca y rosada de mujer. Pasan unas mozuelas por la calle con sus refajos vuelosos, de caderas exageradas pasadas de moda, pero en sus rostros jóvenes está impreso el amargo sello del aburrimiento trágico de la población.

La plaza principal tiene armonía de leyenda guerrera. En el fondo se alza el palacio del Conde Fernán González, con su gran portada ojival, con sus balcones caballerescos. La hierba, esa artística enamorada de lo antiguo, orla con su cinta verde al palacio abandonado y ruinoso. Más hacia la derecha empiezan las columnas de un soportal ahumado.

A la salida del pueblo aparece una gran pirámide truncada, una gran torre de plata sucia en la cual las lluvias han señalado bucles esfumados de oro, de granates, de topacios... Es la torre de Doña Urraca. En el interior nada hay de particular a no ser el eco de leyenda popular que encierran todas estas reliquias de la antigüedad. Es la leyenda incompleta, o a mí no me la contaron... Sólo me dijeron, señalándome el sitio: «Ahí estuvo emparedada mucho tiempo la infantina Doña Urraca por orden de su padre»..... «Pero, ¿por qué?»..... y el señor acompañante no lo sabe decir.

Tiene esto perfume de cuento de niños. Una infantina medioeval emparedada por su padre... ¿Sería por amor tal vez?... no lo sabía el señor acompañante, pero mejor está así. Hoy, esta torre grandiosamente romántica, es un palomar. En las barbacanas destrozadas, en su techo, hay nidos de palomas que la cercan siempre con sus aleteos. Un rosal de té quiere abrazar la fortaleza.

Más allá se levanta el chato campanil de la colegiata, cobijando al cuerpo de la iglesia. Tiene la iglesia el eterno ojival de estas tierras, con los trazos fuertes que se besan en un rosetón, con los arcos un poco chatos, con los mismos ventanales de siempre. En las paredes chorreando humedad, los monumentos sepulcrales enseñan a los caballeros rígidos con sus armaduras, a las cartelas con inscripciones, a los angelotes... Debajo del altar mayor están los sepulcros de las hijas de Fernán González, custodiados por un ángel. En una capilla de la iglesia y junto a una fila absurda de soberbias esculturas románicas, bizantinas y góticas, puestas sobre una tabla carcomida a son y sin ton, está el altar de los patrones del pueblo, los santos mártires San Cosme y San Damián. Son dos muñecos de caras estúpidas vestidos de un damasco descolorido, con cabelleras tiesas y apretadas, y con unos sombreros enormes llenos de polvo. Estaban cercados de ex votos, y ante ellos una luz lloraba tranquila. El párroco declaró que eran las imágenes favorecidas por el pueblo, el cual había depositado en ellas todo su entusiasmo religioso... Una gran pena crepuscular me invadió... Toda la fe de un pueblo estaba depositada en estos muñecos mal hechos, juguetes de un hijo de gigante... Es decir, que toda la visión del más allá de esta desdichada población mira únicamente a estas dos ridiculeces con forma..... En las demás capillas hay santos llenos de polvo, con los trajes deplorables... Más allá está el gran retablo flamenco de la adoración de los Magos. La virgen, llena de gracia candorosa y de movimiento musical, tiene al niño sobre las rodillas para que reciba la ofrenda piadosa del rey negro, que sostiene un cáliz de oro entre sus manos distinguidas... Los demás personajes no están en el alma de la escena. Todos contemplan. Sólo hay un diálogo de ojos entre María la dulce y el negro monarca de los ensueños infantiles...

En la amplia sacristía y sobre las cómodas, hay cuadros de colores suaves. Hay algún interior flamenco que tiene la luz admirable, de Wermeer... En el claustro, lleno de hierbas marchitas, el sol habla en tono dorado. Los calados de la arquería escriben sus formas sobre el suelo calcinado...

Ya en la calle había un perfume intenso de pan. Unas mozuelas pasaron ramplonas, secreteando. El río copiaba a un puente... Cabeceaban los álamos.

III
LA MONTAÑA*

Atravesando callejas de estructura fantástica, con las casas hundidas en la tierra parda, donde se percibe el olor de los establos calientes, se da vista a un rincón oculto con una iglesia cerrada llena de silencio magno. Para volver a la plaza principal se cruza una calle estrecha y agobiadora, con una casa en la que reza una inscripción: «Aquí nació el divino Vallés». Una mujerzuca vestida de negro, con los ojos muy grandes, azulados, bobos, dice con voz chillona, como queriendo explicar: «Sí, sí, el divino Vallés, el divino Vallés, el médico de Felipe II»..... Damos gracias a la mujer, y atravesando la plaza llegamos al mesón...

Hay que tomar otra vez el coche para subir a Silos. A la salida del pueblo comienza la gran cuesta por la que hemos de subir... Sobre la plata azul lunar del río, se retratan los árboles, fundiendo sus verdes obscuros en el abismo enigmático de las aguas. Sobre el cielo hay un florecer continuo de nubes blancas que matizan la melodía solar... Trepa el coche la cuesta con cansancio. Ni el mayoral arrea siquiera las bestias. El sol escancia su esencia de fuego.

Los rojos tejados de Covarrubias se van hundiendo en la hermosa armonía del paisaje, la torre funeral de Doña Urraca quiere mirarse en el río. Hay sombras de humedad por las riberas.....

A poco estamos en plena sierra. Luchan las cumbres unas con otras para levantarse más, las primeras se acusan salvajes, llenas de tomillos y encinas, otras más lejanas álzanse grises, pálidas y moradas, y en los confines asoman algunas su violeta fundido con el cielo.

---

* Véase en la *Introducción* el fragmento del poema *La montaña*.

La montaña

Palacios de piedra en campos serenos
Acordes maritos de son tenebroso
Solemnes montañas parajes de drama
Donde el dios del viento en rabia derrama
Trágicos teatros de lo misterioso

Los arboles lejanos y los cipresales
Parecen negras torres en mar esfumadas
Procesiones de pinos con sus tallos morados
Descienden al abismo casi desdibujados
Por las nieblas profundas que estan petrificadas

Escalas formidables del triste grave color gris
Ruedas escalinatas a ritos imposibles
Cardenas hondonadas rebosantes de umbría
Perfiles gigantescos de rigidez sombría
Verdinegros retamas retorciendose horribles

Enmeros medievales en murallas de oro
Naranjados granates azules amarillos
olores melancolico el nieve y frescura
Enebros encinares alcaparras tomillos

992

Manuscrito del inédito poema *La montaña*
(19 de enero de 1917).

Avanza el coche lentamente por la carretera que es como un enorme anillo que abarcara los vientres de los montes. Brilla el paisaje su tono opaco y sobrio... Vive en el ambiente una soledad augusta y salvaje. Hay derrumbaderos inmensos de piedras rojizas. Hay garras sobrehumanas con terciopelos de musgos polvorientos. Hay contorsiones de bárbaras danzas en los árboles sobre los abismos.

Suena el viento de la sierra con ruido dramático... Viento fuerte, cargado de aromas admirables. Viento agradable y dulce, con solemnidad bíblica. Viento de leyendas de ánimas y cuentos de lobos. Viento que tiene alma de invierno eterno, acostumbrado a ladridos de perros y rodar de peñas en el misterio de la media noche... Viento lleno de poesía popular, cuyo encanto miedoso nos enseñó la abuela al conjuro de sus cuentos.....

En la cara me abofetea francamente, ungiéndome con la nevada frescura que encierra.....

A medida que vamos andando van naciendo grandes chorreones de encinares sobre la tierra en declive, remolinos de yerbas azules, dulces enebros inclinándose en las pendientes bravías.

A veces y dominando las malezas empolvadas, se levantan ensueños maravillosos de ciudades medioevales, murallas de un oro formidable como encantados castillos de leyenda bruja, evocaciones de antiguas construcciones orientales, parajes sombríos de tragedia guerrera... A medida que cambiamos de posición surgen nuevas ciudades de piedra, con murallas formidables en las que avanzan cubos ramayanescos... Sobre esas murallas hay puertas de piedra como el sepulcro de Darío en Narkch-I-Rustem, con toda la fúnebre grandiosidad de dicho monumento. Algunas veces entre las llamas pétreas de las rocas, se dibujan espléndidas escalinatas de una fastuosidad imperial, que nacen de un abismo para conducir a un sitio ignoto e imposible... La carretera va desliando su cinta serena. Agota el color gris hasta sus tonos más raros. En algunos barrancos profundos se mueve un mar de verdor fuerte.

En los valles que cruzamos brillan los trigos llenos de sol. Pasan los pueblecitos originalísimos de color, con sus campanarios esbeltos y románticos, con los tejados rojos, las casas grises y obscuras. En alguna pequeña hondonada un pueblo de éstos lleno de gracia serrana, se recuesta en el declive con una dulce sonrisa ingenua. Unos nogales enormes, corpulentos, centenarios, riman su color bronceado con el rojo pelado de los suelos. Más allá, algunas pobres plantaciones y unas hoyas anchas rebosantes de morado. Parece copiar este panorama algún dibujo infantil... Los otros pueblos nacen de verduras veraniegas enseñando sus torres con sus campanas que semejan Santos Cristos desfigurados.

Los árboles lejanos y los cipresales parecen torres góticas esfumadas en tintas suaves.

Vuelven a pasar las agrestes plenitudes de la sierra. De grietas enormes nacen alcaparras como verdes cascadas congeladas sobre las piedras. Hay raros alfabetos en los suelos y en las paredes gigantes. Hay rostros y escenas dibujados en las canteras. Hay pedruscos redondeados que están sobre las pendientes con ansia de rodar a la calma cárdena de las honduras. Hay serios bosquecillos de retamas que son las moradas obscuras de los lagartos. En el olvido de algunos esquinazos abren las bocas de sus antros las culebras.

Bajo la calma divina del cielo rueda el coche al son de los cascabeles, espantando a las codornices que vuelan alocadas por el miedo, y ahuyentado a algunos sapos espantosos que meditaban en la vereda del camino.

De las cumbres más altas descienden al abismo silenciosas procesiones de pinos con sus cuerpos morados, con sus cabezas de ensueños crepusculares.

Brotan de los suelos piedras lisas y pulimentadas como si fueran calaveras de gigantes enterrados. En los declives hormiguean líricos manantiales de flores amarillas, de sencillas rosas tornasoladas, de espumas florales bravías.....

Y más encinas... y más enebros... y más pinos y más viento fuerte y acariciador.

Los altos álamos de cascabeles que cantó Góngora, rumorean gratamente su *tempo rubato*. Después de varias calmas de mutismo interior apareció ante mi vista el antiguo monasterio. Entre la fortaleza del caserío se levantaba la torre de la iglesia que parecía desde la carretera, una custodia procesional de piedra gris, o una gran copa de bálsamo como las que puso en manos de sus Magdalenas el genial Leonardo da Vinci.

El caserío se asienta en una suave hondonada... los montes amenazadores quieren derrumbarse sobre él.

IV
EL CONVENTO

Unas murallas almenadas abarcan al caserío. En el interior está el monasterio.

La portada es fea, desproporcionada. A nuestra llamada apareció un lego sucio y desarrapado que abrió la puerta. Tenía un aire humilde de mujer... Entramos en un gran patio de desolaciones doradas, todo piedra, de una frialdad artística desconcertante. Se cree hallar a la entrada de este monacato al claustro románico que le da fama. La impresión es desagradable. Por fin nos dan hospitalidad.....

La celda es blanca y sombría con un Crucifijo modernista y una mesa de palo llena de manchas de tinta. En un rincón la cama oculta su blancura entre cortinas. Por la entreabierta ventana llegaba el evocador y fantástico viento serrano... De cuando en cuando se oye en la soledad el fru fru brusco de los sayales frailunos al cruzar la galería. Ya pronto sería de noche. La campana del convento hacía jugar con su bronce a los sonidos lejanos de las sierras... Dos perrazos enormes que había en el primer patio se preparaban para aullar en la media noche... Fuera de la celda se divisaba una galería en la cual danzaban rítmicamente las sombras. Desembocaba en una escalera de piedra gris en la que triunfaban por su tamaño colosal unas figuras lamentables de santos frailes, con los negros sayales, los báculos dorados, las coronas absurdas, ante los cuales ardía santamente una luz roja desconsolada. Había miedos de color por las honduras pétreas... Se escuchaban sordos ruidos de sayales, tintinear de rosarios, cuchicheos misteriosos, escalas cromáticas de pasos que se apagaban en terciopelos profundos, y silencios fuertes que sonaban a caricias de la inquietud... La luz se iba escapando por los ventanales precipitándose las cascadas de sombra por las crujías y aposentos.....

Al entrar en la celda, estaba invadida por la luna llena... Cerré la puerta... todo era un silencio sonoro. Quiso el alma meditar pero el sacro horror de la paz pasional se opuso. Era una hora nunca vivida por mí y sólo era posible la contemplación involuntaria. Se abren las rosas de nuestro mundo interior en estos reinos del silencio y al exhalar todos sus perfumes caemos inevitablemente en la miel de la confusión espiritual.....

La luna caía de lleno en la estancia. Al acostarme sentí la trágica impresión de ser un prisionero en aquella mortecina soledad.....

A poco los perros comenzaron sus ladridos y lamentaciones patéticas. Tenían algo sus voces de profético en el silencio. Clamaban dolorosamente, quizá contra su forma y su vida. Eran los aullidos masas espesas que hacían temblar a la horrible emoción del miedo, sonidos que les salían de lo más hondo de su alma, monólogos de actores de una tragedia formidable, que sólo siente la luna que pasea entre estrellas su luz femenina y romántica. Llantos de almas grandes embriagadas de dolores infinitos, preguntas sombrías a un espíritu frío e impasible, canciones de lúgubre armonía dichas con una trompa de dolor extrahumano, gritos apocalípticos de tortu-

105

rados cavernosos, imprecaciones fúnebres que tienen acento bíblico, acordes dantescos que hieren el corazón... Caos simbólicos de una vida de pensamiento... Hay algo ultrafuneral que nos llena de pavor en el aullido del perro. No sabemos qué clase de emoción nos invade, sólo comprendemos que hay algo en el sonido que no es dicho por el animal, sólo pensamos que en las modulaciones musicalmente espantosas que encierra se esconde un espíritu sobrenatural... Comienza el aullido por un grito atiplado, doliente y entrecortado como un sollozo humano, después entra fuertemente en grave tesitura de un suplicio infernal... y hay temor, mucho temor en el perro cuando aúlla, porque aguza los oídos, tiembla, entorna los ojos con expresión de maleficio satánico, y a veces se entrecorta con un hipar de desgarramiento interior. Es algo que eriza el cabello, son presentimientos de angustia latente en los mundos lo que nos invade al oír el drama del aullido. Es una maldición sarcástica que viene de muy lejos, es un horror supremo... y queremos no oírlo y apretarnos con nosotros mismos... y queremos correr y cantar... pero siempre nos llega la intensidad dramática del atroz sonido dicho por la lira del miedo, que a veces quiere estallar en abismáticos y negros sonidos y a veces quiere escalar una nota desconocida en la gama extraña de los miedos.

En una nueva Teogonía que soñara el enorme y admirable Mauricio Maeterlinck, el perro sería un ser de alma buena, hijo de un caballo fantástico y de una virgen rara, pero al que la Muerte tomara para anunciar sus triunfos sobre los hombres... y el perro fiel y amigo de los humanos sufriría enormemente, pero sería el heraldo genial de la Pálida... La Muerte llega y ordena a los perros cantar su canción... Ellos al presentirla gritan, no quieren obedecerla, pero ella les hiere con sus espuelas de plata invisibles y entonces nace el aullido. No se comprende de otra manera cómo un animal tan noble y pacífico pueda gritar con esa solemnidad aterradora y fúnebre... Sí, es la muerte, la muerte, la que pasa por los

ambientes con su enorme guadaña ensangrentada que los perros ven a la luz de la luna... es la muerte inevitable que flota en los ambientes en busca de sus víctimas, es la muerte el pensamiento que nos inquieta al conjuro diabólico del aullido... Hacia unos parajes enigmáticos e imposibles lleva la muerte a las almas... Ven los perros (esos seres de una mitología desconocida) una mentira o una verdad y aúllan, aúllan lentamente, majestuosamente, con la voz profunda que mana de muy hondo, en la cual el espanto tiene fastuosidades asiáticas. . . . . .
. . . .
No cesan los perros de aullar... En las paredes altísimas y blancas de la celda, la luz amarilla de una vela pone ondas de sombras extrañas y vivientes latidos que lo llenan todo. A veces parece que el techo se quiere hundir en la opacidad lejana de la luz... Siguen los perros su tragedia. Alguien desde una ventana, quizá lleno de religiosa superstición, quiere hacerlos callar... Hay miedo intenso en mi alma. Dentro de mí se agita una afirmación sobre el aullido de los perros, que escribió el loco y fantástico Conde de Lautréamont. En la habitación se quebraban melosamente dos grandes chorros turquesa de la luna.

* * *

En la mañana siguiente me despertaron los cantos hermosos de los frailes y los potentes ladridos de los perros. La muerte ya los había abandonado. Descendí por las galerías espléndidas de luz, cruzándome con algunos religiosos que me saludaron con complacencia. Estaba la mañana magnífica, agradable. Mañana del estío en estos lugares de sabor serrano. Tuvo la luz un marcado matiz azul al entrar en el formidable claustro románico. No se puede dar idea del salto que se da en la historia al penetrar en este rincón de antigüedades vivientes, de leyendas románticas de monjes y guerreros. Es el claustro bajo el que tiene la emoción de lo pasado, y las historias de tormentos artísticos grabadas en piedras. Es achatado, bajo, profundo, solemne, fuerte, emotivo. En sus galerías proporcionadas y maravillosamente tristes, está clavada la esencia eurítmica de una edad brutal, tosca y solemnemente expresiva. Los arcos viriles y graves, se quieren perder en un fondo de negruras y austeridades profundas. La luz es de un suave azul.

En el final de una galería hay una inmensa virgen bizantina, pintada de colores fuertes. Está sentada en un trono con el niño en sus rodillas. En las vírgenes de esta clase se nota siempre un candor ingenuo, lleno de religiosidad adorable... pero en ésta está retratada la soberbia dignidad de un candor feroz. Y supone silencio y extrañeza la enorme imagen, que da con la cabeza en el techo, con los ojos muy abiertos sin mirar a ninguna parte, con las manazas exageradas, con la rigidez de su época... En el suelo del claustro entierran a los monjes... vemos señales de enterramientos que sólo se conocen por una letra... Más allá, en la misma galería en que está la imagen bizantina se levanta el antiguo sepulcro de Santo Domingo, al que sostienen dos leones quiméricos. Frente a él hay una capillita feísima, detestable, de la que protestan las grandezas del claustro, que tiene por retablo una estampa muy grande, con un rechoncho Corazón de Jesús catalán, rubio y guapo, luciendo su flamante peinado chulesco y su barba recién peinada por el peluquero.

Cada vez que se miran las arquerías magníficas, estalla en el alma un acorde de majestuosidad antigua... Hay sobre los suelos un empedrado caprichoso y característico. Hay humedades inefables y consoladoras... En el centro del patio, antiguo cementerio, una fuente, también detestable e insultante (es de risco modernista), canta una rima de sosiego. La maravilla espiritual de un ciprés sube muy alto, queriendo besar al campanario vecino. En el jardinito hay algunos árboles más, unas alfombras de flores amarillas y yerbas umbrosas...

En una pared del claustro duerme un caballero de nobleza castellana, que fue el héroe de una hermosísima gesta de amor. Un monje inteligentísimo y sabio nos la cuenta. Pasan por la leyenda que tuvo realidad en las tierras de Castilla, las figuras de siempre... El caballero generoso y valiente, el moro aristocrático y amigo, las mujeres de ambos... Luego las bodas llenas de magnificencia, las guerras, y la tragedia final... un amor de amistad que triunfa del amor patriótico... Fuerte y serena surge la leyenda de los labios apasionados del religioso, brillan sus ojos melancólicos en el ensueño de una evocación artística.

En el techo original y raro, pintado de colores, en los que predomina el rojo, el blanco y el gris, que el tiempo fue dando vaguedad borrosa, hay escritas millares de escenas raras y desconocidas. Sobre las vigas se ven pinturas estrambóticas de difícil interpretación. En unas hay animales fantásticos, toros, serpientes, grifos, leones, murciélagos, signos cabalísticos, contorsiones de líneas. En algún lugar hay pintada grotescamente una escena de gran profanación religiosa... Es una misa celebrada por un asno, al que sirve de acólito otro animal. El oficiante está revestido de casulla y demás ornamentos. En el fondo hay una cruz negra. Hay alguna otra escena llena de humorismo gracioso y discreto.

Se nota un gran contraste entre estas pinturas llenas de una gracia irónica, y un sangriento refinamiento de burla, y la soberbia robustez de los capiteles sobre la columna chata y sentida.

Los capiteles grandes y macizos según la proporción del conjunto, son el encanto artístico del claustro... Muestran una época en que el sentimiento de las líneas tuvo una admirable apoteosis de comprensión y de fuerza. Los dibujos son de una sobriedad complicada, un bosque de líneas graciosas y mórbidas ordenado y correcto... Son tallos vegetales lo que muestra la piedra dorada, son tejidos artísticos, bordados primorosos y delicados. Es cada capitel una piedra preciosa enorme, pero sin brillo. Está tallada magistralmente. Tienen los capiteles hojas raras, acantos varios, enredaderas exóticas, enrejados cálidos, plantas míticas desconocidas, estilizaciones vegetales. En los más predominan las representaciones de animales. Ya había visto en Ávila el capitel de dos pelícanos con los cuellos amorosa y extrañamente enlazados en un estremecimiento espasmódico; pero no había visto las representaciones de locura en el capitel románico. Bien pudiera ser porque nunca contemplé tan de cerca el capitel, pero el caso es que me causó asombro y admiración profunda las escenas de tortura infinita que observé. En medio de lo de la fauna de tallos y hojas aparecen en algunos capiteles harpías de pesadilla con cuerpos de búho, con alas de águila, con cabezas de mujer... y estos pájaros se muerden unos a otros, juntando sus bocas, antechocando sus alas, en espantosas inversiones de expresión inverosímil... En otros estas escenas están formadas por animales extravagantes, que se muerden las colas unos sobre otros con marcada expresión sexual, de un sexualismo satánico, formando trinidades espantosas de tortura carnal.

En algunos, seguramente de los últimos que se labraron, hay figuras humanas, unas representaciones simbólicas y una escena de la historia santa. En las cuatro esquinas del claustro hay bajo-relieves con una virgen guardada por angelotes preciosos remotamente italianos, y escenas de la vida de Jesús. Este aparece representado con vestiduras orientales, el cabello y la barba hechos bucles menudos y rígidos como un sacerdote asirio.

Tienen las figuras de los bajo-relieves majestuosidad de danza bruta y melancólica, la gravedad litúrgica de un oficio sagrado, el hieratismo inquietante de una visión celeste... Se ve el claustro alto pleno de luz dulcísima...

Por un fondo de luz azulada avanzan dos novicios, que pasan muy cerca. Uno tiene cara de inteligencia; el otro posee en su rostro un carácter bestial... Son oblatos.

Subimos al claustro alto, adornado frailunamente con santos grandotes, cuadros antiguos y fotografías... Toca una campana grave. Cruzan los monjes la galería para ir a coro... Por una puerta se pierden, cubiertos con la elegancia severa de las cogullas.

* * *

Es la hora de la misa mayor. Por las encrucijadas y largas galerías se sienten los pasos ligeros y apagados de los monjes que van a coro... Clama una campana lentamente... La mañana serena se derrama espléndida sobre la masa conventual. Tiene el ciprés un divino anhelo de sol... El claustro románico queda desierto y sonoro. Por la hermosa puerta que comunica con el sepulcro de Santo Domingo pasa una procesión de monjes. Las cabezas se ocultan en las severas cogullas.

Con ellos voy a la iglesia. Es una iglesia fría, enorme, destartalada, antipática. No tiene retablos, ni imágenes, ni color. En el altar principal se venera un San Sebastián mártir, que muestra su desnudez de una manera antiartística. En el suelo están los ciriales fúnebres de las familias del pueblo. Está la iglesia desierta, húmeda... sólo dos o tres viejos consumidos, de miradas perdidas, tosen de cuando en cuando turbando al eco que se levanta y les contesta lúgubremente.

El coro aparece encerrado tras una verja fuerte.

Yo tomo asiento en el antecoro entre los legos y los oblatos... La ceremonia comienza. El Abad ocupa su alto sitial presidiendo a las dos negras filas de monjes. Empiezan las salutaciones a la Trinidad católica haciendo todos una soberbia inclinación de cuerpos que no levantan hasta que han apurado el último Gloria. Luego se sientan, se levantan, se quitan las capuchas, se las vuelven a poner, todo esto con un ritmo admirable, con una teatralidad trágicamente solemne, conservando toda la enorme fortaleza de la litúrgica antigua. Hay una pausa corta mientras salen los oficiantes que van a decir la Misa. Estos cruzan la iglesia muy despacio precedidos de novicios con incensarios que no tenían las manos precisamente como las de los monagos del delicado verso de Verlaine. Los sacerdotes llevan capuchas blancas como las albas, en las que resalta la tela rica de las casullas, de un verde brillante y plateado. El altar los esperaba con los divinos cirios encendidos, con los paños inmaculados y religiosos, orlados de encajes humildes. Son los monjes que ofician hombres de tez curtida, de andar grosero, de manos impuras por el color negruzco que tienen, llenas de cerdas, ese castigo cruel de la naturaleza. Seguramente el prodigioso altar temblará. Debiera por estética no permitir a estos hombres decir la misa, tocar el cáliz de aristocracias santas, alzar la hostia sublime símbolo de pureza y de paz universal. Las tareas sacerdotales debiera tenerlas la mujer, cuyas manos que son azucenas rosadas, se perdieran entre las blancuras de las randas, manos dignas de alzar la hostia y de bendecir, lirios de verdadero encanto sacerdotal, y cuyas bocas pudieran posarse en el cáliz como suaves granates de pureza apasionada, únicos labios iniciados por su belleza o por su significación simbólica, para recibir las armonías místicas e inefables de la sangre del cordero celestial. Es feo que estos hombrotes burdos hundan sus labios en las prístinas claridades del gran misterio y sacrificio.

Llegan los sacerdotes al altar y empieza el canto gregoriano formidable y emocionante.

Tienen los monjes las cabezas dulcemente inclinadas sobre los breviarios. Están en el abismo de la austeridad musical. Entra luz potente por los ventanales. De todos los pechos, con el mismo ritmo y la misma acentuación grave, brota la melodía de severidad monumental. La melodía, como enorme columna de mármol negro que se perdiera entre las nubes, no tiene solución. Es accidentada y lisa, profunda y de un vago sentimiento interior. Van las voces recorriendo todas las melancolías tonales a través del mundo fantástico de las claves. Hay exageraciones de solemnidad catedralicia en el canto... Hay una danza caprichosa y extraña de notas, huyendo de la modulación sentimental. Quiere el canto gregoriano dar la impresión de grandeza, de austeridad recia, de recogimiento espiritual, de incisar seriamente a la divinidad con voz exenta de apasionamiento. Quiere la melodía elevarse por encima de todas las cosas existentes. Entonar cánticos de alabanzas muy serenos, muy reposados, pero muy lejos de la tragedia del corazón. Las notas huyen de los puntos emocionales. Hay jadeares enormes en los cuales una sílaba va recorriendo notas y notas, que no tienen la resolución que se espera... Tiene el canto gregoriano en Silos un gran ambiente de sentimiento. Estas melodías, que deben decirse al unísono y sin música, las cantan aquí acompañadas por un órgano de voces suaves y armoniosas... y ¡está claro! hay en las voces de los monjes entre las nieblas musicales del órgano un gran sentimiento individual. Es día de fiesta, y el oficio tiene gran parsimonia de solemnidad en las ceremonias... Las danzas sagradas de los oficiantes repercuten en el coro. Se abrazan los sacerdotes y todos los monjes hacen lo mismo. Cantan un Agnus Dei de melodía rarísima y arcaica... Termina la misa con una gran solemnidad coral. Las voces potentes y hermosísimas quieren levantar el techo en medio de los nubarrones de acordes que deja escapar el órgano... Los pobres legos, hombrotes bonachones y rudos, cantan con gran unción religiosa. Se acaba la ceremonia y van los monjes en procesión al sepulcro de Santo Domingo, que está colocado en un altar deplorable. Allí se arrodillan y rezan.

En las paredes hay grilletes procedentes de antiguos cautivos redimidos.

Por las amplias estancias del monasterio llenas de cuadros con escenas sagradas, paseo con un monje buenísimo y amable. Es el organista. Tiene en la manera de expresarse una grata inocencia nativa. Él, me enseña el relicario que encierra maravillosas arquetas de esmaltes azules y dorados, huesos de santos... luego veo el cáliz de Santo Domingo, enorme copa de plata adornada con labores orientales, y la patena grande y espléndida, rodeada de gemas de colores...

Paseamos por una amplia galería. En un rincón de ella hay un gran cuadro, en el que está pintado graciosamente mal, el mar, y sobre las ondas encrespadas y furiosas una gran nave altísima con dos escalas para subir a bordo. Al pie de ella un monje señala una escala por la que suben frailes... Mi amigo explicó: «Aquello era la representación simbólica de una promesa de su orden. Aquel monje que estaba al pie de la nave era nuestro padre San Benito, invitando a las almas a entrar en los conventos de su hábito. El mar es el mundo con sus desengaños y sus penas, la barca es la salvación eterna». Yo callaba contemplativo. «Ha de saber usted —continuó mi acompañante— que todos los de nuestras comunidades benedictinas nos salvamos por el solo hecho de ser religiosos... así lo prometió nuestro santo fundador». Entonces exclamé yo: «...No sé cómo no tienen ustedes las casas abarrotadas de creyentes... porque mire usted que la promesa es hermosa»... El monje sonrió escépticamente... «¡Ay, amigo —me dijo— están los tiempos muy malos!»... y seguimos deambulando por el corredor.

Después hablamos de música. El pobre no conocía nada más que el canto llano. Entró de niño en el convento y no ha salido de allí.

No sabía lo que eran las maravillas sinfónicas de la orquesta ni había paladeado el romanticismo grave del violonchelo, ni se había estremecido ante la furia solemne de las trompas... Únicamente sabía el secreto del órgano, pero puesto al servicio del arcaísmo gregoriano... Le nombré a Beethoven y sonó a cosa nueva en sus oídos el apellido inmortal. Entonces yo le dije: «...Soy muy mal músico y no sé si me acordaré de algún trozo de música, de ésa que usted no conoce, pero sin embargo, vamos al órgano a ver si recuerdo.....»

Atravesamos la iglesia solitaria, subimos unas escaleras estrechas y polvorientas y entramos en el recinto del órgano... El religioso, a instancias mías, cantó con la armonía del órgano el Agnus Dei que habían dicho en la misa. Era maravillosamente estupendo... Cantaba mi amigo lentamente, plácidamente, con quietud casi pastoral.

Después yo me senté en el órgano. Allí estaban los teclados místicos con pátina amarillenta, filas de pajes del ensueño que despiertan a los sonidos. Allí estaban los registros para formar las divinas agrupaciones de voces. El monje inflaba los fuelles... Entonces vino a mi memoria, esa obra de dolor extrahumano, esa lamentación de amor patético, que se llama el allegretto de la séptima sinfonía. Di el primer acorde y entré en el hipo angustioso de su ritmo constante y de pesadilla.

No había dado tres compases cuando apareció en la puerta del camerino el fraile que contó las leyendas en el claustro... Tenía una palidez acentuada. Se acercó a mí y tapándose los ojos con las manos con acento de profundo dolor me dijo: «¡Siga usted, siga usted!»... pero quizá por una misericordia de Dios, al llegar donde el canto toma acentos apasionados y llenos de amor doloroso, mis dedos tropezaron con las teclas y el órgano se calló. No me acordaba de más... El monje apasionado, tenía los ojos puestos en un sitio muy lejos. Ojos que tenían toda la amargura de un espíritu que acababa de despertar de un ensueño ficticio, para mirar hacia un ideal de hombre perdido quizá para siempre. Ojos los suyos de españoles centelleares [sic], cobijados por las cejas que ya le empezaban a nevar. Ojos los suyos de inteligencia, de pasión, de lucha constante... Al dejar de sollozar el órgano, salió sin decirnos nada y se perdió escaleras abajo... El organista exclamó: «¡Sus cosas!»... Y reía, reía serenamente, bobamente sin comprender nada de lo que acababa de pasar allí. Descendimos del órgano. Al salir de la iglesia sentimos una gran palpitación en el ambiente, era un libro enorme que se había cerrado sobre el facistol.

* * *

Pasan las horas tranquilas y apacibles.

Por los claustros cruzan religiosos que van a sus quehaceres. Cavan los legos en la huerta. Alguna vez se oyen lejanos acordes del órgano tocado por algún novicio que lo estudia. Siempre el mismo ambiente por las estancias. Llega la hora de comer, una campana suena, y todos nos dirigimos al comedor. A la entrada el abad afable, nos lava las manos como respeto y sumisión al peregrino.

Al entrar, todos los monjes están colocados en sus sitios. El abad preside en su trono de madera. Todos están de pie.

El comedor es un salón espléndido y sombrío con dos negras columnas en el centro. No hay manteles en las mesas. Se respira grandeza pobre. El abad con los ojos bajos exclama: «Benedicite» y todos contestan: «Benedicite»... y el salmo. Vuelven las inclinaciones a los glorias dichos con sonsonete funeral. Hay un silencio al pater noster... y después alguien desde lo hondo del comedor reza una oración con voz fina... y al terminar, todos responden lúgubremente: ...«Amén»... y se sientan a comer. Entra un lego que no oiría la campana y llega tarde al refectorio. Se arrodilla ante el abad con las manos sobre el pecho, y con gesto lastimoso de pobre hombre inclina la cabeza. El superior lo bendice descuidadamente así como el que da un manotazo al aire, y entonces el desdichado vejete se retira a comer.

En el púlpito blanco aparece un jovencito demacrado con color de ictericia, la cabeza larga, desproporcionada. Se santigua y abriendo un librote venerable comienza a leer.

116

Es [la] historia de un antiguo padre de la iglesia lo que cuenta el libro... La eterna tentación del demonio en los anacoretas... Lucha cruenta con el enemigo invisible que ellos creen del exterior sin notar que está escondido muy hondo en el corazón... El santo de la historia es un torturado por conseguir lo infinito. Lo abandona todo y se dedica a su contemplación interior... pero de ese misticismo admirable surge la tentación... y son monstruos verdes de ojos amarillos, lo [que] ve bajo el lecho, y son serpientes de fuego con cabezas de ratón, y son lagartos gelatinosos y horribles lo que contempla en sus pesadillas... Una vida de martirios espantosos. Revive la edad media en la leyenda frailuna. El santo huye de las infernales visiones y pasa las noches en vela preso de un fanatismo miedoso, en las obscuras y trágicas soledades de una iglesia, golpeándose el pecho, abrazado a un Cristo... Del natural desquiciamiento del héroe su imaginación tomó los senderos divinos de las visiones celestiales... y se siente arrebatado por ángeles maravillosos y ve entre nubes la suma majestad del omnipotente en su trono de soles con la cara bondadosa de un Noel, y habla con la dulcísima y sagrada María de Nazaret en su camino de flores bajo la lluvia de luz estrellada. Un día el santo admirable, se quedó dormido. Sus compañeros no lograban despertarlo: llegó la noche y observaron que el durmiente se elevó en los aires y así estuvo largo rato. Luego descendió, se despertó, y contó maravillado lo que había visto. Soñó que entre nubes lo llevaron los ángeles a parajes deliciosos y allí su espíritu quiso dejar abandonado al cuerpo... pero como no lo consiguiera porque así estaría mandado por el Señor, los ángeles lo volvieron otra vez a la tierra, y el santo sollozó..... Era muy fantástico y literario todo lo que pasaba en la leyenda..... cabezas cortadas que vuelven a su sitio, apariciones en monasterios viejos y desaparecidos..... eco de la fe primitiva. El joven fraile leía espantosamente mal.

Tropezaba [a] cada instante, y hacía pausas incongruentes. Su voz era de niño en escuela pueblerina. La trágica vida del santo desquiciado e histérico, no hacía mella en los espíritus de los monjes. La habrían oído tantas veces que había llegado a serles indiferente. Los monjes comían con gran apetito, alguno se apipaba de lo lindo. Los manjares eran sencillos y frugales. Entre el odioso sonsonete de la lectura se oía el choque de los tenedores contra los platos de porcelana.

Al terminar la comida hay más rezos y más inclinaciones solemnes.

Después se forma una procesión y se sale del comedor cantando el Miserere, para dirigirse a la tumba de Santo Domingo, donde después de orar se disuelve. Empieza el trabajo en el convento.

Deambulando por una galería desde cuyas ventanas se divisan los montes lejanos, enormes grises macizos con fulgores de plata, me encontré al monje raro de la escena en el órgano.

Me acerqué a él y charlamos. La conversación fue de música. «¿Le gusta a usted mucho la música?», le pregunté, y él sonriendo amablemente contestó: «Más de lo que usted se figura, pero yo me retiré de ella porque me iba a embrutecer. Es la lujuria misma... yo le doy a usted un consejo... abandónela si no quiere pasar una vida de tormentos. Todo en ella es falso... Ahora mi única música es el canto gregoriano»...

Después charlamos de otras cosas. Es el religioso un hombre de gran corazón y de una sabiduría extrema. «Cómo se conoce —le dije— que ha sido usted hombre de gran mundo»... «¡Demasiado! —exclamó con tristeza— pero yo que he sufrido tanto con los hombres he hallado aquí un refugio de serenidad y de paz. Ya voy para viejo y no tengo ilusiones, quiero morir aquí».....

El religioso me cuenta que fue amigo inseparable del genial Darío Regoyos y que actualmente entre los que van a visitarlo al monasterio figuran Zuloaga y Unamuno... En un estante de cristal están guardadas algunas pajaricas de papel que hace en sus ocios el gran pensador de Salamanca. Indudablemente es un tipo admirable este artista benedictino.

Nos separamos. El tiene que estudiar, pues pronto quiere cantar misa. Por el fondo de la galería se pierde su figura entre el ruido sedoso de los mantos.

Nada se oye sino la fuente del patio románico y algunos piares de pájaros sobre los árboles del huerto.

Horas graves de tristeza íntima y meditativa.

V

SOMBRAS

Llegan a lo lejos los mantos de la noche...

Los montes se hunden en las ráfagas claras del horizonte... Una tonalidad azul envuelve al monasterio.

A la salida del comedor después de haber cenado marchamos a la huerta. Los religiosos tienen un rato de ocio. La huerta adquiere brillos de misterio en la modulación crepuscular. Todo está quieto y monacal...

Por las veredas que hay entre los árboles frutales, pasean los monjes viejos discutiendo de teología y de cosas santas, los novicios ríen y juegan en un altozano entre ramajes. Suena el croar de ranas de las charcas y acequias, y mientras tanto entre la calma augusta del ambiente asoma por entre montes la luna llena, hermosa, magnífica, aristocrática y patriarcal llenando de luz divina los confines. Ladran los perros.

En un rincón de la huerta donde hay un estanque lleno de algas y musgos, y donde la luna se mira al temblor del agua, se sientan dos frailes ancianos, inclinan las cabezas y quedan en un estado de inquietud.

Entre un yerbazal se esconde un lagarto.

Es la última hora del crepúsculo, y quieren entrar las sombras de la tentación... Los viejos se inclinan y rezan sosegadamente, perdidamente; los jóvenes luchan hasta vencer o no vencer... Más allá los montes y más allá y más allá, se abre la sangrienta interrogación al infinito...

Llama la campana con bronceado hastío al rezo tenebroso y suplicante.

Queda solitaria la huerta.

Por un temblor de ramajes cruza la sombra viviente de Gonzalo de Berceo que suspira enseñando su roto laúd... A poco y ya esfumado el último acorde de luz, el viento de las sierras empieza a esparcir su hermosura y olor. . . . .

En la iglesia están los monjes rezando sin acompañamiento de órgano. Hay sombras obscuras por todas partes.

En el fondo del templo brilla una luz amarillenta que se recorta como un corazón de fuego. Entre las pausas miedosas de los rezos, alguien tose.

Al terminar el magnificat dicho de una manera extraordinaria y sentida, el abad se adelanta sobre las obscuridades de la iglesia y rezando devotamente, con el hisopo en la mano, derrama agua bendita en las negruras tremendas del templo.

En éste parece oírse ruido extraño, algo así como de alguien que corre. Son los demonios del mal que van a ocultarse en sus antros, huyendo de la plegaria y del agua bendita. La luz ilumina oscilando alguna cara de carne roja...

Viene el silencio nocturno sobre el convento... La luna en los claustros graba las columnas sobre los suelos. El ciprés enseña su forma en el tejado. Pasos apagados y ruidos de rosarios vuelven a sonar por los corredores. Calla la fuente... Sólo la luna se filtra por todo el monasterio entre las quimeras de las sombras.........

SEPULCROS DE BURGOS*

LA ORNAMENTACIÓN
I

La ornamentación es el ropaje y las ideas que envuelven a toda obra artística. La idea general de la obra son las líneas y por lo tanto su expresión. El artista lo primero que debe tener en cuenta para la mejor comprensión de su alma es el primer golpe de vista o sea el conjunto del monumento, pero para expresar sus pensamientos y su intención filosófica, se vale de la ornamentación, que es lo que habla gráfica y espiritualmente al que lo contempla... Siempre tiene muy en cuenta los temas, cuya modulación trágica o sentimental ha de conmover a la mayor parte de los hombres, y las figuras enigmáticas que lo dicen todo o nada, y cuya no comprensión ha de hacer pensar... Luego el medio ambiente porque cada cosa ha de estar colocada en su centro, y es tan grande la influencia de lugar que varía por completo su expresión... El tiempo, así como es el gran destructor y el gran enseñador, es el gran artista de la melancolía. Nosotros sentimos en toda su grandeza los pa-

---

* Véanse los textos *Sepulcros*, *La balada de la muerte* y *Notas de estudio*. *La ornamentación sepulcral* en el Apéndice II [núm. 7. Pv], [núm. 8. Ni] y [núm. 9. Ap].

sados por monumentos, tanto por su historia como por su color... y parece que los antiguos escultores hicieron sus sepulcros para mirarlos ahora... Y qué amargura tienen bajo el eterno color de tarde de los claustros... En todos ellos se desarrollan las mismas ideas de muerte y de vida, envueltas en una burla sarcástica... Hay como un ansia de decir cosas, que no podían decir por temor a ser quemados vivos o encerrados para siempre en una obscura prisión.

Por regla general los artistas que los hacían, los mismos que trabajaron en los coros y en todas las obras catedralicias, eran gentes del pueblo, y por lo tanto oprimidos por la nobleza y el clero... por eso cuando con sus manos callosas tomaron el lápiz y el cincel lo hicieron con toda la rabia y con toda intención perversa contra aquéllos de que eran esclavos. Una prueba de esto son las misericordias de los coros y las ideas de los sepulcros... Hasta la misma literatura de aquellos tiempos esboza sus ideas anticlericales en figuras simbólicas, muy difíciles de interpretar... ¡cuántas cosas que no se explican!... En un sepulcro macizo, en el que descansa un antiguo obispo, el artista puso por ménsulas a dos dulces cabezas de Jesús, que soportan con cansada expresión el arco pesado cubierto de una viña de grandes racimos... Es muy extraño esto, cuando es sabido que los santos, aunque estuvieran en función de columnas, nunca lo estuvieron en función de cariátides, porque los que hicieron las portadas tuvieron con ellos esa piedad...

En los sepulcros góticos, la ornamentación de *ideas* corre por unas ricas venas con sangre de pámpanos por los que se retuercen pájaros, caracoles, lagartos luchando con pelícanos, quimeras de pesadilla y monstruos alados con cabeza de león. Todo muy diminuto como temiendo que se vea... o como si toda aquella fauna engendro del demonio se escondiera entre los racimos huyendo del incienso o de las fúnebres salmodias gregorianas... El caballero siempre está con un libro y cobijado por ángeles y santos con un paje o un perro a los pies... Toda la flora del gótico se desarrolla en los arcos y en las florenzas en que adquiere su apogeo. Tuvieron los *góticos* el especial cuidado de no romper las líneas y dar una aparente impresión de sencillez ornamental, pero tuvieron la gran filosofía y la gran burla en sus figuras.

Si nos detenemos ante un sepulcro gótico, observaremos los enormes ríos de figurillas graciosas, de diablillos engarzados como piedras preciosas sobre los doseles de encaje y de formas suavísimas ocultas en las sombras de las impostas, pero todo ello en germen... Un estilo tenía que venir que abriendo sus venas ricas las dejara esparcir sobre sus retablos y sobre sus columnas para dar lugar a una forma ebria de adornos. El estilo barroco.

Los góticos, voy diciendo, tienen más puñal para con los vicios en sus sepulcros. Se ven retratados los pecados capitales... en algún sepulcro alguno triunfó...

Luego, calvarios ingenuos, escenas de la historia santa y bosques de ángeles... Los apóstoles los colocaron sobre las pilastras al lado de aquella perversión, con rostros de éxtasis, de rabia, de quietud...

Estos sepulcros, sin embargo, son los que tienen más cristianismo y menos paganía... Ellos son como una muestra de aquellas edades de hambre y superstición... tan llenas de terrores a Belcebú y de gracia picaresca e intencionada. Ellos también son una muestra de los ya pasados horrores, mostrándonos sus mil escudos con las riquezas del que ya no es ni polvo...

Pero así como en los sepulcros románicos se sienten los albores de aquella fe cristiana y tremenda, en los del renacimiento toda la austeridad románica y la filosofía gótica se cambian en un paganismo y una lujuria amasada con un raro misticismo que pone al alma en suspenso... Ya a las líneas elegantes y finas del gótico suceden las fuertes y clásicas líneas romanas y griegas... Y son los plintos llenos de manzanas, rosas y cuernos de la abundancia los que triunfan, y son las guirnaldas de calaveras atadas con cintas de seda, y son las luchas de sátiros con hojas enormes, y son las grecas de cabezas distintas, entre las cuales el Santiago peregrino asoma su bordón...

Las ideas son todas de una extrañeza incomprensible... Por regla general estos sepulcros del renacimiento toman forma de altares como la mayoría de los góticos por ser ésta la que más se presta a la riqueza ornamental... Todas las líneas encuadran a tableros llenos de figuras y flores.

En algunos plintos mujeres desnudas entre paños y guirnaldas de naranjas, sostienen con gran expresión de dolor canastos llenos de yedra, en otros hay cariátides fundidas con la pared, que tienen sobre sus cabezas despeinadas por un viento de acero toda la fábrica sepulcral... en todos existen cabezas rotas de toro y león que llevan entre sus dientes los lazos de las guirnaldas que corren alrededor.

En unos se desarrollan los desnudos con toda su furia lujuriosa, en otros dentro del mismo impudor hay una tristeza silenciosa que trasciende a la religiosidad... Es un abad viejo al que sostienen su urna cineraria dos hombres completamente desnudos mostrando al aire sus sexos, pero en sus movimientos y en sus ojos entornados, hay toda la grandeza de una pureza infinita... pero estas expresiones son las menos porque en los demás sepulcros hay rostros y contorsiones bellísimas que son la lujuria misma...

Y para llenar huecos sin adornar, emplearon dragones con caras primorosas de línea correcta, mujeres con pies de águila y alas abiertas entre lluvias de hojas y cuernos, y chivos con los ojos abiertos, aves agoreras enlazadas entre rosas de cien hojas, ogros, bacantes dolorosas, cardos, acantos, y sobre toda esta sinfonía de ensueño tentador revive la majestuosa escena del Calvario sostenida por pirámides de ramas, o por las espaldas de algún hombre colosal...

En los más avanzados del renacimiento desaparece toda la riqueza de desnudo, para dar paso a los haces maravillosos de líneas y a los escudos, como únicos motivos de ornamentación...

II

Tenemos en toda la dolorosa historia de la humanidad un afán, un ansia grande de perpetuar vidas, o mejor dicho, unas vidas que quieren hablarnos eternamente por medio de lápidas y de arcos fúnebres... Un sepulcro es siempre una interrogación...

En la vanidad de los hombres hay negrura interior que les impide ver el más allá. La vanidad está siempre en presente. Un hombre amado de ella no puede nunca comprender que pasará su recuerdo y todo lo malo o lo bueno que hizo, y cuando piensa perpetuar su memoria, cree que él presenciará todos los posibles homenajes que se le hagan... o al menos siente todo eso en su imaginación...

Es causa de abatimiento espiritual el recorrer los claustros llenos de sepulcros mohosos cubiertos de polvo en los cuales el tiempo borró los nombres... ¿Qué se propusieron los que se mandaron labrar estas ricas tumbas? Nadie los mira con ese respeto supersticioso que ellos quisieran inspirar. Allí están y seguramente los trasladarán donde los arqueólogos puedan estudiarlos a su sabor... Todas las vanidades las mata el tiempo, y por mucho que voceen o quieran persistir, les contestan sarcásticos los grillos del silencio como el mar parodiaba los gritos de Prometeo...

Seguramente la más fea de todas las pasiones es la vanidad. Es la que encierra en su arca a todos los hombres imbéciles... El hombre vanidoso es pueril pero muy ofensivo a los demás... Está en nosotros y no podemos arrancarle jamás el deseo al pasado, y al placer... pero éstos y las tremendas pasiones del corazón son de una belleza abrumadora. Y todos lo sienten lo mismo porque la figura de Venus desnuda sobre un fondo de espuma y de azules tritones, es algo de nuestro cerebro... Y nadie, absolutamente nadie se librará de los pecados que tanta miel y tanta amargura tienen... porque estamos formados con las esencias de ellos... pero todo cabe bien en el hombre menos la vanidad después de la muerte. Y se piensa en aquellos señores que desde jóvenes se preparaban sus tumbas haciéndose esculpir sobre mármoles y sobre roca para que después los miraran y se aterraran ante ellos como se aterró nuestro amado Cervantes en la catedral de Sevilla...

Los vanidosos no pasarían en las generaciones pasadas del Egipto fúnebre, hoy todas truncadas y hechas añicos... [sic] Y llegaban a tanto sus deseos de inmortalidad, que huyendo de los túmulos por ser de más fácil destrucción colocaron los sarcófagos sobre las paredes a manera de altares. Tal la arquitectura fúnebre de los góticos... Lo fúnebre es algo que siempre hace pensar y que llena de vacío a las almas... Cuando se mira un sepulcro, se adivina el cadáver en su interior sin encías, lleno de sabandijas como la momia de Becerra, o sonriendo satánicamente como el obispo de Valdés Leal... Y en estos pensamientos se enredan toda la fatuidad de los ramajes y florenzas que cubren la urna, y todo un espanto Rubeniano hacia la muerte... Al contemplar estos arcones pétreos de podredumbre asoma en lontananza toda la horrible cabalgata del Apocalipsis de San Juan... Es un pecado de las iglesias el permitir a la vanidad bajo sus naves... El hombre debe de volver, según Jesucristo, a la tierra de donde salió, o ponerlo desnudo sobre los campos para que sirva de comida a los cuervos y las aves de la muerte, como nos refieren las viejas tradiciones de la India... Nunca se debe conservar un cadáver porque en él no hay nada de devoción ni de fe, antes al contrario... y los cadáveres de los santos debían ser los primeros en pagar su tributo de carne a la tierra como lo hicieron aquellos antiguos patriarcas, porque de esta manera le dan a la muerte toda su maravillosa serenidad y misterio... por eso todos los relicarios que tienen huesos de vírgenes y de ascetas atormentados que vieron a Satanás bajo las formas de mil desnudos, y que se arrancaron el corazón por locura hacia lo ideal, debieran esparcirse por los campos de su nacimiento. No presentar a los hombres nunca lo que han de ser porque lo serán y en ello está su enseñanza, y si se quiere adorar a un hombre, adorad su espíritu con el recuerdo, nunca presentando una tibia suya envuelta en flores pasadas y en cristal... La carne es en la vida lo que manda, dejemos pues que en la muerte viva el alma... ¡Pero qué trágico y qué endemoniado es el tiempo!... En la mayoría de los sepulcros que contemplo ya no hay nadie... Los que en ellos dormían esperando la luz, fueron esparcidos por los suelos en esos momentos que el pueblo tiene de locura... En algunos aún existe una calavera, un hueso como un trozo de carbón, de plomo, y las arañas, que son las grandes amigas de la obscuridad y el silencio... y entonces no pensamos ya que aquel túmulo o altar que tenemos delante, sea un sepulcro; una vez que desapareció de allí el cuerpo perdió toda la salmodia funeral. ¿Entonces es que el espíritu de las cosas lo formamos nosotros?... ¿O es que el cuerpo es el sepulcro?..... Desde luego una vez roto, el misterio de la urna perdió todo su triste encanto, porque al no tener su origen y su pensamiento principal lo demás es muy secundario bajo el punto de vista de la primera impresión...

Por eso los sepulcros en que hay un hombre recién muerto tienen ese miedo constante de media noche y ese morboso encanto del querer y no querer levantar la cubierta para contemplar y no contemplar el espanto de la putrefacción...

En la solemnidad de un sepulcro románico se siente más al muerto que en los retablos yacentes del arte ojival, y una de las cosas que más influyen a alejar del ánimo la idea triste de la muerte es una estatua yacente

viva como las que hicieron Fancelli y el Borgoñón... o
en aquellas estatuas de los reyes de Castilla, Juan I y su
esposa, colocados sobre una portada gótica y rodeados
de apóstoles y de virtudes... La más fuerte idea en que
se adivine el cadáver, la he visto en los sepulcros de la
clausura de Santa María la Real de las Huelgas, verdaderos túmulos llenos de severidad medioeval, cobijados
por una cruz en que un Cristo viejo se retuerce gritando... Y no se sabe decir que quien allí entró con toda
pompa y lloro sea un rey, ni se puede pensar que toda
una fiereza de Alfonso VIII esté convertida en un muladar de piedras negras envueltas en papelotes de peticio-
nes cándidas a su espíritu. Por eso la idea sepulcral es
en sí un desmayo para el porvenir... Casi todos estos
sepulcros de Burgos que tantas y tan magníficas ideas
encierran están sin morador... y hay sarcasmos de inscripciones colocadas sobre carteles de color apagado
que hablan muy graves de indulgencias y de glorias del
muerto que ya no existe ni en cenizas... y se siente gran
extrañeza al contemplar los sepulcros vacíos de la Cartuja que encerraron en un ánfora las entrañas de Felipe
el Hermoso y ante los cuales la ideal Juana la Loca, de
pasión, lloró desgarradora ante el cuerpo de su alma
como Brunilda ante Sigfrido en la epopeya de los Nibe-
lungos... Por eso toda la frialdad de espíritu con que se
miran los sepulcros sin cuerpo acompaña a la frialdad
del pasado y al ir desgranando las cuentas del rosario
imposible del ideal lejano... Hoy todo pasó para esos
montones de piedras labradas que encierran un hueso o
la asfixiante obscuridad... Únicamente al mirar sus pensamientos se nos dan visiones de aquellas épocas lejanas y nos hace descubrir ensueños pasados... pero sólo
pensamos en lo tremendo de la vanidad humana, tan
castigada y tan burlada por los siglos aplanadores...
Y sobre todo, el pensar que todo esto se acabará... porque también el mundo y la eternidad son un sueño infinito...

CIUDAD PERDIDA*

BAEZA

*A la señorita María
del Reposo Urquía.*

I

Todas las cosas están dormidas en un tenue sopor... se diría que por las calles tristes y silenciosas pasan sombras antiguas que lloraran cuando la noche media... Por todas partes ruinas color sangre, arcos convertidos en brazos que quisieran besarse, columnas truncadas cubiertas de amarillo y yedra, cabezas esfumadas entre la tierra húmeda, escudos que se borran entre verdinegruras, cruces mohosas que hablan de muerte... Luego un meloso sonido de campanas que zumba en los oídos sin cesar... algunas voces de niños que siempre suenan muy lejos y un continuo ladrido que lo llena todo... La luz muy clara. El cielo muy azul en el que se recortan fuertemente los palacios y las casucas con oriflamas de jaramagos. Nadie cruza las calles, y si las atraviesa, camina muy despacio como si temiera despertar a alguien que

---

* Véase el texto *Impresiones del viaje II. Baeza: la ciudad* en el Apéndice II [núm. 10. Ap].

129

durmiera delicadamente... Las hierbas son dueñas de los caminos y se esparcen por toda la ciudad tapando las calles, orlando a las casas y borrando la huella de los que pasan. Los cipreses ponen su melancolía en el ambiente y son incensarios gigantes que perfuman el aire de la ciudad que constantemente se disuelve en polvo rojo...

Hay fachadas desquiciadas con mascarones miedosos llenos de herrumbre, hay tímpanos rotos que son fuentes de humedad... hay columnas empotradas en los muros que parece se retuercen para desprenderse de su prisión... Todo callado. Todo silencioso.

De noche los pasos se oyen palpitar perdiéndose en la obscuridad... y uno y otro y otro... y el aire que habla en los esquinazos...y la luna dejando caer su luz que es plata fundida... Los patios de las casas están llenos de tulipanes, de bojes, de espuelas de caballero, de lirios de agua, de ortigas y de musgo... Huele a manzanilla, a mastranzo, a heno, a rosas, a piedra machacada, a agua, a cielo... Aun en las cosas más cuidadas está clavado el sello trágico del abandono.

En los tejados y en los balcones y dinteles hay aderezos de topacios, granates y esmeraldas de musgo. Rompiendo la gris monotonía chopos y palomas torcaces...

En las calles obscuras hay pasadizos románticos en que la luz es azul, con cristos negruzcos y vírgenes angustiadas, con faroles cubiertos de telarañas, que no se encienden ya.

Dominándolo todo el negro y solemne acorde de la catedral.

En algunos pardos torreones hay escaleras ahumadas que no se sabe dónde van, almenas arruinadas que son nidos de insectos y sombras que se ocultan cuando alguien llega.

De cuando en cuando palacios y casonas de un renacimiento admirable, ornamentadas con figuras y rosetones primorosos...

Después de andar entre soportales y callejas de una

gran fortaleza y carácter se da vista a una cuesta triste con moreras y acacias, que sirve de antesala al corazón cansado y melancólico de la ciudad. Siempre está solitaria y tristísima, únicamente la cruzan los canónigos que van pausados a rezar, y los pájaros que vuelan locamente de un lado para otro sin saber dónde posarse.

En un lado de esta plaza hay una casa triangular que casi se la traga la hierba y otras destartaladas cuyas puertas se caen aburridas. El suelo es de terciopelo verde. En su centro una fuente de severidad pagana, parece el cuerpo final de un arco de triunfo al que la tierra se hubiera tragado.

La catedral tapa a la plaza con su sombra, y la perfuma con su olor de incienso y de cera que se filtra por sus muros como recuerdo de santidad.

A lo lejos casas de piedra dorada, con los añejos vítores esfumados por tantos soles, y las ventanas marchitas con hierros mohosos y destartalados.

Hay un silencio íntimo y doloroso en esta plaza.....

El palacio del antiguo cabildo que está en una esquina es una masa negra y amarilla y verde y sin ningún color. Sus ventanas vacías miran extrañamente y sus escudos medio borrados parecen sombras.

Toda la fachada está bordada de cruces, de jaramagos que penden como lámparas votivas y de flores rojas apretadas entre las grietas.

Las campanas de la catedral llenan sus ámbitos de acero y dulzura diciendo la señorial melodía que las demás campanas de la ciudad acompañan con su suave plañir.

Esta plaza, formidable expresión romántica donde la antigüedad nos enseña su abolengo de melancolías, lugar de retiro, de paz, de tristeza varonil, se proyectaba profanarla cuando visité Baeza. El Alcalde había propuesto al consejo urbanizarla (tremenda palabrota), arrancando el divino yerbazal, cercando la fuente de jardinillos ingleses... y quién sabe si pensando levantar en ella un monumento a D. Julio Burell, o a D. Procopio

Pérez y Pérez, y en esa plaza soñadora y suavemente funeral, quizá algún día veremos un kiosco espantoso donde tocará la música pasodobles, cuplés de Martínez Abades, y habaneras del maestro Nieto. Derribarán el encanto viejo, y pondrán en su lugar edificios con cemento catalán. Es verdaderamente angustioso lo que pasa en España con estas reliquias arquitectónicas... Todo trastornado... pero con qué visión artística tan deplorable.

Recordemos la gran plaza de Santiago de Compostela con el monumento al señor Montero. ¡Qué salivazo tan odioso a la maravilla churrigueresca de la portada del Obradoiro y al hospital grandioso! Recordemos la Salamanca ultrajada, con el palacio de Monterrey lleno de postes eléctricos, la casa de las Muertes con los balcones rotos, la casa de la Salina convertida en Diputación, y lo mismo en Zamora y en Granada y en León... ¡Esta monomanía caciquil de derribar las cosas viejas para levantar en su lugar monumentos dirigidos por Benlliure o Lampérez!..... ¡Desgracia grande la de los españoles que caminamos sin corazón y sin conciencia!..... Nuestra aurora de paz y amor no llegará mientras no respetemos la belleza y nos riamos de los que suspiran apasionadamente ante ella. ¡Desdichado y analfabeto país en que ser poeta es una irrisión! . . . .

Si se anda un poco se cae en un pozo de obscuridades blandas y sobre una puerta achatada, plenamente mudéjar y sobre un ojo de la catedral, un santo muy antiguo que se murió viniendo de Granada en una tranquila mula, yace empotrado en la pared...

En las piedras se dibuja una figura lánguida y exhausta de ritmo bizantino que en la noche la luna da relieve, y los jaramagos juegos de sombra. Esta puerta se llama de la luna porque únicamente la luna la baña con su mística luz...

Si se anda más, los yerbazales son tan fuertes que se tragan a las piedras del suelo lamiendo ansiosamente los muros... y si cruzamos unas callejas más, se contempla

132

la majestuosa sinfonía de un espléndido paisaje. Una hoya inmensa cercada de montañas azules, en las cuales los pueblos lucen su blancura diamantina de luz esfumada. Sombríos y bravos acordes de olivares contrastan con las sierras, que son violeta profundo por su falda. El Guadalquivir traza su enorme garabato sobre la tierra llana. Hay ondulaciones fuertes y suaves en la tierra... Los trigales se estremecen al sentir la mano de los vientos. La ciudad se esconde en el declive huyendo de la bravura solemnísima del paisaje.

Pero por encima de todo hay no sé qué de tristezas y añoranzas..... El aire es tan fresco y tan intensamente perfumado..... Unos carros pasan a lo lejos con traqueteos quejumbrosos levantando nubarrones de polvo.....

En algunas casas hay de vez en cuando llamaradas de flores rojas en los aleros del tejado.

Las calles empinadas sobre un cielo añil con plata de nubes, únicamente las pasea el sol.

Tiene esta callada ciudad rincones de cementerio con cruces tuertas, desgarbadas, y con portadas mudas de tanto hablar cosas muertas... Las canales derraman yerbas que tiemblan con la brisa.

Hay algunas calles que son verdaderamente andaluzas con las casas blancas, con ventanas salientes junto al alero... perdiéndose en un fondo de campo demasiado pleno de luz... En estas calles de los arrabales el silencio y la quietud son más inquietantes..... Solamente se oye llorar a algún nene, chirriar de puertas o los acordes suaves del aire y del sol.

En una plaza serena, que tiene un palacito elegante pero mutilado y deshecho, un altar gracioso con flores de trapo junto a la seriedad aristocrática de un arco triunfal con aire guerrero, y una fuente con leones desdibujados en la piedra, un coro de niñas harapientas dicen muy mal la tierna canzoneta fundida en el crisol de Schubert melancólico:

Estrella del prado
al campo salir
a coger las flores
de Mayo y Abril.....

Canción infantil de resoluciones agradables y conmovedoras..... canción de intensa poesía, sobre todo cuando suena en las noches de luna de un verano pueblerino.

Siempre al recorrer estas calles se descubre algo interesante... un capitel de dibujo caprichoso empotrado en la pared, una reja hecha como para una serenata enamorada, algún palacio destrozado y cubierto de cal... pero todo está abandonado, despreciado..... y lo que han cuidado, tiene el gesto de la profanación artística.

Tiene una tranquilidad musical el crepúsculo visto desde estas alturas... En el regio horizonte hay nubes de ámbar azul... que ocultan la luz del sol, que es fresa cristal.

Después, un trémolo de luna y estrellas, como prólogo de la noche.

II

¡Melancolía infinita la de estas piedras antiguas llenas de herrumbre y oro!

Pesar grande de estas calles de cementerio por las que nadie pasa. ¡Borrachera espléndida de romanticismo!

Por los aires pasan las golondrinas bordando en la plata de la luz..... La catedral está como iluminada interiormente por un faro rojo.

Los corazones de los que sueñan se oprimen o se ensanchan en busca de aire cálido o ideal bondadoso...

Al amparo de estas viejas ciudades las almas mundanas desconsoladas encuentran como un ambiente de triste fortaleza... y los conflictos del sentimiento adquieren más vigor...pero qué diferente sentido.

Al pasar sus secretos de obscuridad soñadora y sentirnos solitarios con el corazón lleno de ansia, se resuelven nuestras interrogaciones con más pena pero con más conformidad espiritual. A veces caemos en un nirvana adorable, y son nuestros cuerpos como las piedras de estos palacios antiguos durmiendo el sueño de la eternidad; otras veces reímos optimistas y otras abunda el gris sangre en nuestro corazón... pero siempre entre estas piedras de oro se está borracho de romanticismo.

III
UN PREGÓN EN LA TARDE

Horas lujuriosas del mes de Junio. La calle solitaria. Las casas doradas con los vítores ininteligibles tienen una fortaleza y mutismo conventual. La calle está cubierta de hierbas. Junto a las casas señoriales se aprietan las acacias plenas de ramos blancos, ocultándose bajo los balcones huyendo del fuego solar. A veces mueven angustiosamente sus penachos como protestando de lo que las abruma. En la portada de una iglesia ciega la luz al chocar con las piedras.....

A lo lejos sonó el pregón. Era un grito doloroso, angustiante, como un lamento de alguien que se quejara artísticamente... Hay pregones graciosos, simpáticos, que llenan el ambiente en que suenan de alegría. Son cantares cortos, estribillos de la ciudad. Los mismos pregones de Granada con su melancólica alegría... pero éste que sonó en Baeza a las tres de la tarde de un día de Junio encerraba una dolorosa lamentación.

Era la voz que lo cantaba potente, chillona.

Hubo un silencio y volvió a sonar.

Siempre el pregón ha sido una o más notas repetidas rítmicamente en un solo tono, casi siempre menor, sobre todo en los pregones andaluces... pero éste que sonó en la ciudad olvidada tenía el acento de un canto wagneriano. Era primero una nota quejumbrosa, cansada, que vibraba como una campana en tono mayor brillantísimo, se repetía en un andante maestoso y hacía una pausa. Después volvía a decir el mismo tema, ya más quedo, y por último, para resolución, la voz tomaba timbre gutural, modulaba al tono menor, y dando una nota elevadísima caía lánguidamente en la nota inicial. Sonaba el pregón desfallecido y fuerte como una frase de trompa del gran Wagner.....

Por el fondo de [la] calle que tenía un suave declive apareció la figura que lo cantaba.

Era una mujeruca encorvada, descalza, con los pelos canos, tiesos, cayéndole por la espalda, pitarrosa, con la cabeza inclinada, como sumida en una tremenda meditación. Llevaba una cesta llena de pellejos de conejo, de trastos viejos, de trapos inservibles... Dijo tres veces el doloroso pregón al pasar por la calle soleada. El ritmo raro y de hierro que tenía, hacía huir de la melodía como de una maldición.

Hubo varios silencios mientras el pregón se perdía. Al fin la voz se dejó de oír, quedando la calle desierta y aburrida del calor fortísimo.....

Las acacias apenas se movían.

LOS CRISTOS

Hay en el alma del pueblo una devoción que sobre-
puja a todas las devociones: la de los crucificados.

Desde los tiempos más remotos las gentes sencillas
se aterraron ante las caídas cabezas de Jesús muerto.
Pero esta devoción y esta miedosa piedad la sintieron y
la siente el pueblo en toda su trágica realidad, no en
toda su espiritualidad y grandeza. Es decir, temen y com-
padecen a Cristo no por el mar sin orillas de su alma
sino por los terribles dolores de su cuerpo, y se aterran
ante sus cardenales y la sangre de sus llagas y lloran por
las coronas de espinas, sin meditar y amar al espíritu de
Dios sufriendo por dar el extremo consuelo.

Se observa que en todas las representaciones de Cristo en la cruz, los artistas exageraron siempre los golpes,
las lanzadas, la horrible contracción muscular... porque
de esta manera presentaban al pueblo todo el sufrimiento del hombre, única forma de enseñar a las multitudes
el gran drama... Y las multitudes indoctas miraron y
aprendieron pero sólo lo exterior... En ningún calvario
supieron los artistas presentar al Dios, solamente pre-
sentaron al hombre, y algunos como aquel famoso Matt-
hias Grünewald, el pintor alemán que retrató más
espantosamente la pasión de Jesús, lo hizo poniendo al
hombre demasiado hombre, sin que se vean señales de
la muerte de Dios.

Y es que nadie puede interpretar al Dios vencido

137

pero glorioso, porque en ningún cerebro humano cabe dicha gigantesca concepción... y por eso todos los Cristos son el hombre crucificado, con la misma expresión que otro ser cualquiera pusiera al morir de suplicio tan feroz... En los Cristos antiguos, ésos que están rígidos con las cabezotas enormes y bárbara fisonomía, el escultor los concibió tan salvajes y férreos como los tiempos de epopeya en que se formaron... pero tuvo siempre el cuidado de hacer resaltar, o la corona de espinas, o la llaga del costado, o el retorcimiento del vientre, para que la obra llegara al pueblo con todo su horror... Llegaba la posición angustiosa, los dedos crispados, los ojos desencajados de dolor... Los pueblos tuvieron la necesidad de la escena del calvario para arraigar más la fe... Sintieron a Jesús en la Cruz al verlo con la cabeza sublime partida, con el pecho anhelante, con el corazón en el suelo, con espumas sangrientas en la boca, y lo lloraron al verlo así precisamente en el sitio en que sufrió menos, porque ya veía el fin, porque era Dios y estaba en la cruz ya consumado el sacrificio genial... pero el pueblo nunca al pensar en el Jesús crucificado se acordó del Jesús del Huerto de los Olivos, con la amargura del temor a lo tremendo, ni se asombró ante el Jesús con amor de hombre de la última cena.....

La tragedia, lo real, es lo que habla a los corazones de las gentes y por eso los artistas siempre que quisieron la gloria popular hicieron un Cristo lleno de pústulas moradas, y al hablar así fueron comprendidos... y pasaron los primitivos con sus Cristos fríos y pasaron los románicos con sus efigies rígidas... y empezaron a clarear los escultores y pintores que habían de dar la sensación de la realidad..... Hicieron aquellos Cristos que hoy negros vemos guardados cuidadosamente, y se ideó ponerles cabelleras y darles color, y luego comenzaron a dar movimiento a las líneas y se llegó hasta la misma impresión de lo humano..... Y entonces fue cuando aquellos coloristas españoles que tanto miraban a las agonías, hicieron los crucificados en que todo el cuerpo ajado y maltrecho de cardenales, se mostraba con una escalofriante verdad.

Los Cristos enérgicos, ésos que sin ninguna llaga, muy blancos y gruesos están clavados de la cruz como podían estarlo de otra parte, ésos en que el artista sólo supo infundir una fría desnudez de modelo, no son nunca objeto de la devoción popular... La perfección no es nunca objeto de apasionamientos, lo interrogante y que inquieta a las multitudes es la expresión..... La tragedia espantosa que el pueblo ve en algunos de sus crucificados es lo que los induce a amarlos..... pero el sentimiento de Dios lo sienten poco, lo grandioso los desconcierta, lo grandioso los aterra... Los que hicieron esos Cristos que vemos en algunas iglesias escondidos en una negra capilla que ilumina una luz rojiza, con los fuertes brazos retorcidos sobre la cruz, la cabeza escondida entre una cascada de cabellos quemados, y rodeados de ex votos entre un polvo viejo y pesado, esos Cristos ahumados y espantosos, los artistas que los hicieron tuvieron la gran inspiración y la altura de pensamientos. Ellos comprendieron al pueblo. Son muy malos artísticamente mirados, sus dimensiones son rarísimas, su ejecución es absurda, sus cabelleras son extrañamente impropias, pero dan la terrible impresión de horror y son los amados por las muchedumbres... Esto es una de las muchas pruebas de que el arte no sólo consiste en la técnica depurada sino que para hablar se necesita de la llama gigante y misteriosa de la inspiración..... Y más en este arte de la escultura religiosa donde el artista únicamente se debe preocupar de hacer pensar y sentir a gentes la mayoría incultas... porque en otras artes para comprender se necesita de una especial educación espiritual... Y bien que supieron poner espanto a las almas estos hacedores de Cristos viejos que muchos llaman malos...

El pueblo que tiene el instinto de lo genial y lo artístico llenó a estas imágenes de leyendas y fábulas sin fin... y los coronaron de rosas de trapo y los cercaron de muletas, de ojos, y trenzas, y pusieron calaveras y serpientes al pie de la cruz, y la gente rezó, rezó aterrada ante aquel espanto de amor a los hombres. Por regla general estos Cristos sentidos se esconden en las capillitas pueblerinas donde son el orgullo de sus habitantes... Luego al llegar los escultores genios de España con más pensamientos y más idealidad hicieron sus calvarios poniendo su alma en la ejecución de los ojos. Y Mora y Hernández, y Juni y el Montañés, y Salzillo y Siloe, y Mena y Roldán, etc., etc., supieron decir con dulzura dramática los ojos de Jesús..... y los pusieron entornados, escalofriantes como Mora o mirando al suelo con vidriosa convulsión como Mena, o hacia arriba llamando a la eternidad como el Montañés o desencajados en su moribundez verdosa como Siloe en el Cristo de la Cartuja..... Ya éstos supieron que aunque en el cuerpo una contorsión diga mucho, dicen mucho más unos ojos en la agonía..... y pusieron en los ojos todo el sufrimiento de aquel cuerpo ideal... Pero en todos los crucifijos hay ese algo de abandono a lo irremediable expresado en la colocación de las cabezas inclinadas, impregnadas de esa invisible blancura crepuscular que da la muerte, porque la muerte es siempre mística. . . . .

GRANADA*

I

AMANECER DE VERANO

Los montes lejanos surgen con ondulaciones suaves de reptil. Las transparencias infinitamente cristalinas lo muestran todo en su mate esplendor. Las umbrías tienen noche en sus marañas y la ciudad va despojándose de sus velos perezosamente, dejando ver sus cúpulas y sus torres antiguas iluminadas por una luz suavemente dorada.

Las casas asoman sus caras de ojos vacíos entre el verdor, y las hierbas, y las amapolas y los pámpanos, danzan graciosos al son de la brisa solar.

Las sombras se van levantando y esfumando lánguidas, mientras en los aires hay un chirriar de ocarinas y flautas de caña por los pájaros.

En las distancias hay indecisiones de bruma y heliotropos de alamedas, y a veces entre la frescura matinal se oye un balar lejano en clave de fa.

Por el valle del Dauro, ungido de azul y de verde obscuro vuelan palomas campesinas, muy blancas y negras, para pararse sobre los álamos, o sobre macizos de flores amarillas.

* Véase el texto *Amanecer* en el Apéndice II [núm. 11. Mv].

Aún están dormidas las campanas graves, sólo algún esquilín albaycinero revolotea ingenuo junto a un ciprés.

Los juncos, las cañas, y las yerbas olorosas, están inclinadas hacia el agua para besar al sol cuando se mire en ella.....

El sol aparece casi sin brillo... y en ese momento las sombras se levantan y se van... la ciudad se tiñe de púrpura pálida, los montes se convierten en oro macizo, y los árboles adquieren brillos de apoteosis italiana.

Y todas las suavidades y palideces de azules indecisos se cambian en luminosidades espléndidas, y las torres antiguas de la Alhambra son luceros de luz roja... las casas hieren con su blancura y las umbrías tornáronse verdes brillantísimos.

El sol de Andalucía comienza a cantar [su] canción de fuego que todas las cosas oyen con temor.

La luz es tan maravillosa y única que los pájaros al cruzar el aire son de metales raros, iris macizos, y ópalos rosa...

Los humos de la ciudad empiezan a salir cubriéndola de un incienso pesado... el sol brilla y el cielo antes puro y fresco se vuelve blanco sucio. Un molino empieza su durmiente serenata... algún gallo canta recordando al amanecer arrebolado, y las chicharras locas de la vega templan sus violines para emborracharse al mediodía.

II

ALBAYZÍN

A Lorenzo Martínez Fuset,
gran amigo y compañero.

Surgen con ecos fantásticos las casas blancas sobre el monte... Enfrente, las torres doradas de la Alhambra enseñan recortadas sobre el cielo un sueño oriental.

El Dauro clama sus llantos antiguos lamiendo parajes de leyendas morunas. Sobre el ambiente vibra el sonido de la ciudad.

142

Domínguez Berrueta (sentado, cuarto a la izquierda) con sus alumnos y otros profesores en el patio de la Universidad de Granada (Lorca, sentado en el suelo, segundo a la derecha).

El Albayzín se amontona sobre la colina alzando sus torres llenas de gracia mudéjar... Hay una infinita armonía exterior. Es suave la danza de las casucas en torno al monte. Algunas veces entre la blancura y las notas rojas del caserío, hay borrones ásperos y verdes obscuros de las chumberas... En torno a las grandes torres de las iglesias, aparecen los campaniles de los conventos luciendo sus campanas enclaustradas tras las celosías, que cantan en las madrugadas divinas de Granada, contestando a la miel profunda de la Vela.

En los días claros y maravillosos de esta ciudad magnífica y gloriosa el Albayzín se recorta sobre el azul único del cielo rebosando gracia agreste y encantadora.

Son las calles estrechas, dramáticas, escaleras rarísimas y desvencijadas, tentáculos ondulantes que se retuercen caprichosa y fatigadamente para conducir a pequeñas metas desde donde se divisan los tremendos lomos nevados de la sierra, o el acorde espléndido y definitivo de la vega. Por algunas partes, las calles son extraños senderos de miedo y de fuerte inquietud, formadas de tapiales por los que asoman los mantos de jazmines, de enredaderas, de rosales de San Francisco. Se siente ladrar de perros y voces lejanas que llaman a alguien casualmente con acento desilusionado y sensual. Otras, son remolinos de cuestas imposibles de bajar, llenas de grandes pedruscos, de muros carcomidos por el tiempo, en donde hay sentadas mujeres trágicas idiotizadas que miran provocativamente...

Están las casas colocadas, como si un viento huracanado las hubiera arremolinado así. Se montan unas sobre otras con raros ritmos de líneas. Se apoyan entrechocando sus paredes con original y diabólica expresión. Aparte de las mutilaciones que ha sufrido por algunos granadinos (mal llamados así) este barrio único y evocador, lo demás conserva plenamente su ambiente característico... Al deambular por sus callejas surgen escenarios de leyendas.

Altares, rejas, casonas enormes con aires de deshabitadas, miedosos aljibes en donde el agua tiene el misterio trágico de un drama íntimo, portalones destartalados, en donde gime un pilar entre las sombras, hondonadas llenas de escombros bajo los cubos de las murallas, calles solitarias que nadie las cruza y en donde tarda mucho una puerta en aparecer... y esa puerta está cerrada, covachas abandonadas, declives de tierra roja en donde viven los pulpos petrificados de las pitas. Cavernas negras de la gente nómada y oriental.

Aquí y allá siempre los ecos moros de las chumberas..... Y las gentes en estos ambientes tan sentidos y miedosos inventan las leyendas de muertos y de fantasmas invernales, y de duendes y de marimantas que salen en las medias noches cuando no hay luna vagando por las callejas, que ven las comadres y las prostitutas errantes, y que luego lo comentan asustadas y llenas de superstición. Vive en estas encrucijadas, el Albayzín miedoso y fantástico, el de los ladridos de perros y guitarras dolientes, el de las noches obscuras en estas calles de tapias blancas, el Albayzín trágico de la superstición, de las brujas echadoras de cartas y nigrománticas, el de los raros ritos de gitanos, el de los signos cabalísticos y amuletos, el de las almas en pena, el de las embarazadas, el Albayzín de las prostitutas viejas que saben del mal de ojo, el de las seductoras, el de las maldiciones sangrientas, el pasional.....

Hay otros rincones por estas antigüedades, en que parece revivir un espíritu romántico netamente granadino... Es el Albayzín hondamente lírico... Calles silenciosas con hierbas, con casas de hermosas portadas, con minaretes blancos en los que brillan las verdes y grises mamas del adorno característico, con jardines admirables de color y de sonido. Calles en que viven gentes antiguas de espíritu, que tienen salas con grandes sillones, cuadros borrosos y urnas ingenuas con Niños Jesús entre coronas, guirnaldas y arcos de flores de colorines, gentes que sacan faroles de formas olvidadas al paso del Viático y que tienen sedas y mantones de rancio abolengo.

Calles en que hay conventos de clausura perpetua, blancos, ingenuos, con sus campaniles chatos, con las celosías empolvadas, muy altas, rozando con los aleros del tejado... donde hay palomas y nidos de golondrinas. Calles de serenata y de procesión con las candorosas vírgenes monjiles..... Calles que sienten las melodías plateadas del Dauro y las romanzas de hojas que cantan los bosques lejanos de la Alhambra... Albayzín hermosamente romántico y distinguido. Albayzín del compás de Santa Isabel y de las entradas de los cármenes. El Albayzín de las fuentes, de las glorietas, de los cipreses, de las rejas engalanadas, de la luna llena, del romance musical antiguo, el Albayzín de la cornucopia, del órgano monjil, de los patios árabes, del piano de mesa, de los amplios salones húmedos con olor de alhucema, del mantón de cachemira, del clavel. . . . .

Al recorrer estas calles se van observando espantosos contrastes de misticismo y lujuria. Cuando se está más abrumado por el paseo angustioso de las sombras y las cuestas, se divisan los colores suaves y apagados de la vega, siempre plateada, llena de melancólicos tornasoles de color... y la ciudad durmiendo aplanada entre neblinas, en las que descuella el acorde dorado de la catedral enseñando su espléndida girola y la torre con el ángel triunfador.

Hay una tragedia de contrastes. Por una calle solitaria se oye el órgano dulcemente tocado en un convento... y la salutación divina de Ave María Stella dicha con voces suavemente femeninas... Enfrente del convento, un hombre con blusa azul maldice espantosamente dando de comer a unas cabras. Más allá unas prostitutas de ojos grandes, negrísimos, con ojeras moradas, con los cuerpos desgarbados y contrahechos por la lujuria, dicen a voz en cuello obscenidades de magnificencia ordinaria; junto a ellas, una niña delicada y harapienta canta una canción piadosa y monjil.....

Todo nos hace ver un ambiente de angustia infinita, una maldición oriental que cayó sobre estas calles.

Un aire cargado de rasgueos de guitarras y de gritos calmosos de la gitanería.

Un sonido de voces monjiles y un rum rum de zambra anhelante.

Todo lo que tiene de tranquilo y majestuoso la vega y la ciudad, lo tiene de angustia y de tragedia este barrio morisco.

Por todas partes hay evocaciones árabes. Arcos negruzcos y herrumbrosos, casas panzudas y chatas con galerías bordadas, covachas misteriosas con líneas del oriente, mujeres que parecen haber escapado de un harem..... Luego una vaguedad en todas las miradas que parece que sueñan en cosas pasadas... y un cansancio abrumador.

Si alguna mujer llama a sus hijos o a alguien, es un quejido lento lo que murmura y los brazos caídos y las cabezas despeinadas dan una impresión de abandono a la suerte, y una creencia en el destino verdaderamente musulmana. Hay siempre ritmos gitanos en el aire y canciones desesperadas o burlonas, con sonidos guturales. Por las callejas se ven los cerros dorados con murallas árabes. Hay heridas en las piedras manando agua clara que se arrastra serpeando calle abajo.

En las cocinas, las macetas de claveles y geráneos se miran en las ollas y peroles de cobre, y las alacenas abiertas en la tierra húmeda se muestran repletas de los cacharros morunos de Fajalauza.

Hay perfumes de sol fuerte, de humedad, de cera, de incienso, de vino, de macho cabrío, de orines, de estiércol, de madreselva. Hay en los ambientes un gran barullo extraño, envuelto en los sonidos obscuros que lanzan las campanas de la ciudad.

Un cansancio soleado y umbroso, una blasfemia eterna y una oración constante. A las guitarras y los jaleos de juerga en mancebía, responden las voces castas de los esquilines llamando a coro.

Por encima del caserío se levantan las notas funerales de los cipreses, luciendo su negrura romántica y sentimental... junto a ellos están los corazones y las cruces de las veletas que giran pausadamente frente a la majestad espléndida de la vega.

III

CANEFORA DE PESADILLA

........De una puerta negra con enormes desconchones en la madera y entre un incienso verde y húmedo, surge la figura espantosa cubierta de andrajos y con ojos amarillentos por la bilis... En el fondo hay un patio antiguo... patio en donde quizá los eunucos durmieran a la luz de la luna, patio empedrado de musgo, con sombras árabes en las paredes, y un gran aljibe miedoso y profundo... En sus carcomidas balaustradas se apoyan macetas marchitas de geráneos, y en sus columnas renegridas se abrazan enredaderas tísicas... Más allá un muladar y en una de sus paredes un Cristo espantoso con falda de bailarina, adornado de flores de trapo... Un mareo ahogadizo de moscas y mil avispas zumbando amenazadoras. En el cielo muy azul, fuego de sol..... y de aquí surgió.

No sé si mis ojos la miraron bien, o no la miraron, porque lo espantoso produce en nosotros confusión de ideas.

Era un misterio repugnante la figura horrible que salía tambaleándose de la casa.

No había nadie en la calle melancólica y reposada en su muerte.

La figura monstruosa no se movía de la puerta. Poseía en su actitud, la fría interrogación de un friso egipcio.

Tenía un vientre muy abultado como de eterno embarazo, sus brazos caídos sostenían unas manos viscosas y formidables de fealdad. En la cadera llevaba un cántaro desmochado, y sus cabellos canosos y fuertes, rodeaban aquella cara con un agujero por nariz. Sobre sus pómulos una pupa amarillenta mostraba toda su

148

maloliente carroña, y un ojo horrible derramaba lágrimas sobre ella, que la figura atroz limpiaba con su manaza... Salía de aquella casa de vicios espantosos y lujurias extremas.

Estaba envuelta en un hábito de impudor y bajeza de una degeneración asexual. Podía ser animal raro o hermafrodita satánico. Carne sin alma o medusa dantesca. Ensueño de Goya o visión de San Juan. Amada por Valdés Leal, o martirio para Jan Weenix..... Era una carne verdosa y de muerte. Tose repetidas veces... y se cree oler a azufre... bajo el peso de los espíritus del mal... La figura inquietante echó a andar.

Llevaba unas zapatillas a medio meter que marcaban el ritmo lúgubremente, unas gargantillas de coral mugriento y una bolsa colgada al cuello, que sería algún amuleto infernal.

Dentro de la casa se oía reír y entre palmas sensuales y ayes dolorosos, una voz aguardentosa cantaba obscenidades.

El monstruo andaba como un lagarto en pie y con una mueca dura no se sabe si era risa o dolor de vivir..... Otra vez tosió como si un perro aullase en un sótano, y siguió andando despidiendo olor de alhucema podrida y de tabaco.

Es horrible este bicho con enaguas y con senos fláccidos..... Es la que en la casa eternamente maldice y asusta a las buenas comadres. Es la que si pudiera nos besaría a todos para infestarnos de su mal. Es la eunuca de un harem de podredumbre. Si fuera hermosa sería Lucrecia, como es horrible es Belcebú. Si pudiera escoger amante, amaría a Neptuno o Atila..... y si pudiera llevar a cabo sus maldiciones sería como Hatto, el feroz obispo de Andernach. . . . .

Estas mujeres, espantosas de pesadilla, se pasean algunas veces por el Albayzín. Ellas son las brujas que enredan en sus tramas cabalísticas a las pasionales muchachas de ojos negros. Ellas son las que preparan bebedizos hechos con víboras, con canela y con huesos de niños machacados al plenilunio. Ellas poseen en canuteros los espíritus del bien y del mal... y por ellas las madres ignorantes y supersticiosas cuelgan a sus críos cuernos dorados y estampas benditas para librarlos del mal de ojo........

Pero esta pesadilla......... ¡Qué gesto tan frío y tan inquietante el suyo al cruzar la calle llena de sol y olor de rosal! ¡Hetaira quitasueños!............. Con el cántaro en la cadera y las manos por el suelo en las calles del Albayzín. . . . .

IV

SONIDOS

> *A María Luisa Egea.*
> *Bellísima, espléndida y*
> *genial..... Con toda*
> *mi devoción.*

Desde los cubos de la Alhambra se ve el Albayzín con los patios, con galerías antiguas por las que pasan monjas. En las blancas paredes de los claustros están los vía crucis. Junto a las celosías románticas de los campaniles los cipreses mecen lánguidamente su masa olorosa y funeral..... Son los patios soñadores y umbrosos.....

En medio del gran acorde macizo del caserío los conventos ponen su ambiente de tristeza.

Es algo misterioso que atrae y fascina, la visión del Albayzín desde esta fortaleza y palacio de la media noche... Y el panorama, con ser tan espléndido y extraño, y tener esas voces potentes de romanticismo, no es lo que fascina. Lo que fascina es el sonido. Podría decirse que suenan todas las cosas... Que suena la luz, que suena el color, que suenan las formas.

En los parajes de intenso sonido como son las sierras, los bosques, las llanuras, la gama musical del paisaje tiene casi siempre el mismo acorde que domina a las demás modulaciones. En las faldas de la Sierra Nevada, hay unos recodos deliciosos de sonidos... Son unos sitios en donde de los declives macizos mana un sonido de perfume agreste melosamente acerado.

En los mismos bosques de pinos, entre el olor divino que exhalan, se oye el manso ruido del pinar, que son melodías de terciopelo aunque sople aire fortísimo, modulaciones mansas, cálidas, constantes... pero siempre en la misma tesitura.

Eso es lo que no tiene Granada y la vega oídas desde la Alhambra. Cada hora del día tiene un sonido distinto. Son sinfonías de sonidos dulces lo que se oye... Y al contrario que los demás paisajes sonoros que he escuchado, este paisaje de la ciudad romántica modula sin cesar.

Tiene tonos menores y tonos mayores. Tiene melodías apasionadas y acordes solemnes de fría solemnidad..... El sonido cambia con el color, por eso cabe decir que éste canta.

El ruido del Dauro es la armonía del paisaje. Es una flauta de inmensos acordes a la que los ambientes hicieran sonar. Desciende el aire con su gran monotonía cargado de aromas serranos y entra en la garganta del río, éste le da su sonido y lo entrecruza por las callejas del Albayzín por las que pasa rápido dando graves y agudos... luego se extiende sobre la vega y al chocar con sus sones admirables y con las montañas lejanas y con las nubes, forma ese acorde de plata mayor que es como una inmensa nana que a todos nos duerme voluptuosamente..... En las mañanas de sol hay alegrías de música romántica en la garganta del Dauro. Podría decirse que canta en tono mayor el paisaje.....

Hay mil voces de campanas que suenan de muy distinta manera. Algunas veces claman en tono grave las campanas sonoras de la Catedral, que llenan los espacios con sus ondas musicales... Estas se callan... y entonces les contestan varios campanarios albayzineros que se contrapuntan espléndidamente. Unas campanas vuelan como locas derramando pasión bronceada hasta fundirse a veces con el sonido del aire en un hipar anhelante... Otras viriles fugan sus sonidos con las lejanías... y una más reposada y devotamente, llena de unción sacerdotal llama a rezar muy despacio, con aire cansado, con la filosofía de la resignación... Las otras campanas que volaban locas de apasionada alegría se callan de repente... pero la campana reposada sigue con aire de reproche... ella es la vieja que reza... y riñe a las jóvenes por sus anhelos que nunca tendrán realidad..... Seguramente aquellas campanas que habían sonado como locas de entusiasmo hasta morirse de sonido, las habían echado a volar, o los acólitos traviesos de las parroquias... o las novicias juguetonas y asustadizas de algún convento, que tienen ansia de reír, de cantar..... y es casi cierto que esta campana que llama a rezar quejumbrosamente la tañe algún viejo sacristán lleno de manchas de cera... o alguna monja que la muerte olvidó, que espera en el convento la herida de la guadañadora..... Hay silencios magníficos en que canta el paisaje..... Después claman otra vez las campanas de la Catedral, las otras glosan lo que dijo la maestra... y como final de sinfonía hay un gracioso e infantil ritornello de esquilín... que después de su melodía agudísima se va apagando poco a poco en un morendo delicado, como no queriendo terminar... hasta que acaba en una nota rozada que apenas se oye. ¡Son magníficas, son maravillosas, son espléndidas y múltiples las sinfonías de campanas en Granada!

La noche tiene brillantez mágica de sonidos desde este torreón. Si hay luna, es un mareo vago de sensualidad abismática lo que invade los acordes. Si no hay luna... es una melodía fantástica y única lo que canta el río..... pero la modulación original y sentida en que el color revela las expresiones musicales más perdidas y esfumadas, es el crepúsculo... Ya se ha estado preparando el ambiente desde que la tarde media. Las sombras han ido cubriendo la hoguera alhambrina... La vega está aplanada y silenciosa. El sol se oculta y del monte nacen cascadas infinitas de colores musicales que se preci├ ateiciopeladamente sobre la ciudad y la sierra... y ᵕ funde el color musical con las ondas sonoras...... Todo suena a melodía, a tristeza antigua, a llanto.

Resbala una pena dolorosa e irremediable sobre el caserío albayzinero y sobre los soberbios declives rojos y verdes de la Alhambra y Generalife...... y va cambiando sin cesar el color y con el color cambia el sonido...... Hay sonidos rosa, sonidos rojos, sonidos amarillos y sonidos imposibles de sonido y color...... Después hay un gran acorde azul... y empieza la sinfonía nocturna de las campanas. Es distinta de la [de la] mañana. El apasionamiento tiene gran tristeza...... Casi todas, suenan cansadas, llamando al rosario...... Canta muy fuerte el río. Las luces parpadeantes de las callejas albaycineras, ponen temblores dorados en las negruras de los cipreses...... Lanza la Vela su histórica canción...... En las torres, se ven lucecillas miedosas que alumbran a los campaneros. . . . . . .

Silba el tren a lo lejos.

V

PUESTAS DE SOL
VERANO

Cuando el sol se oculta tras las sierras de bruma y rosa, y hay en el ambiente una colosal sinfonía de religioso recogimiento, Granada se baña de oro y de tules rosa y morados.

La vega, ya con los trigos marchitos, se duerme en un sopor amarillento y plateado, mientras los cielos de las lejanías tienen hogueras de púrpura apasionada y ocre dulzón.

Por encima del suelo hay ráfagas de brumas indecisas como aire saturado de humo o brumas fuertes como enormes púas de plata maciza. Los caseríos están envueltos en calor y polvo de paja y la ciudad se ahoga entre acordes de verdor lujurioso y humos sucios.

...s color violeta y azul fuerte por su falda, y
...blanca por los picachos. Aún quedan man...
...que resisten briosas al fuego del sol.
...tán casi secos y el agua de las acequias va
...omo si arrastrara un alma enormemente
romántica cansada por el placer doloroso de la tarde.

En el cielo que hay sobre la sierra, un cielo azul tími-
do, asoma el beso hierático de la luna.

En los árboles y en las viñas aún queda un resol
extraño..... y poco a poco los montes azules, ceniza, y
verde sobre rosa, se enfrían y todo va tomando el color
hipnótico de la luna.

Cuando ya casi no hay luz, adquiere la ciudad un
matiz negro y parece dibujada sobre un mismo plano,
las ranas empiezan sus raras fermatas, y todos los árboles parecen cipreses..... Luego la luna besa a todas las
cosas, cubre de suavidad los encajes de las ramas, hace
luz al agua, borra lo odioso, agranda las distancias y
convierte los fondos de la vega en un mar..... Después
un lucero de una ternura infinita, el viento en los árboles, y un canto de aguas perenne y adormecedor.

La noche muestra todos sus encantos con la luna.
Sobre el lago azul brumoso de la vega ladran los perros
de las huertas.....

INVIERNO

Está la vega aplanada. Estos días tristes de invierno la
convierten en campo de ensueño.

Las lejanías veladas por la niebla son plomo y violeta, y las alamedas marchitas son grandes rayas negras. El
cielo es blanco y suave con ligeros toques negros, la luz
azulada, vaga, delicadísima. Los caseríos brillan y se
esfuman en la vaguedad del humo. El sonido es apagado y de nieve.

Los primeros términos del paisaje se acusan con
fuerza. Muchos olivos plata y verde, grandes álamos llo-

154

rosos y lánguidos, y cipreses negros que se agitan dulcemente. Saliendo de la ciudad hay unos pinos con las cabezas inclinadas.

Todos los colores son pálidos y graves. El verde obscuro y el rojizo son los que dominan de cerca... pero a medida que se van extendiendo por la llanura, la niebla los apaga y los borra... hasta que en los fondos son indefinidos y somnolientos. Los ríos parecen cortes inmensos hechos en la tierra para que se viera el cielo que hay debajo.

El sol al ocultarse se asomó entre las nubes... y la vega fue como una inmensa flor que abriera de pronto su gran corola mostrándonos toda la maravilla de sus colores. Hubo una conmoción enorme en el paisaje. La vega palpitó espléndida. Todas [las] cosas se movieron. Algunos colores se extendieron fuertes y briosos.

En un monte cercano hay rasgaduras de azulín intenso... La nieve de la sierra se adivina entre las gasas de la niebla. . . . .

Las nubes se montan unas encima de otras, se muerden furiosas tornándose negras... y la lluvia empieza a caer fuerte y sonora. En la ciudad hay un sonido metálico con ondulaciones secas, lo produce el agua al chocar con los tubos y canales de latón... En la vega es un ruido blando y muelle de agua que cae sobre agua y hierbas... La lluvia tiene al caer en los charcos acordes suavísimos y fuertes, al caer sobre las hierbas, desfallecimientos de sonidos.

A lo lejos algún trueno apagado suena como un monstruoso timbal. . . . .

Los pueblos están encogidos y helados de frío... los caminos están tapizados por grandes manchas de plata... Arrecia la lluvia amenazadora... La luz se hace obscura y la vaguedad se acentúa. . . . .

Una obscuridad y sopor llenan la vega...

Una línea fascinadora de luz blanca triunfa en el horizonte. . . . . Después, un manto de terciopelo negro bordado de granates cubre la llanura. . . . .

155

JARDINES*

A Paquito Soriano. Espíritu
exótico y admirable.

Son muy vagos los recuerdos de los jardines..... Al
pasar sus umbrías la melancolía nos invade..... Todas las
melancolías tienen esencia de jardín..... La hora del crepúsculo, hace palpitar a los jardines con temblores de
matices tenues que tienen toda la gama del color triste..... Tras las mañanas obscuras de la yedra, revive el
espíritu de la mujer que nos persigue... y entre la plata
melosa de la fuente y la intranquilidad constante de las
hojas pone nuestra fantasía las visiones espirituales de
nuestro mundo interior que hace brotar la maga sugestión del ambiente. Parece que los jardines se hicieron
para servir de relicario a todas las escenas románticas
que pasaran por la tierra. Un jardín es algo superior, es
un cúmulo de almas, silencios y colores, que esperan a
los corazones místicos para hacerlos llorar. Un jardín es
una copa inmensa de mil esencias religiosas. Un jardín
es algo que abraza amoroso y un ánfora tranquila de
melancolías. Un jardín es un sagrario de pasiones, y una

---

* Véase los textos *El mundo (El jardín)* y «En el jardín todo era
quietud...» en el Apéndice II [núm. 12. Mv] y [núm. 13. Ni].

grandiosa catedral para bellísimos pecados. En ellos se esconden la mansedumbre, el amor, y la vaguedad del *no saber qué hacer*. . . . .

Cuando adquieren las alfombras húmedas del musgo, y por sus calles no avanzan sombras de vida, los habitan las sabias serpientes bailarinas de las danzas orientales que andan voluptuosas por los macizos abandonados. ¡Cuándo pasa el Otoño sobre ellos tienen un gran llanto desconocido!... ¡Jardines de tísicos que se morían de lejanías brumosas en los poemas de antiguos poetas fracasados!... Los otros jardines, los del amor galante, llenos de estatuas mórbidas, de espumas, de cisnes, de flores azules, de lujurias escondidas, de estanques con lotos rosa y verde, de cigüeñas perezosas y de visiones desnudas, encierran toda una vida de pasión y abandono al destino... ¡Jardines para el olvido, y para las almas sensuales!... y los que son un bloque verde con secretos negruzcos en donde las arañas tendieron sus palacios de ilusión... con una fuente rota que se desangra lentamente por la seda podrida de las algas..... ¡Jardines para idilios de monjas enclaustradas con algún estudiante o chalán caminero! ¡Jardines para el recuerdo doloroso de algún amor desvanecido!

Todas las figuras espirituales que pasan por el jardín solitario, lo hacen pausadamente como si celebraran algún rito divino sin darse cuenta..... y si lo cruzan en el crepúsculo o en la luna, se funden con su alma. Las grandes meditaciones, las que dieron algo de bien y verdad, pasaron por el jardín. Las grandes figuras románticas eran jardín..... La música es un jardín al plenilunio. Las vidas espirituales son efluvios de jardín. ¡El sueño! ¿Qué es sino nuestro jardín?. . . . .

En la vida que arrastramos de atareamiento y preocupaciones extrañas, pocos son los que se espantan de pena y delicadeza ante un jardín... y los pocos que nacieron para el jardín son arrastrados por el huracán de la multitud. Van pasando los románticos que suspiran por la elegancia infinita de los cisnes... En los crepúsculos están solos los jardines. El sudario gris y rosado de la tarde los cubre, y contados son los que escuchan su canción.

I
JARDÍN CONVENTUAL

Está mudo y silencioso. Todos los colores son tímidos y castos. Entre las malezas descuidadas nacen margaritas menudas y flores silvestres... En las veredas que ha mucho tiempo nadie cruzó, las arañas tendieron sus hilos plateados... Algunas veces se levanta el suelo cubierto de manchas verdes, de musgos, y humedades semejando el lomo de algún gigante reptil... La fuente está rota y seca. En una esquina, entre hierbas obscuras y girasoles marchitos, mana el agua pausadamente, escurriéndose por el yerbazal hasta perderse al pie de los árboles. Este jardín retrata la gran tristeza del convento.

Por las galerías achatadas y pobres pasan las monjas con sus pardos sayales..... Sólo hay un rosal en todo el recinto que cuida una novicia que todavía no ha tenido tiempo de entristecerse... Está en una recacha del claustro, junto a un laurel. Sus rosas adornan la virgen ingenua durante el mes de Mayo.

Hace tanto frío en el jardín que todo se seca.....

Tiene calmas hermosas y eternas al ruido de los rezos gangosos y aflautados y al sonar del maravilloso órgano... El convento no tiene campanas... Es siempre otoño en este jardín. Las alegrías vibrantes de la primavera, y la fastuosidad brillante del verano, no entran en él.

La umbría fuerte que le anima y el cielo de piedra que le abruma, hacen que el jardín esté siempre en la tristeza amarga del otoño. Si hay un color es un verde apagado y raquítico, si hay flores son amarillas o ligeramente azules... No hay ventanas en el claustro... El jardín ve todas las procesiones de las religiosas. No hay

159

tampoco ciprés. Las ramas del laurel penetran retorciéndose, por una ventana. Entre la hierba y cerca de donde
mana el agua, se pudre la cándida escultura de un santo
padre de la Iglesia, que las monjas arrumbaron por
inservible. Dominando al jardín surge en los aires la
monstruosa torre de la Catedral de la ciudad, que guarda y mira al convento. Unas enredaderas fuertes están
bordando caprichosamente en las paredes del patio...
Por la fría desnudez de los claustros pasa una monja
sonando una campanilla. . . . .

II
HUERTOS DE LAS IGLESIAS RUINOSAS

A la salida de las sacristías húmedas donde hay altares derrumbados, cómodas negras, y espejos borrosos
están los huertos humildes y desaliñados.

Casi siempre son cementerios antiguos cubiertos de
hierba, en los cuales algún ama de cura plantó rosales y
enredaderas. Son húmedos a pesar de tener sol. En los
rincones viven reptiles. Por un ventanal roto de la iglesia, llega el vaho religioso del incienso. Nadie los cuida,
y si los cuidara, la maldición antigua los llenaría de ortigas, de cicuta, de hongos, y de otras plantas veneno-
sas..... Todos ellos son grandes, con las paredes de piedras obscuras, por las que trepan rosales de té, madreselvas y enredaderas de yedra..... Tienen bancos de
capiteles medio enterrados, y sombrajes de arcos cubiertos de espigas y amapolas.

Una fuente rota medio enterrada en las yerbas canta
alguna vez, cuando hay exceso de agua en la ciudad.
Están llenos de higueras, de manzanilla, de hinojos, de
dompedros.

En algunos hay lápidas funerales con nombres borrados arrinconadas en algún sitio maloliente; en otros hay
palomas de toca que cuidan los hijos del sacristán, y perros encadenados que quieren morder; en los más hay

160

charcos de humedad y tapiales con guirnaldas de boca de león.

En los laureles hay hilos de plata casi invisibles, chorreones de agua incrustada... y en las esquinas que nadie pisó, hay rosales blancos a medio secar.

En estos lugares de abatimiento, suele haber entre las tramas verdes de enredaderas, portadas antiguas, hoy tapiadas, que tienen en hornacinas deshechas, santos carcomidos que llevan sudarios de musgo, penachos de yerbas, y que bendicen rígidamente con una mano crispada.

Algunos de estos huertos perdieron su carácter grave al cubrir sus paredes con enredaderas..... pero en otros que están completamente desnudos..... se ven dibujadas en las paredes las arquerías de los nichos, y alguna cruz de hierro enmohecida por los años, que se retrepa lánguidamente en las yerbas de los suelos.

Otros, de las iglesias de los arrabales, se abren a los campos vibrantes de color..... En muchos, las yedras y los rosales se asoman ansiosos por las tapias, y caen después dulcemente..... Entre las piedras se abrazan los beleños, las rudas, las adormideras, los lirios, las espigas del diablo.....

Algunas veces la tierra eleva su desnudez de flores, para sostener una piedra con dibujos raros, quizá algún trozo de friso desaparecido, que se derrite plácidamente al sol..... y así todos..... Raros serán los que tengan rosas frescas y lozanas, y fuentes limpias con peces de colores.

III

JARDÍN ROMÁNTICO

Se están perdiendo los jardines españoles. El parque inglés recortado y simétrico los suple... Sólo de vez en cuando, al pasear por un camino desierto que conduce a sitios humildes nos encontramos uno de estos jardines desiertos y umbrosos.

161

Toda el alma romántica y galante del siglo dieciocho está latente por las avenidas. El jardín quiere a la dama pálida y al caballero poeta. Jardines crepúsculos de aquella edad sentimental y dramática. Jardines nebulosos que tanto hacen sufrir a ese gran poeta de niebla que se llama Juan Ramón Jiménez....................

Estaba solo el jardín. Entre las olas verdes de los arrayanes descuidados, levantaban sus varas florecidas las malvarrosas rosas y blancas. En el centro del jardín se alzaba la cúpula verde de la glorieta cubierta con un rosal de té. En su interior una mesa de piedra negra está llena de hojas secas. Los bancos están hundidos en el suelo mojado, y una cascada de yedras quiere taparlos... Más allá y sobre su pedestal deshecho una estatua borrosa de Cupido lanza eternamente su flecha fatal, de la cual penden enredaderas y telarañas..... En las esquinas del jardín están las fuentes. Son pequeñas y elegantes, con las tazas verdinegras por las que chorrean las algas como cabelleras de medusas ahogadas en el agua verde y podrida... Casi no se ven entre los arrayanes, que al no ser cuidados tomaron bríos salvajes... No suena nunca el agua en el jardín... sólo en las noches las acequias de los campos cantan a lo lejos. No tiene pájaros el jardín, sólo algún búho legendario se ríe cuando no hay luna, sobre un limonero entre sombras.

En un rincón, junto a una fuente, se deshace una estatua de Apolo, que aterida de frío se tapa entre los rosales.....

Hay un verdadero bosque de cipreses. Diríase a lo lejos que era aquello un cementerio viejo... Entre los macizos, entre las retamas de las gallumbas, en las avenidas cortas y tristes, los cipreses elevan sus tragedias melódicas..... Hasta la lírica leyenda del ruiseñor perdió el jardín. ¡Hace tanto frío y hay tanta tristeza en el ambiente!.... Luego la casa, porque el jardín tiene una casona al lado. ¡Qué pena tan intensa la fachada sin los cristales en los balcones para que el poeta los pueda cantar en los crepúsculos, cuando son espejos de rosas y granas!.... ¡Qué amargura la casona deshabitada con un jardín raro sobre el tejado!

En una esquina de la casa está el balcón de siempre, el balcón que hace años no se abrió, el balcón que todavía lloran los poetas que han dado en llamar cursis... No se siente ya el clave. Es otra luna la que ilumina el jardín.

Nota el poeta un derrumbamiento interior. No hay manos blancas sobre el teclado, ni palomas que se posen en los hombros de la eterna *ella*, ni escalas pendiendo del balcón, ni tempestades de amor en el jardín.....

El poeta pasa sus manos por la cabeza y ve que ha perdido la melena, extiende los brazos entristecido y observa que lleva puños de charol.

El ensueño del jardín se está borrando. Se caen de viejos los eucaliptos, las divinas mimbres lloronas se han secado... sólo los cipreses que son románticos testarudos guardan [la] virginidad antigua del jardín. En los tapiales se abren grandes rejas voladas que dan al camino. Las flores silvestres se mezclan entre los floripones distinguidos y aristocráticos.

Pronto desaparecerá el jardín. Hay que borrar las obras de los otros siglos..... Es triste... Pero la fiesta galante cesó. Las carrozas frías de la muerte se llevaron a los caballeros y a las damas antiguas al otro reinado... el estanque se cegó y los cisnes se los comieron fritos un día de hambre los sucesores de aquellas familias maravillosas. Son otros cisnes los de hoy..... La barca de plata que surcaba el lago fantástico se hundió llevando a bordo una fiesta blanca de enamorados tímidos. Los pastores se convirtieron en bestias salvajes. La marquesa Eulalia cesó de reír. ¡Es irremediable! Primero desaparecieron las ninfas. Luego desaparecieron las marquesas y los abates, ahora quizá morirán los poetas. . . . .

Las columnatas se deshicieron como se deshacen las glorietas y las estatuas junto a los rosales..... La historia de la doncella raptada, que después se mete a monja en las Claras, se perdió para siempre. . . . .

En una avenida del jardín y entre aperos de labranza, juegan unos niñitos preciosos, harapientos, haciendo pedazos un librote enorme que tiene pintados caballeros y señoras dieciochescos... una parodia del martirio de San Bartolomé Huguesco..... más allá la madre cansada y deshecha por el hambre, remendaba la ropa sentada al sol. Había silencio en el jardín................

Por la puerta principal entraron dos jóvenes. Uno de ellos comenzó a gritar entusiasmado. ¡Aquello era hermoso!... Él se sentaría allí a soñar un rato..... pero el otro joven que llevaba en la mano un odioso libro de estadística, exclamó extrañado: «¡Pero, quieres no ser tonto! ¡No comprendes que este sitio es muy antihigiénico!..... Vámonos»... y se fueron..... No tiene remedio, la fiesta pasó ya por aquí y no volverá más..... Se murió el madrigal cuando nació el ferrocarril. Los suspiros amorosos por alguna estrofa apasionada, los lemas galantes en las botonaduras, las serenatas de laúd, se fueron con su siglo..... Las sedas, los encajes, los jarrones, los camafeos, se hundieron para siempre. Sólo nos quedó vivo de la época el jardín... que es el cementerio de todo aquello... guardado por cipreses... con fuentes que aún conservan agua de la época, con estatuas que se están borrando por no contemplarnos... con casas que tienen balcones cerrados....................

Pasó otro romántico por la ventana y se quedó mudo de admiración. Entornó los ojos como ensoñando sobre el jardín..... pero en seguida se fue. Tenía que ir a la oficina..... Los niños de la avenida seguían en su obra destructora... y su madre cantaba amablemente...... «¿Es de ustedes este jardín?»... y ellos respondieron: «No señor, es de la señora marquesa... pero como es tan buena nos lo ha dado para que plantemos una huerta.» «¡Qué infamia! ¡Qué lástima de jardín!»... exclamé yo... «¡Cómo se ve —me dijo la madre— que usted está bien comido! ¡Si viera usted lo poco que ganamos!... ya así, convirtiendo este jardín en huerta, venderemos lechugas y coles en la ciudad, y podrán comer algo más mis hijos»..... Los

niños, escuálidos, seguían su tarea..... la madre suspiró: «¡Qué ganas tengo que no se estile comer!»...«¿Sabe usted lo que le digo? —hablé yo— que está muy bien desaparecido el jardín». . . . .
Es irremediable, la fiesta paró... Verlaine llora y Eduardo Dubus está sonando su violín negro..... Pronto el arado estará en las maravillas umbrosas del jardín..... Es irremediable.

IV

JARDÍN MUERTO

Cae lluviosa la mañana sobre el jardín... Al final de una cuesta fangosa y junto a una cruz verde y negra por la humedad, está la puerta de madera carcomida, que da entrada al recinto abandonado. Más allá hay un puente de piedra gris, y en la distancia brumosa una montaña nevada. En el fondo del valle y entre peñas, corre el río manso tarareando su vieja canción.

En una covacha que hay junto a la puerta, dos viejos con capas rotas se calientan a la lumbre de unos tizones mal encendidos..... El interior del recinto es angustioso y desolado. La lluvia acentúa más esta impresión. Se resbala con facilidad. En el suelo hay grandes troncos muertos... Las paredes altas y amarillentas están cruzadas de grietas enormes, por las que salen las lagartijas, que pasean formando con sus cuerpos arabescos indescifrables. En el fondo hay un resto de claustro con yedra y flores secas, con las columnas inclinadas. En las rendijas de las piedras desmoronadas hay flores amarillas llenas de gotas de lluvia; en los suelos hay charcos de humedad entre las hierbas. . . . .

No quedan más que las altas paredes donde hubo claustros soberbios que vieron procesiones con custodias de oro entre la magnífica seriedad de los tapices.....

Una columna se derrumbó sobre la fuente, y al celebrar sus bodas de piedra el musgo amoroso los cubrió con sus finos mantos. Por los huecos de un capitel yacente asoman hierbas menudas de verde luminoso.

Las plantas se abrazan unas con otras, la yedra cubre a las viejas columnas que aún se tienen en pie, el agua que rebosa de la fuente, lame al suelo de piedra que hay a su alrededor y después se entrega a la tierra que se la bebe con asco... La restante se pierde por un agujero negro que se la bebe con avidez.

Hay cortinas recias de telarañas, los helechos cubren los bancos de piedra..... Se oye un continuo gotear... es el agua que llora las tristezas del muerto jardín. Nada hay nuevo en el recinto... hasta el agua es siempre la misma... penetra por el suelo y vuelve a salir por el mascarón de la fuente.

No se puede andar porque las plantas trepadoras se enredan en los pies... parece como si el genio oculto del jardín, quisiera retener algo vivo entre tanta desolación y muerte... Detrás del resto de claustro hay un panteón. Han desaparecido los sepulcros... sólo entre penumbra y telarañas unas letras borrosas hablan una inscripción en latín... No se distinguen más que dos palabras, una que dice *Requiescit* y otra *Mortuos*.....

La lluvia arrecia y cae sobre el jardín produciendo ruido sordo y apagado..... Unas hojas grandes se estremecen suavemente y entre ellas asoma su cabeza aplastada un gran lagarto... que sale corriendo a esconderse entre unas piedras. Deja el rabo fuera y después se introduce del todo... Las hierbas que el peso del lagarto inclinó, vuelven perezosamente a ocupar su primitiva posición... Con el aire todas las flores amarillas tiemblan y se sacuden del agua que tienen entre sus pétalos... Hay caracoles pegados en los muros... El tiempo fue despiadado con este jardín; secó sus rosales y cinamomos y en cambio dio vida a plantas traidoras y malolientes. . . . .

No cesa la lluvia de caer.

JARDINES DE LAS ESTACIONES

Son raros y pobres. Tienen acacias y están cercados de empalizadas negras... Quieren ser estos jardines sitios de reposo agradable y de quietud... ¡pero cuántas miradas inquietas y nerviosas se posaron sobre ellos!... Siempre el jardín ha sido un lugar de melancolía reposada. El eterno silencio de los jardines que cantan los poetas... pero un jardín de estación es un estío de inquietud. Pasan muy rápidos por nuestros ojos y nosotros siquiera los miramos... Cuando se viaja se tiene puesta la imaginación en un sitio muy lejos y no nos llaman la atención. Todas las plantas están mustias. Los bojes recortan los macizos, de donde salen enredaderas de campanillas que trepan por la pared... El verde general del jardín tiene un marcado matiz negruzco... El humo fue dando sus tonalidades sombrías a los ramajes. En algunos hay un parral raquítico sostenido por alambres.

Al lado está la cantina. Todos los restos alcohólicos de ella se vuelcan en el jardín. Estas flores están regadas con vino maloliente.

Pasan los trenes rápidos y el jardín que sueña con una soledad de sonidos agradables oye los silbatos potentes de las locomotoras, el resoplar solemne del vapor y el chirriar de cadenas y ruedas. Estas flores y estas acacias, no están en el ambiente que sueña su forma.

El jardín ve pasar muchos ojos parados y soñadores que lo contemplan inconscientemente. Se mueven las plantas dulcemente con las ráfagas fuertes de las locomotoras.

Por las noches unos faroles de luz amarillenta perdida, los alumbran fúnebremente.

Uno de estos jardinillos humildes y encarbonados tenía un rosal de té. Era casi un milagro de elegancia floral aquella planta en medio de la desolación que la rodeaba... pero las rosas delicadísimas al abrir la maravilla topacio de su color, el carbón y los humos las envolvían, poniéndoles negros disfraces.

Sin embargo, se notaba que aquello era un rosal de té..... pero un día al pasar por la estación, estaba el rosal transformado. Unas manchas negras horribles, cubrían las flores delicadas y olorosas..... era que la cantinera había volcado sobre el rosal los restos de haber hecho café..... Una niña me preguntó sorprendida: «¿Qué flores son aquéllas?».... y yo le contesté tristemente: «¡Rosas! hija mía, ¡rosas!»..... Después el tren se puso en marcha.

TEMAS*

Muchas veces al caminar por estos sitios de leyendas lejanas observamos parajes solitarios donde nuestra alma quisiera reposar siempre..... Tienen el encanto de que pasamos corriendo por sus formas y no nos damos cuenta de sus misterios. ¡Hay estados sentimentales tan raros! Al encontrarnos en un paraje agradable quisiéramos estar en él toda la vida recreándonos en su belleza... pero nos marchamos sin que ni nosotros mismos sepamos por qué..... Al viajar van desfilando una serie interminable de cuadros naturales, de tipos, de colores, de sonidos, y nuestro espíritu quisiera abarcarlo todo y quedarse con todo retratado en el alma para siempre, pero somos muy pequeños y sin querer olvidarnos. Antes de contemplar una maravilla ya teníamos de ella noticias y fantaseamos su forma soñándola, soñándola hasta hacerla un imposible... por eso nos vemos defraudados casi siempre al contemplar un monumento del

---

* En el proceso de antologización del libro Lorca incluyó algunos textos en esta parte, otros los descartó, por ejemplo los que cito *infra* en la nota del capítulo *Un hospicio de Galicia* o no los reelaboró para su inclusión, véanse: *Meditación*, «Capilla de Doña Urraca», «San Juan» y *Alegoría. La primavera llega* en el Apéndice II [núm. 16. Ni], [número 17. Ni], [núm. 18. Ni] y [núm. 22. Ni]. También véanse las cartas *Medina del Campo, 20 de octubre de 1916* y *Burgos, 19 de julio de 1917* en el Apéndice I [ep. núm. 2] y [ep. núm. 8].

que habíamos oído hablar. Pasamos a través de los campos, a través de las ciudades sin habernos detenido casi nada y nuestros ojos siempre abiertos pretenden retratar todo, y sentirlo todo, pero nos viene el sueño y el cansancio y el hastío.

Luego, cuando hemos reposado, todas las impresiones se van revelando, unas con todo el esplendor que tenían, otras vagamente, confusamente, algo en que los recuerdos tienen tintas de crepúsculo ya casi muerto, una neblina azulada sobre las cosas que vimos..... Luego unas impresiones borran a las otras y forman una confusión de la que sobresale algo que nos hizo mucha mella... una cara de mujer... una torre con sol... el mar.....

RUINAS

*A Fernando Vílchez, artista
todo bondad y simpatía.*

El viajero se detiene emocionado ante las ruinas.

Contempla las antiguas visiones de fortalezas deshechas y siente un cansancio abrumador. Sobre los arcos rotos, en las puertas que entran a recintos alfombrados con ortigas y capiteles yacentes, en las altas paredes solitarias, la esencia de mil colores tristes se esparció entre los mantos reales de las yedras.

La visión decorativa de una ruina es magnífica... La luz entra por los techos derrumbados, y no tiene donde reflejarse..... sólo en las covachas de una galería abierta a los campos, o en un claustro, penetra modulando tonalidades sombrías.

El contraste de los colores verdes, y los dorados bajo la caricia dulce de la luz, forma una gama admirable de apagamiento y amargura.

Otro de los encantos de las ruinas son los ecos.

Los ecos perdidos en los campos anidaron en las esquinas desmoronadas, en las bodegas llenas de plantas salvajes.

En las ruinas de las llanuras hay ecos hasta en los sitios más escondidos. En la amplia soledad de las llanuras no tienen estos geniecillos parajes donde reposar, y cuando el vetusto edificio se derrumbó, ellos penetraron en sus muertas estancias para hacer burla de todo sonido, repetir la risa, y grito desconsolado, multiplicar las pisadas, y confundir las conversaciones en un mareo de palabras.

Las ruinas se van hundiendo lentamente en el terreno hasta que quedan sepultadas del todo, las figuras invisibles que las habitaron se marchan, y los ecos vuelven a danzar otra vez por las llanuras para dormirse en espera de despertar. Se hunde el escenario y se acaba la leyenda. Los pájaros vuelan a otro sitio más agradable, los reptiles huyen a otras madrigueras más ocultas, y al hundirse la ruina en la tierra acabó la tragedia histórica. . . . .

Antes que el prestigio romántico, decorativo y artístico, tienen las ruinas el prestigio miedoso.

Huyeron los frailes, o los señores que habitaban los castillos, pero en el tiempo una noche, un campesino rezagado que volvía tarde al poblado, ve entre las malezas una gran figura blanca, con dos ojos verdosos que miraban pausadamente, después oye gritos de tortura infinita en los sótanos del castillo y arrastrar de cadenas por las naves deshabitadas... Huye el campesino, cuenta lo que ha visto y todo el pueblo se revoluciona... ¡Hay fantasmas en las ruinas!... Ya nadie va a visitarlas y adquieren brillo sombrío... Una vieja del pueblo, una noche de tormenta, al calor de la lumbre y después de ordenar a los niños que se marchen, cuenta a los vecinos una historia pasada que a ella le contó su bisabuela. Una historia de amor y de duendes que pasó cuando estaba habitada la ruina..... Aquella fantasma blanca que se había aparecido, sería la señora que se metió a monja después de matar a su marido... y todos se santiguan..... Luego otra noche otro vecino vio con la luz tibia de la luna, al fantasma que bogaba en el río..... Después hubo tormenta. . . . .

Todas las ruinas tienen una historia miedosa. Unas se conocen, otras ya las han olvidado.

La ruina evoca baladas miedosas de almas en pena.

Toda la literatura romántica puso sus figuras fan..
cas en las ruinas... porque el alma de la ruina es eso: u...
fantasma blanco muy grande, muy grande, que llora por
las noches desmoronando piedras y oculto entre las
yedras, al son meloso del agua que pasa por las acequias.

FRESDELVAL*

El paisaje es tranquilo y reposado. Montes con encinas. Ambiente rojo y gris. Serpientes verdes de carreteras
que trepan los montes lejanos, y amplitud de soledad.

Recostado en un declive del monte y cercado con la
negra verdura de los olmos se asienta el monasterio
derruido. Tiene en sus alrededores declives suavísimos
de yerbas marchitas y promontorios que son casi colinas, desde donde se divisa la esplenditud bronceada del
panorama.

Los primeros montes son ásperos y rojos; las lejanías
son manchas de alamedas entre neblinas opacas.....
Entre los olmos serenos asoman las ventanas ciegas del
convento antiguo. Tiene una esplendidez legendaria
religiosa. Es de abolengo aristocrático de reyes y príncipes. Una figura principal de la leyenda es un cautivo
moro converso al cristianismo... pero el ambiente de las
leyendas desapareció de estos lugares. Hay arcos ele-
gantísimos que aún se tienen en pie soportando las gre-
ñas verdes de las yedras. Hay medallones sin cabeza.
Hay rosetones góticos que dejan pasar la luz suavemente. Yerbas y flores salvajes cubren la ruina. . . . . En el
claustro gótico se extiende una gran humedad verde y
gris..... Hay un rincón de abolengo castellano que pudiera servir de fondo a una figura de capote y ojos marchitos..... es un resto de claustro renacimiento de una

---

* Véase el texto *Fres-del-val* en el Apéndice II [núm. 14. Pv].

. Columnas fuertes, arcos chatos, y un gran
do es negro, y el suelo de yerbas, delante
o abandonado y unos pesebres de madera
s allá una puerta desvencijada con un esqui-
, s y saúcos..... Muy cerca, una columna rota se
mira en un estanque..... Todo está quieto en la tarde.
Hay castidades hondas en el paisaje.

UN PUEBLO

En el silencio de la tarde al pasar por el pueblo castellano, el sol ponía sus notas doradas en la torre lánguida
de la iglesia y en las casitas humildes. Unos viejos están
sentados junto a la portada. Son como figuras de piedra
que estuvieran en una ceremonia de gran religiosidad.
Alguna vez uno mueve una mano. Las puertas están cerradas..... Nacen unas colmenas entre flores..... Una
mujeruca da de comer a un lechón. Por las tapias de los
corralones asoman largos palos abandonados. Son las
lanzas que esperan. A la salida del pueblo hay toros
bebiendo en un remanso, donde está el agua casi podrida..... De los fondos empiezan a salir las nieblas rojas
del atardecer.

UNA CIUDAD QUE PASA

Cielo azul. Tranquilidad solar. Por las encías de las
murallas pasan ovejas blanquísimas dejando nubes de
plata vaporosa. La ciudad deja sonar sus trompas de suavidad metálica como miel infinita.

Hierro..... Estallidos de solemnidad. A lo largo y entre los humos del caserío se dibujan los triunfos románticos de las iglesias señoriales, severas, distinguidas, un
poco chatas, con sus campanas paradas, con sus veletas
que son cruces, corazones, sierpes, con sus colores de
oros perdidos en verduras mohosas..... Hay ópalos ama-

rillos sobre las garras monstruosas de los montes. Hay sobre la ciudad medioeval temblores de luz..... Hay un reposo musical de las cosas..... La mañana está clara.

UN PALACIO DEL RENACIMIENTO*...

Plaza amplia y desierta... hay árboles viejos y corpulentos. En una blanca fachada un pilar carcomido y deshecho cuyos caños hace mucho tiempo no sintieron la caricia del agua... El suelo está cubierto de yerbas. En una esquina hay una hornacina vacía..... En el fondo de la plaza está el palacio.

Es una rara impresión encontrarse esta magnificencia aristocrática junto a las casucas pobres de este rincón muerto..... El palacio es hermosamente dorado... Tiene balcones amplios y señoriales, con serpientes enroscadas en sus columnas, medusas espantadas y tritones fantásticos.

En los frisos hay comitivas de locura llenas de gracia y movimiento, pero que se pierden entre la piedra a medida que pasa el tiempo.

En estas cabalgatas hombres musculosos van desnudos, apretando guirnaldas de rosas que cubren sus sexos, y las mujeres llevan las bocas abiertas lujuriosamente y sus brazos son serpientes que se retuercen para convertirse en hojas de acanto y lluvias de bolitas. Las marchas las cortan monstruos marinos con cuernos de árboles y manos de flores, que abriendo sus bocas hacen huir a las demás figuras. Algunas vuelan absurdamente y otras descansan muy serias con las manos sobre los senos. Cobija este bosque decorativo de flores y figuras un gran alero primorosamente labrado, sostenido por grandes zapatas en las que hay hombrotes des-

---

* Véase el texto *Impresiones del viaje II. Baeza: la ciudad* en el Apéndice II [núm. 10. Ap].

tartalados, perrazos enormes, caras de noble expresión, entre ramajes de rostrillos, de margaritas, de puntas de diamante, y de cabecitas de chivo..... Coronando el palacio hay una veleta que tiene forma de corazón, a su lado se eleva un ciprés.

PROCESIÓN

Y sobre el altar de los sacros martirios, en donde descansan aquéllos que fueron sangre y llamas por amor a Jesús, y sobre el arca de plata teñida de cielo por los vidrios místicos, el sacerdote vestido de luz y de grana destapó el cáliz antiguo, y haciendo una reverencia comulgó..... El órgano lloró sus notas de melancolía con Gounod. El incienso hacía gestos mimosos y en el aire se sentía una campana pausada entre un hueco arrastrar de pies... El palio, esencia de la solemnidad, y la cruz de oro con enormes esmeraldas se mecían lentamente entre la tragedia de los versos latinos, mientras el órgano seguía diciendo un poema de pasión y desfallecimiento..... La procesión descendió del ara sagrada, hubo un gran suspiro en la luz y los sacerdotes de manos blancas sostenían cirios fuertes, y caminaban al son de una melodía de un siglo lejano..... Los sochantres gritaban profundos y sentenciosos, los seises ponían sus notas agudas sobre los medios puntos, los pertigueros golpeaban el suelo con sus varas, y los incensarios dulces al atravesar el aire entrechocaban sus cadenas..... Todo esto envuelto entre una vaguedad gris de incienso y un aliento frío de humedad..... Atravesaron unas grandes verjas de bronce que se llenaron de topacios con los cirios, y abriendo una puerta tallada por manos ingenuas, salieron al claustro que estaba rebosante de colores apagados..... En las paredes había estatuas bizantinas con ojos de azabache, cartelas empolvadas que rezan alguna bula u oración pasada, sepulcros fríos con caballeros armados en mármol y damas rígidas con leones a los pies..... La comitiva penetró en el claustro al melodioso y fúnebre grito del fagot y a la rítmica ensoñación gregoriana.....

Al pasar por los sepulcros se detienen y claman graves los responsos, que resuenan por las bóvedas como un eco de terror..... Ahora se paran a rezar a un obispo yacente. Dicen todos una canción fúnebre y se callan... En ese momento el oficiante, que va el último, canta con voz lejana un versículo atroz... El incienso da claridad lechosa y vaga, la procesión vuelve a ponerse en marcha rezando en voz baja y entre el ruido de pies que se arrastran se oye el alma de la Catedral gemir alocada..... El altar solitario, rodeado de cirios grandes y de golpes de plata repujada, espera al oficiante que haga ver sus encantos espirituales..... Una virgen sentada en un trono aguarda la oración del ministro del Señor, y la hostia está en la nada hasta que se pronuncie el conjuro..... Los maceros, con peluca rubia y sayales de damasco avanzan sobre el altar, pasan las filas de sacerdotes vestidos de telas riquísimas, y por último asoma el obispo, que es el que lleva las reliquias..... Al llegar al altar las músicas se callan, el que viste de morado musita algo ininteligible. Unas campanas suenan, las gentes se arrodillan, y entre el plomo y la seda del incienso se eleva una urna de cristal y cobre, que encierra una tibia negruzca y reseca. El reloj de la ciudad da las doce y los monstruos del coro sonríen siempre con una eterna expresión.

AMANECER CASTELLANO

No han roto las nieblas de la noche. Por el horizonte se va abriendo una ráfaga de luz blanca que llena de claridad sombría a los pardos terronales. Sobre las acequias hechas espejos de verde azul, se miran los álamos quietos y fríos.

Hay una paz armoniosa en todo el paisaje. Las sierras

lejanas tienen suavidades moradas y negras, las tierras se ocultan entre las nubes bajas de la niebla, de los cielos sin color está cayendo una llovizna de rocío. . . . .

Va tomando un tinte rojo y rosado el abismo del crepúsculo..... Un pueblo deja ver su torre que mira sobre el rosa del fondo. El viento empieza a danzar en la llanura..... Silba un tren muy lejano, y entre los barbechos largos, surge un arado clavado en la tierra y abandonado.

MONASTERIO

Fuera de la ciudad está el convento. Le sirve de pórtico la tristeza de un compás. Compás éste como todos, lleno de malvarrosas, de jazmines blancos que no huelen por no pecar, de yedras aristocráticas. Lugar de meditación, de melancolía monjil. Una campana suena grave y chillona al mismo tiempo, anunciando al visitante.

De ahí se pasa al locutorio humilde como el cuarto de una muchacha pueblerina, con sus santos de barro, con sus cromos negros en que hay vírgenes con sombra de bigote a causa de las tintas viejas, y que están roídos por la polilla. Las monjas examinan al viajero con gran curiosidad, le preguntan, le aconsejan, enseñan todas las reliquias que poseen, y ríen, ríen.

Dan dulces rellenos de cabello de ángel, y cuentan una escena de la vida interior..... Los sábados por las noches se reúnen todas a la luz del único quinqué que poseen, y sentadas en el suelo sobre corchos, hilan sus vestidos en ruecas legendarias. Alguna cuenta algo y las demás escuchan santamente..... Mientras, los miedos y la leyenda cruzan los claustros y los patios despertando a los ecos y azuzando al viento para que suene su fagot en fa profundo.

CAMPOS

Es media tarde y el sol brilla con fuertes apasionamientos. Tarde de Julio llena de fortaleza y de trigos ma-
duros..... Por el amarillo rojizo de los trigales se ve correr la brisa suavemente... alguna vez brilla una guadaña... En los ribazos verdes, hay amapolas, en las colinas
con olmos hay ovejas. Hay algunos sembrados con ave-
nas de plata. En el cielo anda casi invisible la luna en
creciente..... Por un monte se recorta la figura de un viejo pastor, y al religioso ambiente el sol va dando oros
transparentes y llena de misticismo a las azuladas lejanías..... Unos bueyes con los ojos dulcemente entornados caminan majestuosos al vaivén lánguido de la carreta. El aire estaba preñado de olores de trigo y de sol.
Toda la maravilla de la tarde está en los fondos tornaso-
lados. Alguna vez se descubre a lo lejos un torreón de
piedra coronado de golondrinas que pían y pían, y pueblos sin color que surgen de pronto entre las colinas
como cosa de encantamiento.

MEDIODÍA DE AGOSTO

En el campo inmenso no se oye nada más que la chi-
charra que muere borracha de luz y de su canto.
Es mediodía. Se ve moverse el aire agitado de calor.
Detrás de la inmensa ráfaga de fuego que cubre los
campos, se distinguen las verdinegruras de las alamedas. El campo está desierto. Los labradores duermen en
sus casas. Las acequias cuchichean misteriosas unas con
otras. Las espigas de los trigales, agitadas por la brisa se
frotan entre sí produciendo sonido de plata. Un campo
de amapolas se está secando falto de agua. La gran sinfonía de la luz impide abrir los ojos.
Sonó la queda en el silencio de la paz campesina,

179

cargada de voluptuosidad..... Era una interrogación de la carne. . . . .

Las mujeres del pueblo se bañan en el río. Chillan de placer al sentir el frescor del agua lamiendo sus vientres y sus senos. Los mozos, como faunos, se esconden entre las malezas para verlas desnudas. La naturaleza tiene deseos de una cópula gigante. Las abejas zumban monótonas. Los mozos se revuelcan entre las flores y el saúco, al ver a una mozuela que sale desnuda, con los senos erguidos, y que se tuerce el pelo mientras las demás maliciosas le arrojan agua al vientre. . . . .

La codorniz canta en el trigal. . . . .

En las eras comienzan el trabajo. Hace aire. Los bieldos lanzan la paja a gran altura. El grano de oro cae en el suelo, la paja se la lleva el aire y después cae tapizando todas las cosas. Los mulos corren veloces por la era. El paisaje es borroso y sofocante, se borran los montes de los fondos entre mares de temblores blancos. Unos niños desnudos con carne de bronce se bañan en la acequia, y al salir de ella se revuelcan con placer en el polvo caliente de la carretera. Los carros llegan cabeceando llenos de espigas..... Huele a mies seca.

UNA VISITA ROMÁNTICA*

SANTA MARÍA DE LAS HUELGAS

Y el encanto marfileño se abrió y la ensoñación sentimental estaba presente; parecía una cosa así como un cuento oriental..... Allí estaban las monjas vestidas de blanco con los velos negros, las caritas sonrosadas y plácidas, rodeadas del elegantísimo turbante. Tenían por fondo una galería, y en ella un Cristo atormentado.....

---

* Véase el texto *Las monjas de las Huelgas* en el Apéndice II [número 15. Ap].

Toda una aristocracia medioeval está encerrada en los claustros antiguos y señoriales..... Huele a limpieza de blanco paño y a suave humedad.

El patio solitario lleno de hierbas, con las ventanas entornadas, tiene bajo la tarde de Julio una rumorosa tranquilidad soleada. Bajo las dulces y azuladas labores góticas del claustro entierran a las monjas..... En la sala capitular, que recuerda a la de Poblet, están los retratos de las abadesas antiguas, figuras esbeltas y aristocráticas, cuyas manos admirables de blancura y distinción sostienen los báculos, que son como inmensas flores de plata..... Por las lejanías del claustro cruzan monjas presurosas, arrastrando las largas colas. Alguna vez relucen labores orientales por las galerías.

Comenzó la visita, y al conjuro de la música monjil surgió una época brumosa de España, época de leyendas y de hechos maravillosos desconocidos, guardada con fe y amor devoto por aquellas mujeres..... surgió Alfonso VIII y San Fernando, y Doña Berenguela y Sancho el Deseado..... y princesas y niños y caballeros, todos colocados en sencillos sepulcros arrimados a las paredes, y surgieron leyendas de monjas infantas que murieron en olor a santidad..... y apareció la batalla de las Navas y la cruz que llevaba el arzobispo Don Rodrigo..... y llegamos al coro, donde está el corazón de la casa.....

Es amplio y monumental... allá en el fondo un calvario lleno de espanto cubre de piedad a las sombras..... La esfuman las lejanías de las bóvedas con sus ventanales rasgados..... En las paredes hay tapices en rosa y azul claro, que explican a los emperadores romanos. . . . .

Todo lo que dicen las monjas de los muertos que allí tienen lo pronuncian con una verdadera unción de agradecimiento. Parece que Alfonso el de las Navas es un santo para ellas..... y enseñan tristes el vacío sepulcro de Alfonso el Sabio, y se maravillan ingenuamente ante la tumba de la infanta Berenguela, que un día fatal para el convento se la encontraron sentada en una escalera del coro..... La melancólica figura de la abadesa declamaba cariñosa y consejera los milagros que les había hecho la momia de la infanta medioeval..... Pasamos por el patio románico color oro viejo con una fuente llena de arabescos de sol y flores sencillas..... y volvimos al gran coro, donde vimos vírgenes deliciosas con su candor casi monjil. . . . .

Luego, una religiosa soltó su cola para parecer un pavo real, enorme como la «Manzana de Anís» de Francis Jammes, y salí del convento cuando las campanas tocaban a la oración..... Unas vacas de leche pasaron sonando sus esquilas..... El agua de las acequias no se movía y de los trigales llegaba vaho saludable..... entonces entró en el corazón un aplanamiento devoto por la tarde.

OTRO CONVENTO   *como un cárcel*

Siempre me acerco a los conventos lleno de ilusión religiosa y de tristeza.... En estas ciudades olvidadas son ellos la nota más fuerte de olvido. Seguramente todo el problema que late en estas grandes casonas es el olvidar.....

En todos nosotros una ilusión constante es el buscar un algo espiritual o lleno de belleza para descargar nuestra alma de su dolor principal... y corremos siempre animados con el deseo de esa imposible felicidad..... Casi nunca lo conseguimos porque sólo es la forma lo que varía, la esencia es inmutable.

Las monjas en su debilidad infantil, se encerraron en el convento tapiándose el camino del olvidar..... Lo que quieren olvidar, lo convierten en presente de su alma.

Por los ámbitos de la iglesia palpita un gran fracaso sentimental..... El corazón impera sobre todas las cosas.

Las fuentes cristalinas de unos labios lejanos manan muchas veces en las imaginaciones castas de las monjas..... Al entrar en la iglesia las religiosas que rezan tranquilas, huyen como palomas asustadas por el coro para contemplarme. ¡Qué tristeza! Las tocas se ven como esfumaciones blancas y el coro achatado parece que se quiere hundir... Alguna tose..... En las paredes hay grandes cuadros que no se sabe de quién son, tienen vírgenes morenas muy hermosas con aires de Rubens, y fondos cálidos de nubes anaranjadas..... En los altares hay flores monjiles de color rabioso, y en todo el ambiente flota un sensual y religioso perfume de celindas........ Luego, pasando por unos corredores donde hay un vía crucis y urnas relucientes, se llega al locutorio..... En él son las monjas como caras sin cuerpos que hablan castamente con voces de olor intenso y diluido...........

La reja del locutorio tiene fuertes pinchos de hierro que quisieran saltar nuestros ojos..... Se nombran las monjas las unas a las otras..... La madre Amor..... la madre Corazón.................................

Sobre un vargueño hay una maceta de claveles rojos..... más allá una jaula con un canario.

CREPÚSCULO*

La luz va dejando que se abran las cosas al color admirable del momento... El campo que antes había resistido toda la fuerza sin igual del mediodía de Junio, va reposando sus matices delicados y enseñándolos melódicamente, apianadamente. Las montañas ya se ven azules por su falda, por las cimas rocosas aún están blanquecinas..... Va modulando la luz tonos con espíritu de piedra preciosa, hasta llegar a una expresión fantástica rosa y fuego, que poco a poco va tornándose en polvo amarillo de suavidades topacio. No hay más verde que las alamedas y los labios de las acequias... El sol solemne y bueno, recortado en el azul del cielo, se hun-

---

* Compárese con el texto *El crepúsculo* en el Apéndice II [número 21. Ni].

de vagamente en un terso ombligo del monstruoso vientre serrano.

Hay temblores augustos en el aire... después una dulce luz lo invade todo... Por los ribazos vienen las espigadoras cantando alegremente... Suena el ángelus tocado por las campanas cascadas y viejas de la ermita..... Empiezan a brillar las estrellas. Entre los encinares toscos pasa el crescendo acerado de un tren..... Se oyen ladrar los perros y el chocar de ruedas de las carretas que pasan a lo lejos...... La noche.................

TARDE DOMINGUERA EN UN PUEBLO GRANDE

En las primeras horas mucho silencio y quietud, una paz inefable..... sólo se oían chirriar a los pájaros sobre las acacias o alguna carreta que pasaba por la calle desierta..... Luego, cuando el sol se quería hundir en el fondo del paisaje se fueron las puertas abriendo y se asomaron a ellas muchachas con flores en las cabelleras y empolvadas graciosamente.....

Por una calleja salieron unos niños con sus trajes nuevecitos, que ellos por no estropear ni siquiera movían los brazos, por el centro de la calle iban las niñas paseando, cogiditas del brazo con los pañuelos en la mano..... En el paseo del pueblo había gran animación. Bajo los altos álamos se retenía el polvo que levantaban los paseantes... Las muchachas negruzcas, coloradotas, fresconazas, se pavoneaban ufanas de sus blusas de sedas chillonas, de sus cadenas de oro falso, de sus senos enormes y temblorosos. Los muchachos las seguían con miradas incitantes entornando los ojos y echándose los sombreros sobre las caras.

Eran las muchachas ramplonas y hermosotas, de labios frescos y sensuales, de cabelleras negras y espléndidas..... Los caños de la fuente hacían hervir al agua parada y mansa de las tazas. En los cielos comenzaban los albores divinos del crepúsculo. Sobre las nubes había suavidades de rosas transparentes..... En un esquinazo del paseo, entre rosales blancos y grandes matas de dompedros, unos novios se hablaban juntando las cabezas con ansia visible de besarse... Algunas mozuelas los miraban envidiosas de reojo..... ¡Bien merecía la tarde cargada de lujurias celestes, un beso apasionado de aquellos amantes!..... En un banco de piedra gris con brillos de espejo, una vieja apergaminada y roñosa entretenía a un bebé rubio que manoteaba ansiosamente queriendo cortar una rosa que temblaba serena entre el ramaje... Más allá un grupo de niñas se abrazaron por la cintura y cantaron desafinadamente un viejo romance de guerra y amor... Había un gran mareo de conversaciones que flotaba zumbón en el aire..... Entonces desde un viejo kiosco de maderas carcomidas la banda de música comenzó a tocar..... Eran raros y graciosos los músicos: uno de ellos no tenía uniforme, los demás lo tenían en estado lamentable..... Una habanera de zarzuela española vibró en el ambiente..... Era cursi y melancólica, y sentimental, y odiosa..... Pasan por nuestra alma muchas melodías que nos hieren la emoción con estos contrastes..... La tuba y los bombardinos llevaban el ritmo lánguido y casi oriental..... A veces había en el sonido de dichos instrumentos fracasos de aire y de técnica..... El clarinete daba horrorosamente carcajadas expresivas remontando los aires con notas estrambóticas y difíciles..... ¡Trabajaban verdaderamente los pobres músicos! Alguno sudaba fatigadísimo... Sólo el redoblante serio y grave daba de cuando en cuando un golpe seco en su instrumento... y miraba al público como muy satisfecho de lo que hacía..... El director, hombre maduro con los bigotes tiesos y de vientre abultado, dirigía muy expresivo moviendo los brazos al compás de la habanera, dirigiéndose imperativamente al del timbal cuando tenía que dar algún golpe de efecto, arqueando las cejas pobladas, y hundiendo los ojos en blanco cuando modulaba la melodía al tono menor para repetir el tema..... Cerca del maestro estaba el que tocaba la flauta, que era un hombre bajito excesivamente grueso, y de mirada viva y penetrante..... Soplaba con gran brío y abría desmesuradamente los ojos..... Hizo solo unos compases largos y arrastrados, a los que el maestro entornó los ojos con inmenso agrado y que la gente escuchó religiosamente..... Un vejete sucio y harapiento que había cerca de mí exclamó mirándome: «Ese es el mejor músico de tos... le viene por herencia, lo tiene en la masa de la sangre, ¿no se ha fijao usté?».... Me fijé en el pobre músico, y era causa de gran regocijo ver aquella bola de carne con ojos de ratón que movía con placer, y causaba gran extrañeza ver la flauta en sus manos. El instrumento galante y distinguido, ese tubo aristocrático y literario, hermano de la lira y la siringa, cuyo prestigio confirmó el siglo del encaje y del clavicordio..... estaba sostenido por unas manazas de piedra cubiertas de vello y arrugas que herían torpemente los registros. . . . . La habanera no acababa nunca..... Las niñas la cantaban con una letra en que el sol, el lirio y la palma, rubia, salían a relucir..... los muchachos la silbaban con fuerza. . . . .

Sentado en una silla y con las manos en los bolsillos, un *pollo bien* que desentonaba con el conjunto, contemplaba a la gente con gesto de idiotez y superioridad..... Algunas muchachas se reían de verlo con los pelos laminados y una trincha apretándole la cintura. . . . . Iba la tarde cayendo, paró la banda de tocar y el paseo se fue quedando desierto. . . . . Comenzó la campana de la iglesia a llamar al rosario. . . . . Tocó la banda otras cosas más, y la gente se fue retirando a sus casas..... Las veletas estaban rojas por la luz del atardecer, lo demás estaba ya en sombra. . . . . . . Empezaron a entrar en el pueblo los trabajadores, venían cansados y harapientos, andando pausadamente con las azadas al hombro y las cabezas bajas... Detrás de ellos llegaron los rebaños dulces y reposados, dejando estelas polvorientas al son de las esquilas..... y llegaron las piaras de mulas retozonas haciendo correr asustadas a las niñas, y los potrillos suaves y lanudos, que relinchaban presintiendo la cálida gratitud del establo..... Todo el aire se llenó de esquilas y cencerros broncos, de balidos y relinchos..... Por último, entraron en el pueblo los cerdos, dando feroces gruñidos y corriendo a sus casas seguidos de sus dueñas, que van detrás de ellos con un cuartillo relleno de habas o de maíz para fascinarlos y meterlos en las zahurdas. . . . . . . Otra vez quedó el pueblo en silencio. . . . . Por el paseo solitario cruzó el señor cura, que iba a los rezos de la tarde. Un niño pasó silbando con una alcuza en la mano.

Sobre unos tapiales blanquísimos con reflejo de crepúsculo muerto, se recortan los negros garabatos retorcidos de dos viejas que van devotamente a rezar el rosario... y que al fin se hunden en la boca profunda de la puerta de la iglesia..... En las casas preparan las cenas..... Por una calle que da a los campos vienen lentamente dos vacas grandes, rubias y simpáticas, arrastrando sus tetas por el camino..... Detrás dos niños las azuzan con varas. . . . . Luego se oye una guitarra y un piano viejo de la casa de un *rico* que dice a Czerny monótonamente.

IGLESIA ABANDONADA

En los arrabales de la ciudad muerta se levanta la iglesia que hace tiempo no recibió las dulces caricias del órgano y del incienso... Está ruinosa y el culto en ella es imposible... Las fiestas solemnes en que el palio se mecía entre nubes olorosas, y las casullas ricas brillaban en las sombras, se fueron de la iglesia. Hoy tan sólo la habitan unos cuantos santos desdichados y malaventurados, que dejaron allí por inservibles... En el retablo del altar mayor sólo queda una escultura de San Marcos, que tiene al toro sin cuernos..... Es la iglesia fría, y espantosa por los santos sucios y despintados con caras sarcásticas..... Es tremendo estos templos llenos de figu-

187

...ras tristes e inexpresivas, retrepadas en las paredes, con carnes acardenaladas y podridas y con bocas que tienen gestos de inferioridad. . . . .

Lo único que hay bello en la iglesia es un medallón olvidado, en que una virgen griega bendice con la mano rota, mientras enseña al niño que la mira amorosamente.

Es hermoso el medallón... Tiene el alabastro matices de oros perdidos..... Rodeando el edificio hay entre las hierbas crecidas, higueras, malvas silvestres y rosales antiguos de pitimini..... En una puerta están las guardianas de la iglesia, que son dos mujeres sucias con los ojos legañosos, que tienen aire misterioso de sibylas.

PAUSA

Bajo el árbol del romanticismo, la flor preciosa de nuestro corazón se abrirá hacia una infinita tranquilidad después de la muerte/....El silencio no puede darnos nunca las llaves del inmenso sendero... En la tonalidad desfallecida de una orquesta muriente quizá nuestro corazón aprenderá a sufrir con elegancia su calvario desconocido.

El silencio tiene su música, pero el sonido tiene la esencia de la música del silencio..... El pavoroso problema lo tiene que resolver el corazón..... Ante la espléndida visión de los campos desiertos y sonoros el alma adivina algo de su soledad. Por el camino rojo de la imaginación pasan las mujeres con las cabelleras en desorden. Nos sonríen, son nuestras en sus bocas, escanciamos nuestras almas y sonreímos con la tranquilidad inquietante del soñar.

Serán nuestras, pero nosotros seremos después piedras, y flores, y nuestro pensamiento..... ¡Ah nuestro pensamiento!... Toda el alma quiere extenderse por los campos y posarse en los pinares lejanos entre el terciopelo negro de sus músicas..... Pasa a lo lejos un reba-

188

ño con las esquilas cansadas, y un viejo de ojos hundidos. En el cielo hay nubes como bloques inmensos de mármoles extraños..... y la imaginación loca nos abre un camino de dolores amables. . . . .

La luna sale majestuosa entre montes. ¡Salud, compañera del viajero enamorado y sensual. Salud, vieja amiga y consoladora de los tristes. Auxilio de los poetas. Refugio de pasionales. Rosa perversa y casta. Arca de sensualidad y de misticismo. Artista infinita del tono menor. Salud, sereno faro de amor y llanto! ¡Ah los campos! Cómo renacen a otro mundo con la luna.....

El silencio sólo está en el pensamiento doloroso y en la muerte..... El tremendo camino se abre ante nosotros..... y por fuerza hemos de pasar por él.....

UN HOSPICIO DE GALICIA*

Es el otoño gallego, y la lluvia cae silenciosa y lenta sobre el verde dulce de la tierra. A veces entre las nubes vagas y soñolientas se ven los montes llenos de pinares. La ciudad está callada. Frente a una iglesia de piedra negriverdosa, donde los jaramagos quieren prender sus florones, está el hospicio humilde y pobre..... Da impresión de abandono el portalón húmedo que tiene..... Ya dentro, se huele a comida mal condimentada y pobreza extrema. El patio es románico... En el centro de él juegan los asilados, niños raquíticos y enclenques, de ojos borrosos y pelos tiesos. Muchos son rubitos, pero el tinte de enfermedad les fue dando tonalidades raras en las cabezas..... Pálidos, con los pechos hundidos, con los

---

* Aunque no se trata de referencias textuales precisas, para las experiencias de viaje por Galicia, véanse los textos *De Santiago a Coruña* e *Impresiones del viaje. Santiago* en el Apéndice II [núm. 19. Ni] y [núm. 20. Ap]; también véase el telegrama *León, 28 ó 29 de octubre de 1916* en el Apéndice I [ep. núm. 4].

labios marchitos, con las manos huesudas pasean o juegan unos con otros en medio de la llovizna eterna de Galicia..... Algunos más enfermos no juegan y sentados en recachas están inmóviles, con los ojos quietos y las cabecitas amagadas. Otro hay cojito, que se empeña en dar saltos sobre unos pedruscos del suelo..... Las monjas van y vienen presurosas al son de los rosarios. Hay un rosal mustio en un rincón.

Todas las caras son dolorosamente tristes..... se diría que tienen presentimientos de muerte cercana..... Esta puerta achatada y enorme de la entrada, ha visto pasar interminables procesiones de espectros humanos que pasando con inquietud han dejado allí a los niños abandonados..... Me dio gran compasión esta puerta por donde han pasado tantos infelices..... y es preciso que sepa la misión que tiene y quiere morirse de pena, porque está carcomida, sucia, desvencijada..... Quizá algún día, teniendo lástima de los niños hambrientos y de las graves injusticias sociales, se derrumbe con fuerza sobre alguna comisión de beneficencia municipal donde abundan tanto los bandidos de levita y aplastándolos haga una hermosa tortilla de las que tanta falta hacen en España..... Es horrible un hospicio con aires de deshabitado, y con esta infancia raquítica y dolorosa. Pone en el corazón un deseo inmenso de llorar y un ansia formidable de igualdad...

Por una galería blanca y seguido de monjas avanza un señor muy bien vestido, mirando a derecha e izquierda con indiferencia..... Los niños se descubren respetuosos y llenos de miedo. Es el visitador..... Una campana suena..... La puerta se abre chillando estrepitosamente, llena de coraje..... Al cerrarse, suena lentamente como si llorara..... No cesa de llover. . . . .

ROMANZA DE MENDELSSOHN

Quieto está el puerto. Sobre la miel azul del mar las barcas cabecean soñolientas. A lo lejos se ven las torres de la ciudad y las pendientes rocosas del monte..... Es la hora crepuscular y empiezan a encenderse las luces de los barcos y de las casas... Se ve el caserío invertido en las aguas en medio de los ziszás dorados y temblorosos de los reflejos. Hay un agradable y suave color de luna sobre las aguas..... Se queda el muelle desierto y silencioso... sólo pasan dos hombrotes vestidos de azul que hablan acaloradamente..... De un piano lejano llegó la romanza sin palabras... Romanza maravillosa llena del espíritu romántico del 1830..... Empezó lentamente con aire rubato delicioso y entró después con un canto rebosante de apasionamientos. A veces la melodía se callaba mientras los graves daban unos acordes suaves y solemnes..... Llegaba sobre el puerto la música envolviéndolo todo en una fascinación de sonido sentimental. Las olas encajonadas caían lamiendo voluptuosamente las gradas del embarcadero..... Seguía el piano la romanza cuando se hizo de noche. Sobre las aguas verdes y plomizas pasó una barca blanca como un fantasma al compás lento de los remos.

CALLES DE CIUDAD ANTIGUA

Las calles sucias con yerbas secas, casas desconchadas, gárgolas arrancadas, santos sin cabeza y hechos un montón de piedras. Hay portadas con columnas repujadas, con medallones carcomidos, con guirnaldas romanas..... En una calle obscura hay un pilar que bucea entre flores de color pálido.

En otra hay soportales achatados con arcos desvencijados donde hay mujeres tristes y herrerías húmedas..... Muchos balcones se derrumban de margaritas y geráneos que son luces cegadoras con el sol potente del verano..... Conchas en las fachadas.....Palacios pequeños sin ventanas con llamadores de lunas.

Casas blancas sin cristales en los balcones. Iglesias ornamentadas espléndidamente con blandones severos de piedra dorada, con guirnaldas de calaveras recortando los altares, con portadas suntuosas y complicadas en las que hay hombres robustos luchando con toros alados, canastos de hojas raras por las que asoman mancebos con las caras de entrecejo fruncido, con capiteles dorados que tienen hombres y animales naciendo entre acantos. Paramentos desbordantes de adornos de donde surgen niños con lenguas de serpiente dándose las manos deformes, matronas desarrolladas y lujuriosas que sostienen entre sus brazos musculosos columnas llenas de lemas latinos y fechas memorables, bayaderas de gestos incitantes, cimeras frías y burlonas, angelotes voladores sobre grifos y cariátides, rostros tristes con los ojos cerrados...

Al pasar por las plazas desiertas y melancólicas..... llegan rumores de escuela..... En una, los niños dicen con sonsonete: «...los santos padres que estaban esperando el santo advenimiento.....»...................

Al final de las calles vibran los campos bajo el sol terrible del mediodía veraniego.

EL DUERO

Pasa el río por Zamora, verde y manso. La enorme calva bizantina del cimborrio se mira en las aguas profundas..... Pasan lentas las barcas sobre las ondas.

A lo lejos, entre las pardas modulaciones del terreno, asoman los montes pobres de color..... Las iglesitas románicas descienden por las callejas hasta el río..... Este va lentamente arrastrando su gran prestigio de evocaciones históricas al sonido grave y suave que produce.....

192

Terminó la antigua historia romántica del río..... No queda nada de lo que antes viera el agua..... La historia está quieta..... Pero todavía el viejo y solemne Duero sueña y ve combatiendo borrosamente a las grandes figuras de su romance.

ENVÍO

A mi querido maestro D. Martín D[omínguez] Berrueta y a mis queridos compañeros Paquito L[ópez] Rodríguez, Luis Mariscal, Ricardo G[ómez] Ortega, Miguel Martínez Carlon y Rafael M[artínez] Ibáñez, que me acompañaron en mis viajes.

OBRAS DEL AUTOR*

---

* Nota: incluyo esta página, que aparecía al final de la edición de 1918, por la estrecha relación que guarda con los textos incluidos en el libro. Véase *Introducción,* págs. 35-36.

NOTAS AL TEXTO

Como ya he señalado en la *Introducción,* en esta parte voy a discutir los problemas concretos que ha planteado la edición de *Impresiones y paisajes* (a partir de ahora *IP*). La cuestión de las intervenciones que el editor efectúa sobre un texto se puede clasificar en dos grandes grupos. El primero es el que reúne las intervenciones que se realizan sobre los problemas que es posible considerar técnicamente como *erratas,* es decir los que proceden del proceso de composición tipográfica de cualquier texto. En este sentido, como se sabe, los fenómenos que se verifican son de dos tipos: la alteración o caída de una palabra o partes de palabra, que afecta fundamentalmente a las unidades más breves (letras, signos de puntuación, artículos, preposiciones y nexos en general) y a las terminaciones; la transferencia de la competencia lingüística del tipógrafo-compositor sobre el texto y por lo tanto las modificaciones inconscientes a que lo somete. En general, son fáciles de individualizar. El segundo grupo está constituido por las intervenciones que proceden del intento de subsanar lo que el editor considera posibles *errores* atribuibles al escritor mismo. En este caso, se trata de establecer unos criterios homogéneos de edición que, como he explicado en la *Introducción,* tengan en cuenta no sólo la mayor o menor gravedad del error, sino especialmente la forma de escritura que el autor mismo, consciente o inconscientemente, persigue.

En lugar de dar una referencia numérica con notas a pie de página, he preferido agrupar las cuestiones en bloques de problemas. El lector interesado podrá tener así acceso a una visión general de una determinada casuística, pudiendo individualizar el problema y su tipología en función del siguiente esquema:

Forma de la palabra: I) erratas tipográficas; II) problemas ortográficos y de grafías (acento, grafías fonéticas, grafías especiales, transcripción gráfica); III) recursos tipográficos (cursiva, mayúscula y minúscula);

Forma del discurso: I) problemas morfológicos y sintácticos (artículos, preposiciones, relativos, pronombres personales, verbos, concordancia, problemas varios); II) puntuación (coma, punto y coma, punto, interrogación y exclamación, puntos suspensivos, discurso directo, otros problemas).

Con el asterisco (*) indico una forma que he corregido, normalizándola, o marco una palabra o una pausa a la que me refiero sucesivamente en el comentario de cada caso. Si aparecen corchetes ha habido la restitución de una o varias letras, o de una palabra. Los contextos de frase son puramente indicativos para facilitar su búsqueda en el texto.

FORMA DE LA PALABRA

En este apartado me ocuparé de los problemas que afectan sólo a la unidad gráfica que se denomina palabra. Aunque se trata de cuestiones interdependientes, voy a analizarlas subdividiéndolas en apartados. Cabe hacer inmediatamente una distinción entre: I) *erratas tipográficas;* II) *problemas ortográficos y de grafías;* III) *recursos tipográficos.*

I) *Erratas tipográficas*

Ya he dicho que *IP* es un libro que se presenta completamente deturpado por una enorme cantidad de éstas. Al final del volumen se incluyó una lista con ocho erratas denominadas «principales» y la consiguiente indicación de la forma correcta (por ejemplo: *extensidad → intensidad, pág. 69; *cúpula → cópula, pág. 74; *rectilínea → reptilínea, pág. 88; *flor → flora, pág. 114). Sin embargo, aunque hay algunas especialmente significativas, se trata sólo de un pequeñísimo porcentaje de ellas, pues he corregido casi dos centenares que se refieren a la unidad palabra. No es posible saber, ante la ausencia de cualquier tipo de testimonio, qué significa esto en el proceso de impresión del texto —es decir si es la única o la última intervención de Lorca— aunque no es difícil imaginar que, a pesar de la fama de descuidado que tenía y tiene, debió de ocuparse de corregir las pruebas de imprenta. No sólo, hay que tener en cuenta que éste es su primer libro y no parece lógico pensar en un desinterés que le llevara a sacar un trabajo absolutamente incorrecto desde el punto de vista formal. En cualquier caso, la importancia de alguna de las erratas señaladas probablemente indica que la intervención del autor se hace decisiva casi al final del proceso de impresión, es decir o ante las pruebas definitivas o ante las llamadas 'capillas' (es decir los pliegos ya impresos y doblados). En la presente edición he procedido, naturalmente, a corregirlas todas, pero ante la ausencia de notas a pie de página en el texto quisiera dejar constancia aquí de algunas que son especialmente significativas o interpretativas, y que no dependen de ajustes gramaticales: *tornillos → tomillos, pág. 95; *Huerto de las Olivas → Huerto de los Olivos, pág. 138; *mueren → muerden, pág. 155; *crías → críos, pág. 150; *nena → nana, pág. 151.

Por último, hay que señalar que he corregido sin más comentarios, evidentes oscilaciones, atribuibles a Lorca, en la escritura de determinadas palabras: «*enmedio» por «en medio»; «*enseguida» por «en seguida»; «*medio día» por «mediodía»; etc.

II) *Problemas ortográficos y de grafías*

Las erratas que afectan a la forma de la palabra, aparte de las ya descritas como clásicamente tipográficas, pertenecen a dos categorías bien definibles: el acento y la transcripción gráfica.

Respecto a la primera el texto se presentaba con numerosas erratas de acentuación (presencia o ausencia), aunque no se plantea el caso de desplazamientos anormales del signo gráfico. El criterio de intervención ante este problema ha sido el de regularizar siguiendo la norma actual, según las disposiciones de la Real Academia Española de la Lengua. En este sentido han sido suprimidos por ejemplo los acentos sobre monosílabos, excepto en los casos previstos de igual grafía para distinto significado o función gramatical. Respecto a los demostrativos, he acentuado siempre los pronombres, aun en el caso de no existir anfibología. Lo mismo vale para el adverbio «sólo». Cabe hacer dos anotaciones marginales. La primera se refiere a la poca homogeneidad de las soluciones gráficas adoptadas para la impresión del texto de 1918. Así por ejemplo, hay una notable oscilación de acentuación del grupo vocálico «ui»: es el caso del sustantivo «ruido/ruído»; o de los monosílabos verbales «ve/vé». La segunda se refiere a la acentuación del sustantivo «pentagrama», que aparece siempre con la forma menos usual «pentágrama», pero que Lorca usa sistemáticamente, también en poesía.

Respecto a la cuestión de la transcripción gráfica ésta presenta los siguientes problemas:

a) En primer lugar, el de las llamadas *grafías fonéticas*. En *IP* nos encontramos ante dos casos: el de las erratas de matriz fonética como por ejemplo las formas aglutinadas «*destos» y «*desta», «*macisos», «*sonriyendo», «*hizopo», «*somñolientos», etc. (el ya citado en la *Introducción* «*cipreces» es típicamente lorquiano: hay un poema inédito, conservado en los archivos de la Fundación Federico García Lorca, fechado ¿febrero? de 1918, titulado *Los cipreces,* y en el cual, todas las veces que aparece, la palabra tiene esa grafía); y el de determinados usos gráficos admitidos que reproducen o responden a una pronunciación dialectal, y que he respetado en cuanto característicos de algunas partes de la escritura lorquiana (la oscilación que se verifica entre «hierbas/yerbas», en plural; en sus derivados aparece sólo la forma con «y», fenómeno también específico del sustantivo «yedra/s»). Ejemplo de reproducción voluntaria del habla popular es el pequeño diálogo con el vejete de «Tarde dominguera en un pueblo grande» (pág. 186).

b) La cuestión que denomino de *grafías especiales:* Lorca intenta subrayar ciertas notas de exotismo y orientalismo escribiendo algunas palabras con unas grafías que no corresponden al uso corriente. Este recurso aparece, por ejemplo en las palabras «Albayzín», pág. 142 y ss., y «sibylas», pág. 188. En el caso del barrio granadino ésta es la única forma, mientras que para los adjetivos derivados hay una cierta oscilación «albayzinero/albaycinero». Dada la aparente voluntariedad de estas formas gráficas (existe un poema inédito, conservado en la Fundación García Lorca, titulado *Albaicín,* fechado el 15-6-1918, donde no aparece ninguna vez «y», aunque haya oscilación «z/c») he decidido mantener la «y», y uniformar la «c» en «z».

Un caso distinto pero que incluyo en este apartado es el de la oscilación entre las frecuentes formas «armonía/harmonía» y sus derivados; he regularizado eligiendo la primera grafía, puesto que es la más frecuente. Aparecen también «harpías» y «vargueño», frente a las más usuales formas sin «h» y con «b». Se ha transformado el único caso de «oscura» en «obscura», siguiendo la usual solución gráfica lorquiana.

c) La transcripción de los *nombres propios.* Esta casuística es realmente curiosa porque reúne problemas que son comunes a los ya mencionados: simples erratas tipográficas («*Bunilda» por «Brunilda»), erratas en la acentuación («*Valles» por «Vallés»), erratas de tipo fonético («*Valdés Lear» por «Valdés Leal») o transcripciones 'de oídas' («*Francheli» por «Fancelli»). Por lo que se refiere a esta cuestión he adoptado el criterio de modificar las transcripciones lorquianas, adaptándolas a las formas actualmente utilizadas.

III) *Recursos tipográficos*

Denomino así una serie de expedientes que, modificando de manera intencional la forma tipográfica de la palabra, contribuyen a cargarla de connotaciones adicionales: el uso de la cursiva y el uso de mayúscula o minúscula. En *IP* el uso de la cursiva, que ha sido fielmente conservado, no parece muy bien definido y los valores significativos que proceden de su uso no siempre están muy claros. En efecto, si es evidente el valor irónico que la cursiva da a «exponen» (pág. 80) cuando se critica el panorama de la escultura española que propone el Museo de Valladolid, lo mismo no ocurre con «colilla» (pág. 70) o «góticos» (pág. 123), que parecen unos sencillos designadores; si se quiere poner de relieve un concepto ideal y recurrente en la poética romántica, la mujer, se puede utilizar la cursiva para «ella» (pág. 163), pero no tiene ningún sentido en «tempo rubato» (pág. 104) cuando el texto está lleno de terminología musical, lógicamente en italiano.

Respecto al uso de la mayúscula, sabemos que es un recurso corriente en Lorca para «enfatizar la carga semántica de nombres comunes» (Mario Hernández, en su edición de *Libro de poemas,* cit. pág. 243). En *IP* el fenómeno es abundante tanto en sustantivos como en adjetivos, pero tampoco en este caso puede hablarse de un criterio homogéneo en su utilización. Así por ejemplo, aparecen con mayúscula «Beethoveniana», «Rubeniano» y «Huguesco»; con minúscula «ramayanesco» y «wagneriano», por comparar series adjetivales derivadas de nombres propios.

Los nombres de los meses aparecen siempre con mayúscula, como era costumbre de la época; en cambio los de las estaciones aparecen con minúscula, excepto en un caso de «Otoño».

Presentan notables oscilaciones los usos de mayúscula y minúscula en «Cartuja» y «Catedral», sin que pueda establecerse con claridad un criterio basado en la oposición designador específico/designador genérico. No ocurre lo mismo con «Iglesia», que aparece con mayúscula cuando designa a la institución religiosa. Oscilaciones de uso aparecen en «abad» y «misa», así como en las series de nombres procedentes de la liturgia, devoción o imaginería católicas: con mayúscula «Gloria», «Trinidad», «Viático», «Corazón de Jesús», «Ave María Stella», «Agnus Dei» y «Miserere»; con minúscula «ángelus» y «magnificat». «Cruz» se encuentra dos veces con mayúscula, pero no se puede pensar, puesto que no es respetado en el texto, en un criterio de uso basado en la oposición símbolo/icono. «Cristo» aparece siempre con mayúscula tanto cuando designa a la personificación como cuando hace referencia a la imagen religiosa. Hay una sóla excepción, que he corregido considerándola errata, en el capítulo «Los Cristos», donde la palabra aparece 15 veces. El pronombre «él» se encuentra con minúscula ya sea referido a Dios o a Jesucristo. En cambio, «Teogonía» aparece con mayúscula.

En el episodio de los perros del capítulo «Monasterio de Silos», el sustantivo «muerte» aparece dos veces con mayúscula designando la personificación; este uso es corroborado por la sustantivación del adjetivo en «la Pálida», pero después de las dos primeras veces aparece con minúscula, que he mantenido.

He modificado el sustantivo «parque» (pág. 161), que aparecía con mayúscula; mayúscula que he restituido al nombre de la campana granadina «la Vela» (pág. 153) (por analogía con otro caso, pág. 144).

Las demás correcciones gráficas que he aportado se refieren al intento de regularizar la disposición del texto en los casos en que aparece el discurso directo (del que me ocuparé más adelante) y a la regularización después de los signos de puntuación [:], [...], [?] y [!]. He considerado que tales intervenciones, por otra parte no ajenas al bagaje de escritura de Lorca aunque utilizadas de manera desordenada e irregular, no modifican significativamente el texto y permiten una lectura y presentación gráfica más limpias. Se han seguido los siguientes criterios:

202

a) Mayúscula en apertura de frase directa introducida por [«].

b) Mayúscula después de [:] seguidos de [«] en apertura de discurso directo o cita.

c) Minúscula después de [:].

d) Mayúscula después de [?] y [!], sólo si son fin de frase, y de [¿] y [¡] cuando son inicio de frase.

e) Mayúscula después de [...] si representa fin de frase.

En estos dos últimos casos he sido extremadamente conservador, debido a la dificultad de determinar el valor de fin de frase de estos signos. La cuestión es especialmente complicada en el caso de [...], pues en muchas ocasiones, como se verá, este signo tiene un valor de pausa y de marca de construcción elíptica o nominal.

FORMA DEL DISCURSO

Si en el apartado precedente me he ocupado de algunos factores que incidían sobre la unidad palabra, en este apartado trataré las cuestiones que afectan mayormente a la organización y disposición de las secuencias de palabras, es decir I) *los problemas morfológicos y sintácticos* que constituyen la parte esencial de la gramaticalidad de un texto; y II) *la puntuación*, que no sólo afecta a la gramaticalidad sino que constituye un elemento determinante del fluir del discurso y por lo tanto de su forma.

I) *Problemas morfológicos y sintácticos*

He procedido a dividir los problemas gramaticales en categorías gramaticales o en clases de problemas.

1.– *Los artículos*. En su calidad de pequeñas partículas son uno de los objetos privilegiados de desaparición en la fase compositiva de un texto. Aunque el uso del artículo depende tanto de la situación contextual como del valor que quiera atribuirse a la palabra que lo lleva o carece de él, haciéndole asumir una diferente carga connotativa y/o denotativa, Lorca no parece tener problemas por lo que se refiere a su utilización en los casos de presencia o ausencia normativas —véanse en el *Apéndice* las trancripciones de las carta y de los textos juveniles— y por lo tanto se puede suponer, con un razonable margen de seguridad, que la restitución o corrección no modifican su sistema de escritura. El problema que se plantea es que no siempre existe una sola posibilidad: hay casos en que vale tanto el determinado como el indeterminado. En la edición he puesto entre corchetes sólo las formas plenas restituidas. Discuto a continuación algunos casos problemáticos, tanto resueltos como no, donde se verifican dudas respecto a su uso:

pág. 81: «pone las notas de * quietud espantosa»; parece o faltar «una» o sobrar «las».

pág. 89: «Los luminosos acordes del sol de * tarde»; podría corregirse por analogía con los casos de págs. 67 y 88.

pág. 120: «parece oírse [un] ruido extraño, algo así como de alguien que corre»; he corregido por la especificación sucesiva, que parece imponerlo. Lorca en otros dos casos prescinde del indeterminado ante «ruido» (págs. 102 y 166), pero no son equivalentes pues ambos hacen referencia a algo más general.

pág. 125: «desaparece toda la riqueza de* desnudo»; parece faltar la «l», que daría un mayor sentido de relación con las descripciones precedentes.

pág. 133: «Pero por encima de todo hay * no sé qué de tristezas»; evidentemente la forma más usual prevé «un».

pág. 136: «Por el fondo de [la] calle que tenía un suave declive»; la ausencia del determinante no es justificable en cuanto parece necesaria la reactualización del sustantivo que se refiere a una única realidad ya nombrada y definida en la cuarta frase del texto.

pág. 139: «pero dan *la terrible impresión de horror»; quizá sería preferible «una», pero con el determinado Lorca recoge mejor el concepto que ha expresado precedentemente.

pág. 150: «para librarlos de[l] mal de ojo»; corregido por analogía con pág. 145.

pág. 153: «es distinta de la [de la] mañana»; la caída es un posible hiper-correctismo del tipógrafo ante una secuencia estilísticamente redundante.

pág. 155: «Una obscuridad y * sopor llenan la vega»; hay un problema de determinantes que no se resolvería con una restitución.

pág. 161: «en la[s] yerbas de los suelos»; se trata seguramente de una caída de la «s» del artículo y no de una añadidura a «yerba» que en *IP* no aparece nunca en singular con esa grafía.

pág. 163: «sólo los cipreses [...] guardan [la] virginidad antigua del jardín»; es necesaria la restitución para actualizar el concepto latente en todo el texto.

2.– *Las preposiciones.* Por su condición de pequeñas partículas son también susceptibles de desaparecer o ser alteradas en la composición. Para esta categoría los problemas son más graves en cuanto afectan en profundidad a la gramaticalidad de la frase:

pág. 79: «¡Hay que pasar [por] las salas del museo de Valladolid!»; en este caso el verbo de movimiento exige la preposición, y Lorca la usa siempre correctamente.

pág. 80: «[A] esta estatua de San Bruno [...] le observé»; la falta de preposición se debe a una evidente confusión entre complemento directo e indirecto en cabeza de frase. (Respecto al uso y abuso por parte de Lorca de esta preposición, cfr., *infra).*

pág. 80: «cacareada [por] sabios»; la lección de 1918 es «para», pero se trata de una evidente errata, pues opino que es una forma pasivizante mientras no veo claramente el uso final que la forma originaria imponía.

pág. 94: «otros charlaban [de] cosas idiotas»; la restitución la exige la construcción del verbo (cfr. analogía pág. 118).

pág. 102: «Brilla el paisaje * su tono opaco y sombrío»; parece faltar «en» o «con». El uso transitivo, inusual, puede responder a un recurso poético o estilístico.

pág. 117: «Tropezaba [a] cada instante»; la caída de la preposición es evidente.

pág. 127: «una de las cosas que más influyen *a alejar del ánimo la idea»; las formas más correctas serían «para» o «en», pero seguramente hay una atracción de otros verbos (pensados y no escritos) como, por ejemplo, «contribuir a» (además, cfr., *infra,* sobre el uso de «a»).

pág. 138: «*En los Cristos antiguos [...] el escultor los concibió [...] pero tuvo siempre el cuidado de hacer resaltar [...]»; nótese que en esta frase la preposición es incorrecta en relación a la primera oración, pero no respecto a la segunda, que es la que ha provocado su uso. Por esta razón no he sustituido con «a».

pág. 153: «Es distinta de la [de la] mañana»; cfr., *supra, Artículos.*

Uno de los aspectos más peculiares referidos a las preposiciones es el uso de «a» ante complemento directo. Como se sabe, es necesario ante nombre de persona, animal o cosa per-

sonificados. Lorca tiende a extender su empleo, que a veces
raya la agramaticalidad, con todos los verbos cuyo rasgo
caracterizador es |+humano|. Veánse estos casos, entre otros
posibles: pág. 68: «Y desde un muro viejo se contemplan a los
campos solitarios»; pág. 78: «llenando a la iglesia de sonido»;
pág. 81: «son insultos que despiertan a los ecos lejanos»; página 87: «una fuente besa siempre a la acequia que la traga»;
pág. 88: «para acariciar a la blanda obscuridad»; pág. 88: «Las
yerbas secas que alfombran a los suelos»; pág. 89: «Los luminosos acordes del sol de tarde envuelven a los olmos y nogales»;
pág. 99: «El río copiaba a un puente»; pág. 121: «las ideas que
envuelven a toda obra artística»; pág. 124: «Todas las líneas
encuadran a tableros llenos de figuras»; pág. 126: «Es un pecado
de las iglesias el permitir a la vanidad bajo sus naves»; pág. 154:
«la luna besa a todas las cosas»; pág. 179: «llena de misticismo a
las azuladas lejanías». Nótese especialmente el uso, que considero intencional (hay casos en que puede haberse verificado
una simple atracción motivada por el rasgo definidor del verbo), con los verbos «contemplar», «besar» o «acariciar», que nos
llevan al concepto del animismo natural que organiza parte
del discurso de *IP*. Se trata de atribuir a la naturaleza un sistema ontológico paralelo al del ser humano, y por lo tanto
hacerla susceptible de ser referida y 'gramaticada' como éste.

3.– *Los relativos.* Las perplejidades que suscitan determinadas apariciones de los relativos en *IP* pueden ser debidas a
dos factores principales.

El primero se refiere a una hipotética caída del relativo
mismo o de los artículos y preposiciones que los pueden pre-
ceder. Quede claro, de todas formas, que estos usos o ausen-
cias pueden ser fruto de la pluma de Lorca: no olvidemos que
hay en *IP* una fuerte transposición, pocas veces consciente, de
usos procedentes de la lengua hablada y de formas dialectales.
Véanse algunos casos:

pág. 80: «el libro [...] en * que los demás hombres leen las
emociones»; un hipotético «el» sería aconsejable pero no normativo.

pág. 109: «En el techo original y raro, pintado de colores,
en los que predomina el rojo, el blanco y el gris, * que el tiempo fue dando vaguedad borrosa»; una eventual inserción de «a
los» sería aconsejable, sin ser normativa, pero quizá volviera la
frase un tanto cacofónica (en los que/a los que). Además,
cfr., *infra,* caso pág. 132.

pág. 117: «lo [que] ve bajo el lecho»; no transcribo toda la frase, pero la necesidad de la restitución es evidente por analogía con la frase sucesiva del mismo período.

pág. 132: «se dibuja una figura [...] *que en la noche la luna da relieve». Éste es un caso, paralelo al de pág. 109, donde la anomalía gramatical también podría ser resuelta mediante la anteposición, estilísticamente poco satisfactoria, de «a la».

pág. 149: «El monstruo andaba como un lagarto en pie y con una mueca dura * no se sabe si era risa o dolor de vivir»; la posible ausencia podría justificarse y compensarse con una entonación especial o con una coma.

pág. 163: «el balcón que hace años * no se abrió»; aquí y en los dos siguientes se genera una ambigüedad temporal. El que los tres casos aparezcan en construcciones análogas me inclina a pensar en una responsabilidad lorquiana.

pág. 175: «cuyos caños hace mucho tiempo * no sintieron la caricia del agua»; cfr. *supra*.

pág. 187: «la iglesia que hace tiempo * no recibió las dulces caricias del órgano»; cfr. *supra*.

El segundo factor al que aludía es el de un uso que me parece decididamente anómalo o agramatical del relativo «quien» o «que» en un tipo de expresión involuntariamente ligado a usos procedentes de la lengua hablada o a registros lingüísticos no muy elevados:

pág. 83: en esta página aparecen cuatro casos de utilización del relativo «quien» en lugar de la forma correcta «quienes», uso típico de registros orales (pero también de usos clásicos). De todos modos, nótese que en una lectura pública de estas frases, podría verificarse una indeseada secuencia de /s/, ¿con ceceo? que podría ser limitada inconscientemente mediante la supresión de la forma plural.

pág. 122: «con toda intención perversa contra aquéllos de *que eran esclavos»; de nuevo la utilización del «que», derivado de un uso vulgar, en lugar del correcto «quienes».

4.– *Los pronombres personales*. Respecto a las cuestiones generales referidas a los pronombres personales complemento, también valen las consideraciones sobre una eventual responsabilidad del tipógrafo. Sin embargo, como se puede controlar en los textos transcritos en *Apéndice,* Lorca muestra una cierta dificultad a la hora de usar correctamente estas partículas y especialmente las de tercera persona; esto es normal si se tiene en cuenta la ya aludida transposición de registros hablados y dialectales. He intervenido sólo en los casos en que la modificación era obligada para establecer la correspondencia con el referente del pronombre:

pág. 63: «Las almas románticas [...] l[a]s consoláis»; en esta frase aparecía «les». He decidido intervenir sólo parcialmente (en efecto el complemento directo en cabeza de frase exigiría «a», cfr., *supra, Preposiciones,* caso pág. 80) para respetar la fuerte carga que tiene el sintagma «almas románticas» en este tipo de construcción, bastante anómala pero muy eficaz desde el punto de vista significativo. El error pronominal probablemente está motivado por el contenido semántico primario del sintagma: /individuos (masculinos)/.

pág. 110: «En l[o]s más predominan las representaciones»; aparecía «las», errata evidente por atracción.

pág. 136: «apareció la figura que l[o] cantaba»; aparecía «la», errata evidente por atracción.

pág. 139: «La tragedia espantosa que el pueblo ve en algunos de sus crucificados es lo que *los induce [...] *los desconcierta [...] *los aterra»; se trata de una clarísima interpretación del contenido semántico de «pueblo» como /hombres del pueblo/. Este fenómeno de la concordancia plural referida a un nombre colectivo es típicamente lorquiana (cfr. *infra, Concordancia).*

pág. 181: «*La esfuman las lejanías de las bóvedas»; caso dudosísimo. En efecto no se entiende muy bien cuál es el referente pronominal. Mi hipótesis es que se ha producido una caída de la «s» que daría un referente semántico más preciso y coherente. Cabe pensar también en un «lo».

pág. 182: «la abadesa declamaba [...] los milagros que le[s] había hecho la momia»; siendo en todo el capítulo el sujeto «las monjas», cabe razonablemente pensar en una caída de la «s».

Otras clases de pronombres no han ofrecido problemas; sólo en un caso he tenido que restituir, pero se trataba de una evidentísima errata tipográfica:

pág. 82: «entrar en [él] remediando las desgracias».

5.– *Los verbos.* Aparte alguna restitución o reconstrucción que indicaré, los mayores problemas que plantea *IP* se refieren al modo y al tiempo verbal (el problema de la *concordancia* lo analizo *infra,* 6.):

pág. 82: «pero [es] inútil»; se trata probablemente de una caída tipográfica, aunque el tipo de escritura de este libro, con su abundancia de frases nominales, justificaría una secuencia de ese tipo; también podría pensarse en la pérdida de un sufijo «-mente».

pág. 82: «debían» por «deberían»; nos encontramos aquí ante uno de los usos típicos de un registro lingüístico no muy elevado o popular: el uso del imperfecto de indicativo en lugar del potencial simple (aunque también pudiera pensarse en una caída tipográfica del grupo «er»). Nótese, además, que la mayor complejidad conceptual del capítulo y la fuerte participación emocional, encuentran una significativa correspondencia, como ya he señalado precedentemente, con una serie de descuidos y problemas gramaticales de cierta relevancia.

pág. 83: «¿Quién puede asegurar que [...] ni aman [...]; ni odien»; en esta frase interrogativa nos encontramos ante un cambio de modo, un tanto anómalo, cuya justificación probablemente resida en los distintos valores de actualización temporal que se dan a las parejas verbales «amar-sentir/odiar-desesperarse».

pág. 117: «su espíritu quiso dejar abandon[ado] al cuerpo»; la lección de 1918 es «abandonar», pero se ha preferido reconstruir el participio (y no poner una coma, que sería la *lectio facilior*) porque semántica y estilísticamente parece corresponder al uso lorquiano: la coma provocaría una redundancia del contenido verbal (distinta de las redundancias nominales y adjetivales típicas de *IP*) y una yuxtaposición de infinitivos del todo anómala en este contexto, no sólo por razones de forma sino sobre todo de ritmo.

pág. 127: «si se quiere adorar a un hombre, adora[d] su espíritu»; he corregido este clásico ejemplo, típico de Lorca, de uso del infinitivo en lugar del imperativo.

pág. 139: «y los cor[onaron] de rosas de trapo»; reconstrucción de la errata «*coranan».

pág. 141: «hay un chirriar de ocarinas y flautas de caña * por los pájaros»; esta lección, confirmada por uno de los textos transcritos en *Apéndice II (Amanecer,* [núm. 11]), propone una construcción nominal con ausencia de un participio del tipo «tocadas».

pág. 171: «en las puertas que *entran a recintos alfombrados»; uso peculiar, probablemente un andalucismo, de «entrar» por «dar entrada». Véase también «nos entra en» por «nos hace entrar en» (pág. 77).

pág. 176: «La procesión descendió [...], hubo un gran suspiro en la luz y los sacerdotes de manos blancas *sostenían cirios fuertes»; el cambio de pretérito indefinido a imperfecto me parece agramatical al tratarse de una oración coordinada. Seguramente se debe a la atracción de los tiempos de los períodos precedentes y sucesivos.

pág. 188: «Nos sonríen, son nuestras en sus bocas, escanc[iamos] nuestras almas y sonreímos»; la lección de 1918 es «*escancionemos». Curiosa la formulación de esta errata: un presente de subjuntivo a partir de un inexistente «*escancionar».

6.– *La concordancia*. Es, a nivel gramatical, una de las cuestiones más serias que plantea el texto. Los casos son múltiples y no es fácil establecer un criterio unívoco de intervención. Las casuísticas son de varios tipos y he considerado oportuno modificar los casos en que se generan secuencias decididamente agramaticales. Como se verá, el problema reside fundamentalmente en la atracción que ejerce sobre el verbo, o en segunda instancia sobre el sustantivo y el adjetivo, la interposición de sintagmas modificadores, especificativos, etc., que preceden o siguen a la forma en cuestión. Mi intención, como ya he señalado repetidamente, es la de ofrecer un texto lo más próximo posible al texto escrito por Lorca, eliminando tan sólo sus posibles descuidos y las interferencias de personas ajenas (copistas y tipógrafos).

a) *Verbo*. pág. 70: «Luego, un olor a sudor y a estiércol que lo *llenaban todo con sus masas sofocantes»; aquí aparece un caso de concordancia plural con sujeto elidido mediante la coordinación.

pág. 81: «En el pasadizo de la entrada *lucen sus colores feos una horrible colección de cuadros»; Para Lorca el sujeto 'real' es evidentemente «cuadros» o «colores».

pág. 97: «se *divisa en el fondo de un valle [...], los tejados rojos de un pueblo junto a los cristales mansos de un río»; es un caso bastante dudoso: en efecto, el sujeto 'real' parece ser «tejados rojos» y no «pueblo». Podría haberse verificado una caída de «n».

pág. 110: «pero el caso es que me *causó asombro y admiración profunda las escenas de tortura infinita que observé»; la intención lorquiana era evidente: connotar fuertemente «asombro», apoyándose en la atracción que ejercita el uso de la primera persona en «observé».

pág. 112: «Los sacerdotes llevan capuchas blancas como las albas, en las que *resalta la tela rica de las casullas»; la lección de 1918 es «resaltan», evidente atracción que he corregido pues hacía incomprensible el referente.

pág. 126: «*asoma en lontananza toda la horrible cabalgata del Apocalipsis de San Juan»; la lección de 1918 es «asoman». El nombre colectivo genera una concordancia en plural, que he corregido en cuanto no hay ningún referente con el mismo número que pueda justificarlo (cfr. casos de págs. 70 y 81).

pág. 133: «un coro de niñas harapientas *dicen muy mal la tierna canzoneta»; el sujeto es evidentemente un colectivo especificado en su composición: la atracción es casi 'natural' en Lorca.

pág. 139: «La tragedia espantosa que el pueblo ve en alguno de sus crucificados es lo que los induce a amarlos [...] pero el sentimiento de Dios lo *sienten poco»; esta frase ha sido analizada antes (cfr., *supra, Pronombres)*. El nombre colectivo es percibido como plural apenas cesa la necesidad gramatical inmediata de concordar en singular.

pág. 147: «Todo lo que *tiene de tranquilo y majestuoso la vega y la ciudad, lo tiene de angustia y de tragedia este barrio»; la restitución de «n» sería justificable por una lectura equivocada del tipógrafo ante dos frases simétricas, pero es muy lorquiana la atracción y concordancia en singular.

pág. 151: «Eso es lo que no *tiene Granada y la vega»; cfr., *supra.*

pág. 151: «Son sinfonías de sonidos dulces lo que se *oye»; la lección original es «oyen». La concordancia por atracción es evidente pero la posición en la frase exige la corrección.

pág. 151: «Desciende el aire cargado de aromas serranos y *entra en la garganta del río, éste le da su sonido»; la lección de 1918 es «entran», seguramente por atracción del plural precedente y posiblemente del «en» sucesivo. La corrección es necesaria para dar sentido a la frase.

pág. 184: «sólo se *oían chirriar a los pájaros»; evidente atracción en un verbo construido impersonalmente (cfr., *supra,* pág. 97 y pág. 151, segundo caso).

págs. 187-8: «*Es tremendo estos templos llenos de figuras»; curiosamente aquí aparece este singular que presupone una fuerte carga connotativa mediante una entonación casi exclamativa. Uso anómalo pero frecuente en la lengua hablada.

b) *Otros casos*. pág. 130: «palacios y casonas de un renacimiento admirable, *ornamentadas con figuras»; la concordancia normativa al masculino no se aplica por atracción con el último término de referencia. Típicamente lorquiano.

pág. 142: «Los juncos, las cañas, y las yerbas olorosas, están *inclinadas hacia el agua»; cfr. *supra*. Esta lección está confirmada por uno de los textos trancritos en el *Apéndice II (Amanecer* [núm.11]).

pág. 148: « los cipreses [...]... *junto a ellos están los corazones y las cruces»; la lección de 1918 era «juntos», probable hipercorrección por atracción.

pág. 190: «Por una galería blanca y seguid[o] de monjas avanza un señor»; la lección era «seguida», evidente errata por atracción.

7.– *Problemas varios*. Reúno aquí algunos casos problemáticos que no se refieren estrictamente a las categorías y clases de problemas analizados, o indico algunas intervenciones esporádicas, justificables para reconstruir posibles modificaciones ajenas a la pluma de Lorca:

pág. 75: En la cita bíblica se ha sustituido la forma original «Efesios cap.6» con [Gálatas cap.5]. Es una modificación indicada por Soria *(op. cit.* pág. 261, nota) y Klibbe *(op. cit.*, págs. 63 y 64, nota).

pág. 110: «En medio de lo de la fauna». Se ha mantenido aunque estilísticamente muy poco convincente. Gramaticalmente correcto, pero por la posición en la edición de 1918 (de lo / de la) puede tratarse de una errata.

pág. 114: «Mi amigo explicó: "Aquello era una representación simbólica de una promesa de su orden»; es un caso de mezcla de discurso directo con discurso indirecto. Mi única intervención ha sido poner las comillas iniciales, pues la intención de Lorca parece ser la del discurso directo, dado que abre con [:] y cierra con comillas. Una posible intervención sería sustituir los [:] con «que», pero ello no resolvería todos los problemas pronominales y alteraría seriamente el criterio general de edición.

pág. 115: «centelleares [sic]»; no he encontrado referencias en los diccionarios para esta palabra. Un eventual «centelleantes» no tendría sentido, por lo cual me inclino por una especie de neologización lorquiana (hay en *IP* neologismos como «ramayanesco» y «antechocando»).

pág. 126: la frase marcada con «[sic]» debe considerarse,

por sentido, incompleta. Es probable que en la composición del texto haya desaparecido una línea.

pág. 132: «Nuestra aurora de paz y amor no llegará mientras no respetemos la belleza y *nos riamos de los que suspiran apasionadamente ante ella»; la lección original decía «y no nos riamos», evidente errata que invierte el sentido de la frase.

pág. 142: «El sol de Andalucía empieza a cantar [su] canción de fuego»; la restitución correcta ha sido posible por la lección de uno de los manuscritos transcritos en el *Apéndice II (Amanecer,* [núm. 11]).

Concluyo esta parte indicando un uso peculiar de Lorca, es decir, la utilización de sustantivos en función de adjetivos o viceversa: «encrucijadas», pág. 111; «litúrgica», pág. 112; «maga», pág. 157; «crepúsculos», pág. 162.

II) *La puntuación*

1.– *La coma.* Este signo es el que mayores problemas crea, en cuanto representa una pausa que incide de modo esencial tanto sobre la gramaticalidad de las secuencias como sobre su comprensión. Comparándola con los otros, la coma es el signo de puntuación que mejor se presta a representar de manera 'natural' el modelo de micro-discurso que posee un autor —frente al punto y a los puntos suspensivos que afectan más al discurso en sí—, y entra de lleno en la relación con el lector/oyente (el receptor del discurso lorquiano ha de ser considerado tal) que el escritor establece como elemento principal de su sistema comunicativo. Veamos estas secuencias que parecen especialmente aberrantes:

caso 1

SUJETO [± adjetivo/s] +(,)+ VERBO

pág. 67 Muchos ventanales rasgados, están cerrados
pág. 79 el monje venerable, me llevó
pág. 96 Y el animalejo humilde y bueno, movía
pág. 108 Los arcos viriles y graves, se quieren perder
pág. 114 Él, me enseña
pág. 115 El monje apasionado, tenía
pág. 116 A la entrada el abad afable, nos lava
pág. 117 Un día el santo admirable, se quedó dormido
pág. 144 Otras, son remolinos
pág. 148 sus cabellos canosos y fuertes, rodeaban

pág. 153 Casi todas, suenan cansadas
pág. 157 La hora del crepúsculo, hace palpitar
pág. 167 Estas flores y estas acacias, no están
pág. 168 Unas manchas negras horribles, cubrían

Voy a considerar por extenso algunos casos: en la pág. 67 la coma parece ser incorrecta, pues separa sin razones aparentes el sujeto del verbo, pero si consideramos el período y cargamos con una fuerte entonación el sujeto, hacemos pausa y volvemos a hacer una pausa ante la conjunción, podemos explicarnos una puntuación 'anormal', sí, pero coherente con un cierto tipo de lectura que juega con los artificios de la significación: Imuchos ventanales rasgados /// están cerrados a la luz /// y sus dibujos se recortan sobre el muro I. Nótese que este período se inserta en un contexto constituido por una serie enumerativa: / el incienso y la cera / sepulcros y cuadros / VENTANALES RASGADOS / las lámparas de plata y un crucifijo / unas viejas y una mujerzuca /, en el que aislar mediante la pausa refuerza el sintagma en ese contexto enumerativo. Las alternativas son: o eliminar la coma, lo cual nos daría la secuencia con *nuestra* entonación; o anteponer coma a «rasgados», es decir aislar un solo adjetivo, solución poco usada por Lorca en contextos puramente descriptivos. Este tipo de operación se aplica y se explica con mayor facilidad en los casos en que hay una mayor distancia entre sujeto y verbo, por la inserción de modificadores coordinados o no: casos de páginas 96, 108, 148 y 167. En cualquier caso el mantenimiento de la solución lorquiana no es enteramente satisfactorio, pues hay muchos contraejemplos.

El caso de pág. 79, por su especial anormalidad, da ulteriores claves para la comprensión de esta problemática. En efecto, a menos de haber tropezado en alguna errata (pero ya se sabe que para los tipógrafos es más fácil quitar que añadir), el aislar el sujeto entre comas inmediatamente antes de su verbo, no se explica a no ser que Lorca le atribuya una función estrictamente anafórica en un contexto de lectura pública, que ha de ser subrayada por una fuerte carga de entonación y la correspondiente pausa. Casos análogos son los de págs. 115, 116 y 117: especialmente en el de pág. 116 y en el de pág. 117 una entonación fuertemente evocativa de las referencias espacio-temporales justificaría la pausa. Pero quizá todavía más ejemplares son los de págs. 114, 144 y 153. La función anafórica (probablemente subrayada catafóricamente mediante una gestualidad de señalación) encuentra su correspondencia léxica en el uso de pronombres personales e indefinidos en cabeza de frase y seguidos por coma. En resumen, si bien estas soluciones lorquianas son difíciles no por ello podemos descartarlas y entonces la única solución es intentar justificarlas pensando en las posibilidades entonativas y rítmicas aplicables. El caso de pág. 157 nos confirma de nuevo que hay que tener en cuenta no sólo la frase en sí misma, sino todo el contexto donde esa frase se inserta. Notemos las tres primeras frases, breves, evocativas, con una cadencia lánguida subrayada por las pausas mediante los puntos suspensivos (cinco). En la cuarta frase un semantema importantísimo en este 'romántico' contexto es separado anormalmente de su verbo con la pausa impuesta por la coma. Pero Lorca no tenía alternativa: si quería marcar «la hora del crepúsculo» no tenía más remedio que hacer una pausa para mantener la entonación y el ritmo hasta entonces conseguidos. La prueba definitiva de la responsabilidad lorquiana en estos casos analizados, quizá la dé una constatación: Lorca no ha recurrido, como hubiera podido, a separar mediante puntos suspensivos: el hecho, como analizaré más adelante, es que él 'veía' como no separables sujeto y verbo en la frase (y por eso no ponía puntos suspensivos), pero sentía la necesidad de una pausa que representaba mediante la coma.

caso 2
SUJETO + MODIFICADORES [atributos y/o oración de relativo, de lugar, de tiempo, etc.] +(,)+ VERBO

Es ésta una de las soluciones de puntuación más usadas por Lorca y las frases donde se aplica sustancialmente no difieren de las pertenecientes al caso 1, a no ser la mayor distancia que en general se verifica entre el sujeto (o el comienzo de la frase, que es un elemento importante) y su verbo. El elemento caracterizador no es tanto la presencia de la coma ante el verbo cuanto la ausencia de ella para marcar el inicio de la secuencia de modificadores (en general series con atributos más o menos largos u oraciones subordinadas). Este hecho tiene una cierta relevancia pues representa la necesidad de pausa ante el verbo pero no la necesidad de aislar, en la curva de entonación, a los modificadores del sujeto u oraciones subordinadas. Es decir, para Lorca se trata de subrayar de alguna manera que esas secuencias 'pertenecen' al sujeto y no pueden ser separadas de él con una pausa. De nuevo el problema reside en la no exclusividad de esta solución, pero aquí sí cabe atribuir al tipógrafo alguna responsabilidad, como se verá. Por otra parte, hay muchos contraejemplos e incluso se encuentran secuencias puntuadas diversamente en un único período. Véase alguno de los casi cincuenta casos que he contabilizado: en la pág. 67 aparece «y dos monstruos cubiertos de escamas y con caras humanas, recuerdan». La coma no sorprendería si hubiera otra ante «cubiertos», pero evidentemente esa coma normativa modificaría seriamente la curva de entonación y desplazaría la carga significativa del sujeto (entendido como un 'todo' en la solución lorquiana) hacia las características de ese sujeto. Secuencia con una distribución sintagmática análoga y con idéntica puntuación es la de pág. 90: «en donde las estatuas llenas de esmeraldas derretidas de humedad, yacen mutiladas y sin alma». Aquí se añade otra necesidad de entonación: dar un mayor relieve al predicado verbal. Nótese que una pausa ante «llenas» obligaría a una menor tonicidad del predicado que, a oídos de Lorca, disminuiría la carga de la imagen /yacer sin alma/, que es evidentemente el elemento 'fuerte' de esta frase. En la pág. 90 aparece otro caso similar: «Bajo las sombras de la tarde desfallecida, el convento acariciado por los nogales cargados de fruto, tiene más preguntas y más evocación...»; no haber aislado los modificadores del sujeto obliga a una mayor pausa ante el verbo y por lo tanto a cargar el predicado de un mayor relieve mediante la entonación.

Véase un caso muy significativo en un período con una secuencia de tres frases construidas exactamente igual, pero con variaciones de puntuación: «Toda la historia de aquel amor fuerte, está dicha sobre estos suelos; todas las melancolías de la mujer del Cid pasaron por aquí..... todas las palabras de réplica mimosa y apasionada se oyeron por estos contornos, hoy muertos...» (pág. 89). Para Lorca, evidentemente, una secuencia de tres frases parecidas no podía tener la misma curva de entonación: había que dar variación y ritmo. Así, rompe la primera frase para reforzar la significación; hace una pausa (el punto y coma no es un signo muy usado, y por ello mismo bastante indicativo en este contexto) que permite una entonación uniforme de la segunda frase cuyo carácter evocativo es subrayado y prolongado mediante los puntos de suspensión; cierra con la tercera frase que se concluye con un elemento 'fuerte', «hoy muertos», sobre el que se cargan tanto la entonación como la significación.

216

También es evidente la intención de marcar un elemento aislándolo en esta frase (frase por otra parte insertada en un período muy 'comprometido' tanto bajo el aspecto de la puntuación como del gramatical y del conceptual): «Las tareas sacerdotales debiera tenerlas la mujer, cuyas manos que son azucenas rosadas, se perdieran entre las blancuras de las randas» (pág. 112). Evidentemente, el impacto conceptual de la afirmación sobre el sacerdocio femenino Lorca intenta matizarlo, suavizarlo o justificarlo recurriendo a una metáfora, la cual es separada del verbo y puesta de relieve mediante la pausa.

Decía precedentemente que en determinados casos podría haberse verificado una caída de la coma en la composición: un ejemplo evidente es el de pág. 113 donde he restituido la coma indicada por el asterisco: «Los pobres legos *, hombrotes bonachones y rudos, cantan con gran unción religiosa.» Es evidente que en la aposición se verifica una pausa impuesta por la yuxtaposición de dos sustantivos. Nótese que en los casos indicados precedentemente la secuencia de modificadores estaba introducida por adjetivos, o preposiciones, o relativos que permitían la entonación sin pausa.

Aunque no pertenecen estrictamente a esta casuística, indico aquí los demás casos de aposiciones u otro tipo de inserciones donde ha sido necesario restituir una de las comas: «el grandioso sepulcro de los reyes de Castilla *, Juan I y su mujer, es una hoguera» (pág. 78); «una fuente, también detestable e insultante (es de risco modernista) *, canta una rima» (pág. 108); «el cáliz de Santo Domingo *, enorme copa de plata adornada con labores orientales» (pág. 114); «los artistas que los hacían, los mismos que trabajaron en los coros y en todas las obras catedralicias *, eran gentes del pueblo» (pág. 122); «El palio, esencia de la solemnidad *, y la cruz de oro» (pág. 176).

caso 3
COMPLEMENTO [de lugar, tiempo, oración de relativo] +(,)+ VERBO
[± sujeto, se + verbo, hay]

La anomalía de esta casuística reside fundamentalmente en la continua oscilación que se verifica entre las soluciones adoptadas, que lleva a puntuar frases estructuralmente idénticas de manera diferente, incluso dentro de un mismo período (hablaré sucesivamente sobre la cuestión del uso o no de punto y coma). Véanse dos casos especialmente representativos: «En algunas umbrías de retamas, tiene el suelo el encanto de un rosa fuerte, en los árboles y en las hondonadas, brilla toda la escala del azul, en los tremendos vientres de las ondulaciones grita el rojo ensangrentado, y sobre las lejanías indefinidas, hay truenos de plomo y de sol» (pág. 93). Nótese el cambio de ritmo que impone la variación de puntuación en la tercera frase (lo que no podemos saber es si es voluntaria o involuntaria). Exactamente lo mismo ocurre aquí : «En los ribazos verdes, hay amapolas, en las colinas con olmos hay ovejas» (pág. 179).

En algunas frases se plantea el fenómeno, análogo al del caso 2, de la posible ausencia de coma para separar dos complementos: «Algunas veces entre las llamas pétreas de las rocas, se dibujan espléndidas escalinatas» (pág. 102); sin embargo, con esta puntuación lorquiana se genera una continuidad entre la referencia temporal y la espacial que desaparecería si se interpusiera la coma normativa para separar ambos complementos. Pero no siempre ocurre lo mismo, incluso generando oraciones al borde de la agramaticalidad: «Más allá, en la misma galería en que está la virgen bizantina se levanta el antiguo sepulcro de Santo Domingo» (pág. 108); nótese la falta de coma ante el verbo que provoca una entonación muy rápida, como si la referencia espacial fuera considerada una especie de 'intruso' que hay que despachar velozmente. Parecido es el caso de la pág. 141: «Por el valle del Dauro, ungido de azul y de verde obscuro vuelan palomas campesinas, muy blancas y negras»; aquí la atribución cromática no aparece aislada, como sería normativo, y obliga a una aceleración que pone de relieve, por contraste, los atributos del sujeto. Caso análogo es: «Los maceros, con peluca rubia y sayales de damasco avanzan sobre el altar» (pág. 177). Esta aceleración también es bastante usual cuando Lorca refiere una acción: «A la salida del comedor después de haber cenado marchamos a la huerta» (página 119); pero suele desaparecer cuando la describe: «Por las veredas que hay entre los árboles frutales, pasean los monjes viejos» (pág. 119); «En una avenida del jardín y entre aperos de labranza, juegan unos niñitos preciosos» (pág. 164). Un caso con oración de relativo: «parece que del profundo e incomprensible diálogo divino, brotara una explicación a la eternidad» (pág. 88); aquí, como en casos precedentes, aparece el complemento no aislado, lo cual genera una secuencia entonativa bastante enfática que sirve para dar relevancia a los significantes.

En el siguiente caso me he visto obligado a restituir la coma para representar la pausa obligada que imponía el complemento (y evitar la ambigüedad): «Desde luego una vez roto *, el misterio de la urna perdió todo su triste encanto» (pág. 127). También en este caso la tonicidad del demostrativo sujeto de la oración de relativo imponía una pausa: «En los Cristos antiguos *, ésos que están rígidos con las cabezotas enormes y bárbara fisonomía, el escultor los concibió» (página 138). En el próximo caso la longitud de la oración, sin pausas, me ha obligado a indicar una de ellas: «Quizá algún día, teniendo lástima de los niños hambrientos y de las graves injusticias sociales *, se derrumbe con fuerza sobre alguna comisión de beneficencia» (pág. 190).

caso 4

VERBO + COMPLEMENTO [de lugar, medio, origen, etc.] +(,)+
+ COMPLEMENTO DIRECTO

Es una casuística análoga a la precedente pues de nuevo el problema principal reside, más que en la presencia de coma ante el complemento directo, en su ausencia antes del complemento (casi siempre de lugar), ausencia que no parece normativa o que suscita una cierta perplejidad. Véanse sólo algunos casos: «únicamente el aire pone en sus encrucijadas, modulaciones violentas las noches de invierno» (pág. 66); «Pensaba hallar por estas seriedades de color y luz, alguien que pusiera en su voz» (pág. 95); «se divisa en el fondo de un valle pequeño y agradable, los tejados rojos de un pueblo» (pág. 97); «Poseía en su actitud, la fría interrogación de un friso egipcio» (pág. 148). En estos casos, al margen de los problemas gramaticales ya analizados en las páginas precedentes, es evidente que la coma representa la necesidad de pausa antes del complemento directo. Pero si esa pausa es claramente necesaria en los casos en que se verifica la inserción de un complemento de lugar extenso (págs. 95 y 97), lo mismo no ocurre tan evidentemente en otros casos (pág. 148, por ejemplo). Ante estas soluciones la única lectura posible consiste en cargar tónicamente una de las dos partes de la frase y hacer una pausa larga que dé un carácter declamativo a la otra. Esta solución de puntuación es seguramente responsabilidad exclusiva de Lorca, pues se verifica casi todas las veces que aparece una estructura de frase de este tipo. Nótese en este período, donde es improbable una intervención del tipógrafo en la

219

colocación o no de algunas comas: «En estos lugares de abatimiento, suele haber entre las tramas verdes de enredaderas, portadas antiguas, hoy tapiadas, que tienen en hornacinas deshechas, santos carcomidos que llevan sudarios de musgo, penachos de yerbas, y que bendicen rígidamente con una mano crispada» (pág. 161). Una estructura de este tipo es probablemente la que explica, por analogía, la puntuación de esta frase donde, aparte la entonación exclamativa, hay una notable distancia entre el verbo y el complemento directo: «¡Bien merecía la tarde cargada de lujurias celestes, un beso apasionado de aquellos amantes!» (pág. 185).

He indicado hasta aquí una serie de casos que respondían a determinados modelos y que por lo tanto eran susceptibles de ser analizados en bloques. Pero los problemas de la coma en *IP* no se acaban aquí: hay otros numerosísimos casos que pueden suscitar más que legítimas perplejidades, bien por su anomalía intrínseca, bien por su excepcionalidad frente a la solución de puntuación de estructuras sintácticas similares. A continuación me detendré brevemente sólo sobre algunos que plantean problemas interesantes.

Posponer el sujeto al verbo es un recurso usado por Lorca más de una vez; también en estos casos se verifica la inserción de una coma, poco normativa pero siempre de alguna manera comprensible en el ámbito de los recursos retóricos y entonativos: «Pasan por la leyenda [...], las figuras de siempre» (página 109); «Entonces vino a mi memoria, esa obra de dolor extrahumano, esa lamentación de amor patético, que se llama el allegretto de la séptima sinfonía» (pág. 115); «Vive en estas encrucijadas, el Albayzín trágico de la superstición» (pág. 145). Con predicado nominal: «Es algo la escultura, muy frío y muy ingrato al artista» (pág. 79); la pausa se puede justificar dando una entonación muy 'pensativa', cargando de valor significativo y expectativo «algo». Compárese con: «Es algo misterioso que atrae y fascina, la visión del Albayzín» (pág. 150). En un caso he eliminado la coma en el lugar marcado con asterisco porque el paréntesis impone ya una pausa: «Aparte de las mutilaciones que ha sufrido por algunos granadinos * (mal llamados así) este barrio único y evocador» (pág. 144).

Se encuentran algunas oraciones en *IP*, de tipo comparativo, donde la puntuación usada suscita cierta duda: «una soledad de sonidos tan angustiante, que llena de amargura dulcísima el corazón» (pág. 67); la pausa añade un carácter ligeramente melodramático a la secuencia insistiendo sobre las oposiciones significativas precedentes y sucesivas. En la pág. 144 el efecto sorpresa de la subordinada es subrayado mediante una pausa anómala que tiende a conseguir una expectación: «Están las casas colocadas, como si un viento huracanado las hubiera arremolinado así.» Y tambíén aquí: «Los ríos están casi secos y el agua de las acequias va tan parada, como si arrastrara un alma enormemente romántica» (pág. 154).

Otro fenómeno bastante frecuente en *IP* es el del valor de pausa que ha de ser atribuido a la conjunción «y» en determinados contextos oracionales: «El alma siente deseos de amar, de amar locamente y deseo de otra alma que se funda con la nuestra» (pág. 84); «Pasa una cruz de estructura bizantina, admirable y solitaria y se cruza por bajo de un soberbio arco de triunfo» (pág. 97). El caso que cito a continuación es especialmente significativo y creo justificativo de la responsabilidad lorquiana en este tipo de puntuación: «Si se anda un poco se cae en un pozo de obscuridades blandas y sobre una puerta achatada, plenamente mudéjar y sobre un ojo de la catedral, un santo muy antiguo que se murió viniendo de Granada en una tranquila mula, yace empotrado en la pared» (pág. 132); nótense también las soluciones de puntuación que pertenecen al caso 2. En todos los casos citados, y los demás que no transcribo, he considerado que una intervención era innecesaria; sin embargo, he restituido la coma indicada por asterisco en esta oración, dado que su ausencia la volvía incomprensible: «Siempre tiene muy en cuenta los temas, cuya modulación trágica o sentimental ha de conmover a la mayor parte de los hombres *, y las figuras enigmáticas que lo dicen todo o nada» (pág. 121).

El último grupo de problemas de puntuación con coma que voy a analizar, presenta una gran variedad sintáctica, pero tienen como denominador común la presencia del gerundio. También aquí nos encontramos frente a soluciones diversas para construcciones similares, puntuaciones al borde de la agramaticalidad (y esta agramaticalidad a veces procede del uso poco correcto del gerundio mismo), etc., que dependen del uso retórico y de la situación enunciativa de esas secuencias en la curva de entonación que Lorca les hace asumir. Véase alguno de estos casos: «Tienen las manos transparentes y cálidas, recogiéndose los mantos riquísimos cuajados de piedras preciosas» (pág. 78); aquí como en otras frases el problema es de nuevo que los atributos del sujeto no aparecen aislados en la secuencia entonativa, y separan de manera brusca y anómala la subordinada de la principal. En pág. 91, la puntuación sólo se puede aceptar si se lee con una entonación muy enfática que ponga de relieve la contraposición de las imágenes, según un procedimiento de puntuación análogo al del caso 4: «Pero por encima de todo esto, es la gesta que da voces de hierro sobre los campos, [...], sirviéndole de perfume, el sollozo de una canción de tarde.» Dada la analogía con la oración precedente he procedido a restituir la coma indicada por el asterisco en la siguiente frase que era prácticamente ilegible: «En una de ellas hay una fragua *, viéndose entre las negruras profundas del antro, el inmenso granate del carbón encendido» (pág. 96) (en el texto de 1918, se aprecia un espacio blanco insólito, más amplio, justo donde he restituido). En la pág. 105 aparece: «La luz se iba escapando por los ventanales precipitándose las cascadas de sombra por las crujías y aposentos»; nótese cómo, normativamente, sería necesaria la coma ante el gerundio; sin embargo el significado del verbo, acompañado de una forma fónica casi onomatopéyica, permite y exige la aceleración que elimina la pausa.

Para terminar, indico los demás casos donde he procedido a eliminar o a restituir una coma que no modifica la entonación y que es fruto de una probable errata: «como vosotras * sois tan románticas» (pág. 63); «únicamente le observé, mejor *, le puse» (pág. 80); «el gran retablo flamenco de la adoración * de los Magos» (pág. 99); «un ansia grande de perpetuar vidas, o mejor dicho *, unas vidas que quieren hablarnos» (pág. 125); «¡Qué salivazo tan odioso * a la maravilla churrigueresca de la portada» (pág. 132); «salen en las medias noches cuando no hay luna vagando por las callejas *, que ven las comadres y las prostitutas» (pág. 145).

Considero innecesario continuar con otra infinidad de ejemplos y contraejemplos que pueden ilustrar de manera completa el sistema de puntuación de *IP*. Lo que me interesa poner de relieve es que la lectura de este libro no resulta fácil y nos somete a un continuo ejercicio de variaciones de la curva de entonación hasta llegar a la solución que se acerque, lo más posible, a la solución indicada por Lorca. El número total de intervenciones sobre esta problemática ha sido realmente exiguo y en muchos casos de no intervención mantengo serias reservas sobre mi elección.

2.– *El punto y coma*. Es un signo de puntuación que Lorca utiliza poquísimo, pues tiende a sustituirlo por la coma dentro de los períodos, o por el punto y los puntos suspensivos para indicar fin de frase. Presenta una serie de problemas, como ya se ha podido deducir del estudio de la casuística de la coma. En el texto he intevenido sólo en dos casos, al considerar que se trataba de evidentes erratas tipográficas: «o el retorcimiento del vientre, para que la obra llegara al pueblo con todo su horror» (pág. 138), (la lección de 1918 es punto y coma); «porque el alma de la ruina es eso: un fantasma blanco muy grande» (pág. 173), (la lección de 1918 es punto y coma). Veamos un par de casos donde aparece una coma, señalada con asterisco, en lugar de un preferible punto y coma: «Hay que interpretar siempre escanciando nuestra alma sobre las cosas, dando a las formas el encanto de nuestros sentimientos *, es necesario ver por la plazas solitarias a las almas antiguas que pasaron sobre ellas, es imprescindible ser uno y ser mil para sentir las cosas en todos sus matices» (pág. 58); «Por una calleja salieron unos niños con sus trajes nuevecitos, que ellos por no estropear ni siquiera movían los brazos *, por el centro de la calle iban las niñas paseando, cogiditas del brazo con los pañuelos en la mano» (pág. 184).

3.– *El punto*. En cuanto marca de fin de frase no ofrece problemas, pues su uso es bastante claro y definido. En este libro muchísimas veces la marca de fin de frase la ejercen los puntos suspensivos. Alguna perplejidad suscita en cambio el uso del punto y aparte, aunque tampoco en este caso puede hablarse de uso incorrecto —pues para Lorca en determinadas partes del texto tiene esencialmente la función puramente visual de poner en evidencia una frase. Se constata el abundante uso del punto y aparte sobre todo en los textos eminentemente descriptivos, mientras en los más reflexivos su uso es menor y generalmente correcto; compárense, por ejemplo, los capítulos «Mesón de Castilla» (descriptivo) y «Sepulcros de Burgos» (reflexivo).

He intervenido sólo en tres casos, transformando en punto y aparte un punto y seguido o una secuencia de puntos: «Hay mil voces de campanas» (pág. 151); «al final de las calles vibran los campos» (pág. 192); y «Pero el héroe tenía ante todo que ser héroe» (pág. 89), para aislar unos versos del Romancero.

4.– *Interrogación y exclamación.* Son signos que entran dentro de la categoría de los castigados por el tipógrafo, produciéndose por ello la omisión ante la secuencia interrogativa o exclamativa. Es probable una cierta responsabilidad de Lorca, pues, como se constata en los manuscritos, suele cerrar el signo pero se olvida muchas veces de abrirlo. Restituir el signo de apertura de la interrogación no ha ofrecido problemas pues la secuencia entonativa de la frase era evidente. Quiero llamar la atención sobre unas frases cuya peculiaridad reside en la puntuación exclamativa para una secuencia aparentemente interrogativa: «el otro joven [...] exclamó extrañado: "¡Pero, quieres no ser tonto! ¡No comprendes que este sitio es muy antihigiénico!... Vámonos"» (pág. 164).

La falta de apertura del signo de admiración me ha obligado a operar algunas restituciones allá donde me parecía más oportuno y homogéneo con el uso lorquiano: «*¡Y todo por no pecar... por no hablar!» (pág. 83); «*¡Cuándo pasa el Otoño sobre ellos tienen un gran llanto desconocido!» (pág. 158); la elección de estas soluciones (apertura en cabeza de oración) es debida a la constatación del escaso o nulo uso por parte de Lorca del signo en medio de oración. La lección que ofrece el texto *El mundo (El jardín)* transcrito en el *Apéndice* [núm. 12] no ayuda a resolver la puntuación de la segunda frase (aparece sin signos de exclamación).

5.– *Los puntos suspensivos.* Es quizá el signo de puntuación que más connota el sentido lorquiano del texto, en la ya aludida perspectiva de la lectura pública (cfr. *Introducción*). Klibbe ha señalado justamente *(op. cit.,* pág.141) que «the procedure of so many points of suspension may be overplayed in the rush of youth and a melodramatic sense, but the idea inserts variety, meditacion, and the clever hand of the artist in the reading of the articles. Lorca is already the stage director leading the audience in his direction». Este recurso de puntuación es también evidente en todos los manuscritos de la época, algunos transcritos en *Apéndice,* y quizá responda no sólo a razones de tipo oratorio sino también a una perspectiva de uso que tiene en cuenta la *visión* (en sentido literal) de la página escrita. Y en efecto, el número de puntos de suspensión es muy variable tanto en *IP* (texto impreso) como en los inéditos juveniles (textos manuscritos), según un criterio de utilización que tiene muy en cuenta el espacio disponible en la página y en la línea. Al carácter evocativo e impresionista de la mayor parte de los textos descriptivos breves (por ejemplo los del apartado «Temas») corresponde un mayor recurso a los puntos suspensivos, apoyándose también en el tipo de construcción que lo permite: frases breves, uso de construcciones nominales, abundante utilización de elipsis, etc. Al contrario, en los textos más reflexivos, más comprometidos conceptualmente, son más escasos (por ejemplo, en el capítulo «La Cartuja»), debido al período más elaborado y complejo, pero al mismo tiempo más firme y preciso.

En el texto de 1918, y también por los problemas tipográficos ya mencionados, los puntos varían de número: 2, 3, 4, 5, etc., hasta llegar a cubrir líneas enteras. Para esta edición he intentado mantener en lo posible esas soluciones, pero regularizando según los siguientes criterios: a) dado que la mayor frecuencia de uso está constituida por 3 ó 5 puntos, he considerado erratas tipográficas los pocos casos de 2, transformados en 3, y de 4, transformados en 5. Estos últimos aparecen exclusivamente en algunas secuencias de este tipo: [!.....]. b) En los casos de mayor número de puntos he decidido mantenerlos según la lección original. c) En el caso de puntos suspensivos espaciados, utilizados para acabar líneas, representar líneas enteras o espaciar fin e inicio de frase dentro de una misma línea, se ha intentado mantener la disposición gráfica original, en los límites de lo posible (las necesidades tipográficas de esta edición).

6.– *El discurso directo*. Existe mucha oscilación en el uso de los signos que marcan las distintas fases de la representación gráfica del discurso directo. Dado que no creo que una regularización, según los criterios actuales, afecte a las estructuras gramaticales ni, sobre todo, a la entonación, he procedido a realizarla para ofrecer una lectura más limpia del texto. Naturalmente ha sido necesario en determinados casos, además de poner comillas y guiones, sustituir los signos [...], [.] y [,] por el signo [:], en cuanto aquéllos desempeñaban ocasionalmente el papel de marcas de inicio de discurso directo.

En la pág. 80 he considerado que el discurso directo se concluye después de «anatómica». En la edición de 1918 no existen marcas que lo indiquen. Un caso problemático es el ya aludido de pág. 114, donde a un aparente discurso directo corresponde una estructura gramatical parcialmente de discurso indirecto. He mantenido y completado las marcas de discurso directo, colocando las comillas.

7.– *Otros problemas*. En algunos casos, la edición de 1918 propone la yuxtaposición de dos signos de puntuación. Se trata generalmente de [...] seguidos por [,] o [;], con este orden o invertido. He intervenido manteniendo sólo el signo [...] pues no se modifica la pausa. A veces aparece también [...] seguido de [!], que he regularizado invirtiendo el orden.

Apéndice

Apéndice I

Epistolario a la familia

Nota introductoria

Se trata de las cartas y telegramas conservados que Lorca envió a su familia durante el otoño de 1916 (segundo viaje con Berrueta) y durante el verano de 1917 (cuarto viaje). Excepto dos ya publicadas, se trata de cartas inéditas, las primeras que se poseen. Aparte el notable valor biográfico, tienen excepcional interés para establecer una comparación entre el enfoque de la percepción inmediata de la realidad y la sucesiva plasmación literaria en la escritura de *Impresiones y paisajes*. Véase, por ejemplo, la carta núm. 10 y los capítulos «La Cartuja» y «Monasterio de Silos»; o la carta núm. 11 y el texto núm. 15 del *Apéndice II*, a su vez reelaborado en el «Tema» de *Impresiones y paisajes:* «Una visita romántica (Santa María de las Huelgas)».

Para su transcripción me he atenido, cuando ha sido posible, a la disposición gráfica de las cartas, al uso de los puntos suspensivos, al uso de mayúscula y minúscula, etc. Por lo que se refiere al uso de la puntuación, he seguido un procedimiento análogo al de *Impresiones y paisajes,* es decir, he intervenido en lo estrictamente necesario. Se ha mantenido en general el sistema gramatical lorquiano, pero se han corregido algunos errores y olvidos probablemente debidos a distracciones, prisas, etc. He corregido y regularizado la ortografía y la acentuación de las palabras. Mis intervenciones, cuando son de una cierta entidad, aparecen entre corchetes. En la nota correspondiente a cada texto he indicado, cuando ha sido posible, nombre y apellidos de las personas citadas por Lorca (*Don Martín* es siempre Martín Domínguez Berrueta).

Convento de la Encarnación

- There are beautiful historic figures
- celebration of día Teresiano where everyone happily gathered
- There is a stupendous convent where no one goes, but they got to go.
- It was quite emotional
- He was not supposed to, but he took pics
- He played some of his own music

[ep. núm. 1]

[Membrete:] Academia de Intendencia Militar. Profesores

(Ávila es enorme)

Ávila, 19, Octubre [1916]

Queridos padres: Estoy contentísimo, aquí la gente nos atiende una enormidad, y la ciudad es una joya del arte, es como si la edad media se hubiera levantado del suelo, palacios señoriales, las murallas están intactas y rodean toda la ciudad. Los campesinos visten como antiguamente, las mujeres con las faldas enormes de anchas y de muchos colorines con grandes pañuelos de flores y preciosos aretes, los hombres, pantalón corto, chaquetilla corta y sombrero calañé. Hablan divinamente y están enormemente educados. Como son fiestas de la Santa Madre Teresa de Jesús, aquí hay muchos de ellos y hemos hablado con muchos. Es de lo más interesante de Ávila.

Los monumentos son hermosísimos, todos con grandes recuerdos históricos. Hoy ha sido el día Teresiano: acompañados del gobernador, alcalde, etc. etc.... hemos recorrido los monumentos de la Santa. Donde nació, donde fue bautizada, donde fue monja, etc., etc...... y hemos leído los versos de la sublime doctora por los caminos de las murallas. Y ahora lo gordo. Con permiso especial del nuncio hemos visitado la clausura del con-

de la Encarnación (este Don Martín es el demo-
... : a la clausura no entra nadie y hemos entrado noso-
... os. Es estupendo, todas las monjas estaban allí cubiertas con largos velos, nos acompañaron las monjas más
viejas, una iba delante tocando la campanilla para que
las monjas se retiraran y no nos vieran. Yo estaba emocionado de ver aquellos claustros donde vivió la gloria
más alta de España, la mujer más grande del universo
como es Teresa de Jesús, de ver y tocar la cama donde
descansó, las sandalias, la celda donde vivía y donde se
la apareció Cristo atado a la columna, y el locutorio donde hablaba la Santa con e[l] sublime místico San Juan de
la Cruz y San Pedro Alcántara, «Para fablar de cosas del
espíritu» como dice ella.

Todos los autógrafos de la Santa y la escalera donde
se la apareció el niño Jesús, y allí una monja de las que
nos acompañaban recitó en alta voz una grandiosa poesía de la sublime doctora... y todos estábamos hincados
de rodillas. La monja la recitó estupendamente bien.
Después vimos el comulgatorio de la Santa y mil cosas:
todas ellas de un gran valor artístico y religioso. Mamá
me acordé mucho de todos vosotros porque os hubieran gustado mucho estas cosas que hacen volver la vista
a otra parte más alta que la tierra. Como llevaba navaja
D. Martín me hizo cortar astillas de todo lo que usó la
Santa y que las llevo a Granada. Las monjas nos dieron
escapularios y reliquias de la Santa y san Juan. Estoy
contentísimo porque he visto un convento de clausura
perpetua (como una monja estaba allí ya 48 años sin
salir de allí) todo por dentro. Sacamos fotografías de las
monjas a hurtadillas de ellas (no querían). Hemos puesto una pica en Flandes, eso no lo ha visto nadie más que
el Rey y nosotros.

Por la noche, estupenda velada en el Instituto. Mariscal me presentó y toqué [a]l piano cosas mías, que me
aplaudieron y felicitaron muchísimo. Nos han invitado
(el marqués de Foronda) a dar una conferencia en Madrid (academia histórica). Papá, yo estoy muy contento,

(1) (Ávila es enorme)

ACADEMIA DE INTENDENCIA MILITAR
PROFESORES

Ávila 19 Octubre

Queridos Padres: Estoy contentísimo aquí la gente nos atiende una enormidad, y la ciudad es una joya del arte es como si la edad media se hubiera levantado del suelo, palacios señoriales, las murallas están intactas y rodean toda la ciudad. Los campesinos visten como antiguamente, las mujeres con las faldas enormes de anchas y de muchos colores con grandes pañuelos de flores y preciosos aretes, los hombres pantalón corto chaquetilla corta y sombrero calañé, Hablan divinamente y están enormemente educados, Como son fiestas de la Santa Madre Teresa de Jesús hay aquí muchos de ellos y hemos hablado con muchos. Es de lo más interesante de Ávila

Los monumentos son hermosísimos, todos con grandes

2 las cartas tardan mucho así es que nos entenderemos por teléfono

ACADEMIA DE INTENDENCIA MILITAR
PROFESORES

(2)

columna y el locutorio donde hablaba la Santa con en sublime místico San Juan de la Cruz y San Pedro Alcántara, ((Para hablar de cosas del espíritu)) como dice ella. Todos los autógrafos de la Santa y la escalera donde se la apareció el niño Jesús, y allí una monja de las que nos acompañaban recitó en alta voz una grandiosa poesía de la sublime doctora y todos estábamos arrodillados de rodillas, La monja lo recitó estupendamente bien, Después vimos el comulgatorio de la Santa y mil cosas, todas ellas de un gran valor artístico y religioso. Mamá me acordé mucho de todos vosotros, porque os hubiera gustado mucho estas cosas que hacen volver la vista a otra parte más alta que la tierra. Como llevaré navaja L. Martín como compro cosas el dinero merma. Besos a mis hermanos. Recuerdos a las mozas Paquita y Encarna. Os abraza y os besa con cariño vuestro hijo

Federico (a la vuelta)

las cartas tardan mucho así es que nos entenderemos por telefonema.

NOTA: *Actualmente es la primera carta conocida de Federico.*

2 hojas, 9,5 x 24 cm., en tinta, ambas caras, en papel con membrete Academia de Intendencia Militar. Profesores, numeradas 1 y 2.

Fechada «Ávila 19 Octubre» [1916].

Paquita y Encarna eran muchachas de la servidumbre de la familia.

[ep. núm. 2]

[Membrete:] Nemesio Pérez. Gran H. La Castellana. Padilla, 12. Teléfono núm. 27. Coche a todos los trenes.

Medina del Campo, 20 de Octubre de 1916

Queridos padres: Henos aquí en Medina del Campo, la tierra donde murió la gran reina Isabel la Católica. Hemos visto el Castillo de la Mota, sitio donde murió la reina, que es precioso, se conserva casi intacto y es un castillo de la edad media... allí está el oratorio de la reina y la cama donde murió. La plaza del pueblo es magnífica, una de las mejores de España, y allí está el balcón desde donde se proclamó rey de León a Fernando V. Estudiamos una barbaridad y ¡nos damos cada caminata! Don Martín es un niño de 18 años, corre, ríe, canta con nosotros, y nos trata de igual a igual..... con demasiada franqueza, estoy encantado. Viajar es un primor, y más

234

como lo hacemos nosotros, atendidos por todas partes y obsequiados por todo el mundo.

Mamá hace un frío que tengo la cara cortada y los labios hechos una lástima, pero estoy más fuerte, más ágil y habré aumentado 2 o 3 kilos... de manera que esto me conviene. Las cartas tardan muchos días ¡¡como estamos tan lejos!! por eso no podéis escribirme, pero telegrafiadme. Las conferencias telefónicas son muy baratas y por 1 peseta son 100 palabras, que modo que telefoneadme.

Muchos recuerdos a todos, besos a mis hermanos. A Isabelita le dices que le voy a llevar cosas muy bonitas y que le van a gustar mucho. ¡¡Cómo se va el dinero!!!! Como me falte te pediré, ¿no es verdad, papá, que me mandarás?........ yo haré por no pedirte......

Don Martín dice en guasa que vamos a ir a Granada atados codo con codo por la guardia civil, por no pagar las comidas. Nos encontramos a La Chica en la estación del Escorial y cuando se enteró del dinero que llevamos para camino tan largo, dijo... «no comerán ustedes, ayunarán». Pero Don Martín hace milagros, así, hace milagros. Es un gran economista. Vuelvo a repetir lo de los besos y abrazos a todos. Y vosotros recibid muchos besos y un abrazo apretadísimo de vuestro hijo que os quiere mucho

Federico

Ahora voy a Salamanca y después a Zamora, León, Pontevedra, Lugo, Santiago, Coruña, Ferrol, Burgos, Segovia, Toledo y Madrid —donde daremos una conferencia en la «Real Sociedad Geográfica», invitados por el presidente de la misma, señor marqués de Foronda.

Adiós.

NOTA: *Publicada por M. García Posada en* ABC, *Madrid, 3/2/1990.*

1 hoja, 18,5 x 21,5 cm., en tinta, ambas caras, en papel rayado con membrete: Nemesio Pérez. Gran H. La Castellana. Padilla, 12. Teléfono núm. 27. Coche a todos los trenes.

Fechada «Medina del Campo 20 de octubre de 1916».

Isabelita *es Isabel García Lorca, hermana de Federico.* La Chica *es probablemente Juan Ramón La Chica, cacique granadino.*

———

[ep. núm. 3]

[Telegrama:] Salamanca [22 o 23 de octubre de 1916]

Queridísimos padres. Estoy en Salamanca contentísimo. Esto es hermoso. Visité monumentos estupendos. Recibimiento espléndido, rector obsequiónos mucho retratándose con nosotros. Leed prensa, habla de nosotros. Don Martín buenísimo, comunícalo familia. Telegrafiadme inmediatamente recibáis telefonema. Conferencia telefónica madrugada vale 1 peseta, son cien palabras. Dirigirse Hotel Comercio, Salamanca, en seguida, me voy pronto. He comprado cosas de arte gastando cincuenta pesetas. Esta noche he tocado casa rector, estuve muy bien. D. Juan, hermano de D. Martín, que es un formidable músico, felicitóme entusiásticamente. Recuerdos a todos, besos a mis hermanos, y para vosotros un millón de besos de, telegrafiadme en seguida, Federico.

NOTA: *Telegrama enviado desde Salamanca, a la casa familiar granadina de Gran Vía 34, el ¿22-23? de octubre de 1916.*

D. Juan *es Juan Domínguez Berrueta, hermano de don Martín.*

———

[ep. núm. 4]

[Telegrama:] León [28 o 29 de octubre de 1916]

Queridos padres: Estoy en León después haber estado Santiago, Coruña Lugo. Coruña gustome mucho, sobre todo el mar. En Lugo salieron coches gala de ayuntamiento a recibirnos. Papá mándame por giro postal telegráfico cien pesetas. No hay dinero. Mándalo en seguida a Burgos, Instituto. Todos piden a sus casas, es muy gracioso. Recibí telefonemas y cartas alegrándome mucho. León es hermoso, hace mucho frío. En Santiago compré conchas plata. Nos recibió el cardenal, contentísimo. Recuerdos a todos, besos a mis hermanos, Don Martín, mil besos de Federico.

NOTA: *Telegrama enviado desde León a la casa granadina de Gran Vía, 34, el ¿28-29? de octubre de 1916.*

[ep. núm. 5]

[Membrete:] Hotel Restaurant de Martín Ávila. Burgos.

Burgos 2 de noviembre [1916]

Queridísimos padres: Estoy ya en Burgos y muy contento porque nos han recibido espléndidamente y estamos ya de banquetes hasta los pelos. Que vamos a la Diputación... pues un banquete... que al Ayuntamiento, pues banquete, y así por todas partes. D. Martín es aquí el amo, no sabéis lo que lo quieren todos los señorones estos, hemos comido con marqueses, con diputados y el alcalde, en sus casas con su[s] familias..... en fin lo grande. Burgos es maravilloso, tanto en lo antiguo (que es

237

ha gastado mucho dinero

de lo mejor de España) como en lo moderno. Papá perdona que te haya pedido dinero... pero es que ya me hacía falta y encontrarme tan lejos de vosotros sin una perra..... no podía ser. Además ya que he salido estoy comprando fotografías, recuerdos de donde paso. Todos han tenido que hacer lo mismo. Hay que ver lo que se gasta y cómo se va el dinero. Ésta la termino corriendo porque D. Martín mete bulla para marcharnos a visitar la magnífica Cartuja. Recuerdos a todos, besos a mis hermanos y recuerdos a Tomasico, y para vosotros mil besos de vuestro hijo que os quiere mucho

make noise

Federico

(Mamá te he comprado una medalla).

NOTA: *1 hoja 19 x 24,5 cm., en tinta, una cara, en papel con membrete:* Hotel Restaurant de Martín Ávila. Burgos.
Fechada «Burgos 2 de noviembre» [1916].
Tomasico *probablemente es un primo.*

[ep. núm. 6]

[Telegrama:] Madrid 4 ó 5 de noviembre de 1916

Queridos padres: Estoy en Madrid, buenísimo de salud. Don Martín también dio conferencia en Academia Historia, brillantísimo; contestóle el ex ministro Ugarte. Comunícalo familia. Llego el miércoles diez noche. Mañana comida Natalio Rivas. A Isabelita le llevo un muñeco. Ya tengo muchas ganas de veros. Recibí vuestra carta, me alegré mucho. Con Don Martín [va] una sobrina de León que es guapísima. A Conchita le llevo algo también. Besos a mis hermanos. Un abrazo de Federico.

238

NOTA: *Telegrama enviado desde Madrid ¿4-5? noviembre 1916.*

Isabelita *es Isabel García Lorca, hermana del poeta.* Conchita *es Concha García Lorca, la otra hermana.*

[ep. núm. 7]

[Membrete:] La Carranzana. Gran Casa de Viajeros. Espoz y Mina, 4 y 6, pral. Teléfono 4801

Madrid 16 de Julio de 1917

Queridos padres: ya estoy en Madrid y muy contento de tan agradable compañía. El viaje lo hicimos sin calor porque con el viento del tren hacía mucho fresco... Madrid cada vez que lo veo me gusta más por la despreocupación que aquí reina. Salimos mañana para Palencia y el día 18 ya estaremos en Burgos. Ya sabéis que las cartas las mandáis al Instituto.

Nos reímos mucho con las cosas que nos pasaron en el tren que fueron graciosísimas. Siempre que he pasado por Madrid me han entrado ganas de venirme a estudiar aquí, no por la ciudad porque al fin y al cabo Granada es infinitamente mejor que esto, sino por las gentes que son bien distintas y porque aquí pudiendo estar sin fatigas económicas es muy fácil triunfar en cualquier orden de cosas. Me he encontrado y he estado con Montesinos que está en ésta, colocado por don Fernando de los Ríos en el Centro de Estudios Históricos y está muy contento con la buena suerte que ha tenido y me dice que me venga el año que viene con él. Todos estamos muy bien. Recuerdos de todos especialmente de Doña Rosario y Don Martín. Recuerdos míos a todos los de ahí. Besos a mis hermanos y para vosotros un fuerte abrazo de vuestro hijo que os quiere

239

Federico

Que coma Isabelita

NOTA: *1 hoja, 19 x 23,5 cm., en tinta, una cara, papel rayado con membrete:* La Carranzana. Gran Casa de Viajeros. Espoz y Mina, 4 y 6, pral. Teléfono 4801.

Fechada «Madrid 1 de Julio de 1917».

Montesinos *es José Fernández Montesinos.* Doña Rosario *es la esposa de Martín Domínguez Berrueta.* Isabelita *es Isabel García Lorca, hermana de Federico.*

[ep. núm. 8]

[Membrete:] Hotel Restaurant de Martín Ávila. Burgos.

Burgos 19 de Julio [1917]

Queridos padres: Por fin después de un largo viaje llegamos a Burgos donde estamos muy bien, a Dios gracias. Somos muy bien atendidos por todos que son gentes finísimas. En seguida que llegamos y nos colocamos me dijo Don Martín el plan de estudios que debía seguir y he comenzado mi tarea. Estoy muy contento de estar aquí, ahora que me acuerdo mucho de todos vosotros. ¿Hace ahí mucho calor? Porque por aquí da gusto... ya ves os escribo a las doce del día y reina una temperatura estupenda.

Que me escribáis diciéndome cómo estáis todos y si Isabelita come mucho..... ¿Vais a salir a alguna parte? Os digo que aquí estamos admirablemente. Si recibís alguna carta para mí me la mandáis sin pérdida de tiempo. ¿Papá cómo has pasado tu día? No te mandamos telegramas porque como estáis en Asquerosa.......... Yo pasé mi día en Palencia. Fijarse bien en ¡Palencia!... Es una cosa rarísima y que yo nunca me hubiera figurado..... Nos reímos muchísimo y don Martín me felicitó con una tarjeta.

Después visitamos la basílica de Baños hecha por el rey Recesvinto y que es la iglesia más antigua de España. El obispo que es íntimo de Don Martín nos obsequió y *give* exageradamente..... en fin, lo pasamos muy bien. Recuerdos a todos mis tíos, besos [a] mis hermanos y que me escriban ellos, apretones de manos de don Martín y *hand-shake* para vosotros un fuerte abrazo de vuestro hijo que os quiere mucho

Federico

P.D. Mamá he dado a lavar las camisas que traía sucias, y el traje nuevo y el abrigo me los han planchado. Estoy muy bien y contento. Oye, que no te olvides de escribir.

Vale.

Las señas: Instituto. Burgos
Ponéis el nombre de Berrueta para entregar a etc....

NOTA: *1 hoja 19 x 23 cm., en tinta, ambas caras, papel rayado con membrete:* Hotel Restaurant de Martín Ávila. Burgos.
Fechada «Burgos 19 de Julio» [1917].
Isabelita *es Isabel García Lorca, hermana del poeta.*

[ep. núm. 9]

[Membrete:] Hotel Restaurant de Martín Ávila. Burgos.

Burgos 23 de Julio [1917]

Queridos padres: Sigo por aquí enterándome de tantas cosas que no sabía y que hacen falta para una cultura un poco sólida. El tiempo es magnífico, no sentimos calor y algunos días a las doce, cuando ahí será morir, nosotros estamos con un airecillo maravilloso. Por las noches paseamos por un magnífico paseo lleno de estatuas y jardines, y con abrigo y todo, en dando las doce nos dice D. Martín vámonos que aquí [no] se puede estar. Algunas gentes llevan gabán de invierno... ¡digo mamá si no me lo echas buena la has hecho!! Que no os olvidéis de escribirme pues como las cartas tardan tres o cuatro días si no lo hacéis resulta que nunca tengo carta....... Aquí es el sitio a propósito para la persona que le tema al calor. Isabelita se pondría hecha un becerrete ¿Cómo está, come mucho? Y la demás familia ¿cómo sigue?..... Dentro de unos días me voy a santo Domingo de Silos, uno de los monasterios más famosos en la antigüedad por su escuela de canto llano y por ser un edificio del siglo XIII de un valor artístico incalculable y lleno de leyendas de reyes y de pajes. Está situado en los picos de la sierra de la Demanda, lugar poético y agreste. Tiene un coro de frailes que no cantan nada más que canto llano en número de 70... De manera que figurarse lo hermosísimo que resultará 70 tíos vestidos de blanco por aquellos claustros tan maravillosos cantando a voz en cuello a media noche que es cuando celebran una ceremonia........ Después haremos excursiones a otros lugares de la provincia, sitios del Cid, de Fernán González........ Esto es maravilloso y muy digno de estudio por la cantidad de historia pasada que hay en todas las piedras... En la cartuja he encontrado a un lego que sabe una barbaridad de música y me ha ofrecido que me enseñará y que me dirá libros donde puedo estudiar esa música antigua. Es un viejo venerable que era ingeniero de la región Valenciana y se metió a Cartujo por vocación. Recuerdos a todos. Muchos besos a la tía Matilde y a su familia. Besos a mis hermanos. A Conchita y a Isabelita les estoy comprando postales preciosas.

Para vosotros muchísimos besos de vuestro hijo que tiene ya gana de veros.

Federico.

NOTA: *1 hoja 19 x 23 cm., en tinta, ambas caras, papel rayado con membrete:* Hotel Restaurant de Martín Ávila. Burgos.

Fechada «Burgos 23 de Julio» [1917].

Isabelita *es Isabel García Lorca, hermana de Federico.* Conchita *es Concha García Lorca, la otra hermana.* Matilde *es Matilde García Rodríguez, tía paterna.*

Para la identificación del lego *de la Cartuja, I. Gibson ha propuesto la de un tal hermano Tarín* (Federico García Lorca I. De Fuente Vaqueros a Nueva York, *Barcelona, Grijalbo, 1985, pág. 170), mientras que para el monje músico protagonista del capítulo dedicado al Monasterio de Silos, Gibson propone fray Ramiro de Pinedo (ibídem, pág. 168). Cabe la posibilidad, sugerida por esta carta, de que Lorca haya efectuado, al escribir* Impresiones y paisajes, *un cruce literario de datos biográficos de distintos personajes reales.*

[ep. núm. 10]

[Membrete:] Real Monasterio de Santo Domingo de Silos. Provincia de Burgos.

Hoy 1 de Agosto [1917], nueve de la noche...

Queridos padres: Por el papel ya sabréis dónde esparzo mis letras.... estoy aquí más contento que nunca lo he estado, y no porque estos frailes den bien de comer (que dan muy humilde y frugal) sino por la grandiosidad artística de sus claustros y patios, y por el sitio en que está situado... Lo cercan sierras altísimas, llenas de encinas y enebros, con aguas riquísimas y una tranquilidad maravillosa. Esto es tan grande que te puedes creer, mamá, que hace unos minutos salí a una necesidad de mi celda y me perdí entre los pasillos y las escaleras, y todo esto sin luz... bueno, pues de pronto por una puerta vi luz, me asomé y me llevé un susto morrocotudo porque se me vino encima un San Benito Abad

243

que tiene más del tamaño natural... Y así entre sombra[s] he caminado unos momentos hasta que un monje de éstos me encontró y me guió a la celda de Don Martín, que todavía se está riyendo..... Los frailes son muy finos. Hay dos que tienen muy buena sombra y que cantan y tocan divinamente.....

Anteayer entramos en la clausura de las Huelgas con permiso del Nuncio: un monasterio fundado por Alfonso VIII, el llamado de las Navas de Tolosa, cuyas banderas y sepulcro están aquí. En los claustros está el antiguo panteón real, enorme de interesante, y en el cual El Escorial es una zapatilla al lado de su arte y su solemnidad. La abadesa, que usa mitra y báculo, para hacernos honores y pleitesía nos sentó uno por uno, con el báculo en la mano, en la silla prioral. Es una de las escenas más hermosas y más serias que yo he presenciado en mi vida. Cuando yo me senté me dijo: «¿Tiene usted padres?», «Sí, señora», le respondí, y entonces ella moviendo la cabeza me habló: «Que Dios se los conserve siempre, si no en cuerpo, en alma... y ojalá que no crecierais más, para que tantas risas de vuestra juventud no las vierais trocarse en llanto desconsolador»... Podéis creeros de verdad que me conmovió muchísimo, así como todas aquellas hermosuras de pensamiento que dijo a los demás....... Todas ellas vestían de blanco y como estuvimos con todas, muchas veces vi escenas como de «Canción de cuna»..... Parecían niñas hablando de buenas... y como había algunas guapísimas se dejaron retratar a hurtadillas de las viejas gruñonas que no quieren quebrantar la orden... pero ellas, rojas como rosas [de] mayo, se ponían detrás de las columnas, negras de risa, y entonces nosotros ¡zas! las fotografíabamos..... Mamá sería una viejecita buena e inocente que se creía que la íbamos a sacar (con el trípode)... Ya os contaré más detenidamente.

Ahora sólo os digo que he llegado aquí esta tarde y que pienso ver muchas cosas notables. Habréis recibido un periódico de Burgos en que mandé un artículo y les

244

gustó tanto que le dieron el puesto de honor del periódico, o sea el fondo. Esta noche habrá salido otro, y otros muchos que pienso publicar en este periódico, que es el mejor de Burgos, y en periódicos de Madrid, para los cuales estoy haciendo un estudio de las Huelgas........ Me han felicitado muchísimo todas las personas amigas de don Martín... y como habréis visto que es algo atrevido de ideas, anoche me felicitó el jefe de los radicales de aquí que es un buen literato... por cierto que nos reímos muchísimo después. Que me escribáis a Burgos porque aquí no estamos nada más que tres días..... Ahora mismo la campana del monasterio toca a silencio... mi celda da a un soberbio patio antiguo en el que hay una fuente y mucha luna..... Por la puerta siento los pasos de los religiosos que van ahora a la iglesia...

Ya no me tengo de sueño... estoy rendido de tanto coche y automóvil para llegar aquí... Papá si vieras qué trigos más pobres... Oye mamá, me han dejado por si me da hambre almíbar de fresa... ¡Qué rico!... Prima María, ¡moscata! ¡moscata! Recuerdos a todos. Besos a mis hermanos y para vosotros un millón de besos de vuestro

Federico

Ahora empieza el majestuoso, tremendo canto gregoriano.

NOTA: *Publicada por M. García Posada en* ABC, *Madrid, 3/2/1990.*

1 pliego 18,5 x 23,5 cm., en tinta, escrito en caras 1, 3, 4, en cara 1 membrete: Real Monasterio de Santo Domingo de Silos. Provincia de Burgos.

Fechada «Hoy 1 de Agosto. Nueve de la noche......». [1917].

María *es* María García Palacios, una prima.

[Membrete:] Salón de Recreo. Burgos

Hoy 17 [agosto 1917]

Queridos padres: Me hallo perfectamente bien y bastante contento aunque tengo muchas ganas de veros. Quizá en seguida que esto se termine (que creo está ya) me iré a Granada porque bastante tiempo estoy en Burgos. Desde luego os puedo decir que he aprendido muchas cosas y de mucha necesidad para una persona educada finamente. ¿Qué me dice el gruñoncete de Paquito? He recibido una carta suya en la cual me dice que yo no escribo. Pues os he de advertir que quien está disgustado soy yo porque no me escribe nada más que mamá, pues ni papá ni Conchita me han escrito una carta de las largas que tanto deseo.

Os he mandado los periódicos en los cuales he publicado artículos. ¿No han llegado? Os he escrito cartas desde todos los pueblos donde he ido. ¿No las habéis recibido? Y a los tíos también les he mandado los periódicos y todo lo que haga, porque a quién sino a vosotros los voy a mandar... Tengo escritos unos artículos que se publicarán en Madrid cuando pase la marejada.

Que me escribáis diciéndome como estáis y las niñas y las primas enfermas que me interesa mucho.

Y el Frasquitazo del chacho le dices que siga tan gordo... pero mira ¡niña Isabelita! ven acá... que no te tire bocaos. Al papá ya lo leo en las sesiones del ayuntamiento en los periódicos que recibe Don Martín de esa.

Estoy como un archipámpano..... y ¿vosotros? Si queréis yo os pondré también conferencias telefónicas. ¡Ah! Oye papá, las sesiones del ayuntamiento de aquí son magníficas porque hay concejales que hablan muy bien; he estado en varias. Os digo solemnemente que la cuestión peseta está de baja. Punto y seguido. Muchos besos a la prima Clotilde, tan requetesimpati[quí]sima y <u>güena vela</u>, a la seria de Virtudicas que se ponga mejor. Yo se lo digo. El <u>chacho</u> Enrique me escribió una carta muy bonita. El tío Luis no..... decidle que me escriba.

cheerful

Recuerdos a las muchachas tan <u>risueñas</u> y las amigas de Conchita. Besos en redondo a toda la familia. Abrazos a mis hermanos. Pellizcos a, a... bueno a Mamá yaya. Apretones de manos a mis amigos y a Ramos... y para vosotros ¡ay! para vosotros......... yo mismo ¿queréis más?

Federico

Le dices a Clotilde que hay una tía <u>penco</u> en la fonda por el estilo Parejilla de la Fuente que es para revolcarse y <u>mearse</u> y todo lo que ella quiera... incluso el colorín.

Vale

bright color

Tengo ganas de ver a Clotilde... el ¡Sursum corda!

NOTA: *1 pliego 17,5 x 26 cm., en tinta, cuatro caras, cara 2 membrete:* Salón de Recreo. Burgos.
Fechada «Hoy 17» [agosto 1917].
Paquito, Conchita e Isabelita *son Francisco, Concha e Isabel García Lorca, los hermanos de Federico. Frasquitazo, Enrique y Luis son Francisco, Enrique y Luis García Rodríguez, tíos paternos del poeta. Clotilde es Clotilde García Picossi, una prima. Virtudicas es probablemente otra prima de Federico. Ramos es José Ramos, el capataz del padre. No tengo referencias para Parejilla de la Fuente.*

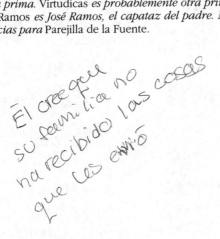

El cree que su familia no ha recibido las cosas que les envió

Apéndice II

Textos

Nota introductoria

Se incluyen aquí todos los textos poseídos que tienen una relación inmediata y directa con el libro, ya se trate de artículos previamente publicados, de primeras versiones o de textos descartados en el proceso de antologización de *Impresiones y paisajes*. En la nota que acompaña a cada texto doy las informaciones pertinentes.

En la transcripción de los manuscritos he intentado mantener de alguna manera cómo concebía Lorca el acto mismo de la escritura, que luego ha tenido su expresión en la edición de *Impresiones y paisajes*. Por lo tanto me he atenido en lo posible a la disposición gráfica de las frases, al uso de los puntos suspensivos, al uso de mayúscula y minúscula, etc. Por lo que se refiere al uso de la puntuación, he seguido un procedimiento análogo al de *Impresiones y paisajes,* es decir, he intervenido sólo en casos extremos. Se ha mantenido, donde era posible, el sistema gramatical lorquiano, pero se han corregido algunos errores y olvidos probablemente debidos a distracciones, prisas, etc. He corregido y regularizado la ortografía y la acentuación de las palabras. Mis intervenciones, cuando son de una cierta entidad, aparecen entre corchetes.

Por lo que se refiere a los textos ya editados, sigo la transcripción del editor. Para el bloque de artículos que Lorca publicó en el *Diario de Burgos*, durante su estancia en el verano de 1917, y en la revista *Letras* en diciembre de ese mismo año, hay que considerar la posibilidad de que la redacción del diario y la de la revista intervinieran en la corrección previa del texto presentado por Lorca. En efecto, presentan un sistema gramatical y de puntuación mucho más 'normal' que el del libro.

La ordenación del material sigue la disposición de los capítulos o partes de *Impresiones y paisajes.*

Junto al número progresivo de ordenación, indico con las siglas *Ap, Mv, Ni* y *Pv* el tipo de texto en función de la siguiente clasificación:

Ap - Los artículos relacionados con *Impresiones y paisajes* (incluidos o no) que fueron publicados por Lorca en diarios y revistas antes de la salida del libro. El número y la importancia de las variantes, la reelaboración profunda a que algunos han sido sometidos, justifican que los haya recogido en este *Apéndice.*

Mv - Los manuscritos que con pocas variantes y con una sustancial identidad de forma pasan total o parcialmente al libro.

Ni - Los textos no incluidos, es decir los que en el proceso de antologización y reescritura fueron rechazados o no considerados por el mismo Lorca.

Pv - Los que denomino primeras versiones, es decir los textos que, en calidad de apuntes y notas de viaje o pruebas de escritura, presentan una estrecha relación de contenido pero no de forma con capítulos o partes del libro.

Para facilitar la relación entre el corpus de textos aquí recogidos y los capítulos de *Impresiones y paisajes* ofrezco una lista de las correspondencias.

La — Balada de la muerte.

Por encima de todas las preocupaciones y de todas los olvidos hay una mancha espantosa que llena por completo la vida de los hombres. La preocupación de la muerte.... Es que si el pensamiento se para á contemplar ese misterio no lo comprende y únicamente sabe que sus ojos se despanzurrarán entre piedras y que sus entrañas serán nidos de horrores vivientes y que los gusanos verdes y devoradores se amoran sulcoraron? Siempre que se piensa en la muerte nos figuramos nosotros mismos bajo tierra á con resentimiento y corazón de nuestro cuerpo roído por gusanos que nuestras manos no lo pueden quitar pero que nuestros ojos entreabiertos los ven.... y el horror á la muerte casi nunca es por el alma sino por el cuerpo y por un temor que existe en todos nosotros de la contemplación del mas allá....... Los hombres nos amamos por el cuerpo y cuando este es de hielo ya que ha pasado...

«AL AMPARO DE LOS MUROS DE ORO...»

Al amparo de los muros de oro viejo de las viejas ciudades, el alma encuentra reposo y tranquilidad envueltos en una especie de inquietud vaga y soñadora. Al amparo y cariño del sol, en sus calles estrechas y miedosas se camina soñando en todo y en nada y a veces se es todo espíritu de castidades blancas............... Luego si se recuerda lo que es muerte al corazón y se asoman nuestros ojos a las claridades mortecinas del atardecer y si se ven las casonas pesadas todas rosa y cristal, nuestra alma es de otra alma y nuestro cuerpo es piedra negra besada por el sol... Yo en peregrinación amorosa pisé ciudades y ciudades todas añosas y desmoronadas con yerbazales vírgenes, con jaramagos plúmbeos, con sombras de cruces y en todas ellas los crepúsculos son los momentos más angustiosos y más fieramente románticos..... En ellos el silencio es de muerte, tan único que se oye morir a la luz......... Los soñadores, los apasionados, los melancólicos encontrarán una triste dulzura en su seno... y las ancianas ciudades los amarán y los harán sentir en sus olores y en su color.

NOTA: *Es una primera versión, quizá un primer borrador, del capítulo «Meditación». Publicado por Ch. Maurer en* Cuadernos Hispanoamericanos, *núms 433-434, julio-agosto 1986, pág. 30.*

1 hoja, 22,5 x 16,5 cm., en tinta, al dorso de pág. 11 del ms. de: Mística en que se trata de una angustia suprema que no se borra nunca *(publicada por Maurer en* op.cit. *págs. 25-29).*

Sin fecha. El ms. en donde aparece está fechado «16 de Mayo. 1917».

[núm. 2. *Pv]*

IMPRESIÓN DE VIAJE
ÁVILA

En una noche negra y lluviosa llegué a la ciudad de los grandes recuerdos. Al cruzar sus estrechas y misteriosas calles, una honda emoción me cautivó. Todo estaba obscuro y callado. El viento modulaba fúnebres y miedosas tocatas. Las callejuelas retorcidas y extravagantes eran como los tubos de un gran órgano, que el aire hiciera sonar. La vieja población estaba dormida..... Aquella noche al acostarme las campanas de la catedral hablaron tan hondas y tan melancólicas y me tapé los oídos por no sentirlas. Tenía miedo de oír la durmiente sinfonía de la ciudad convertida en órgano por el viento y a las campanas diciendo su melodía de bronce......

. . . . . Mi alma estaba como en espera de algo que la haría gozar intensamente y oraba llena de una dulce embriaguez mística.......

Por la mañana bien temprano salí de la casa. Estaba lloviendo y hacía un frío horrible.

En la calle no había gente. Las casas son negras y verdosas y están cerradas sus puertas. En el suelo hay yerbas y una humedad que cala todo el cuerpo. El ambiente de leyenda y religiosidad se están mascando. En todos los sitios hay escudos rotos y borrados por los años que parecen que sueñan con edades pasadas. Por un claro de calle veo la meseta inmensa y desconsola-

254

dora. Unos pinos se mueven lánguidos... y la lluvia cae más fuerte, más fuerte. . . . . . Seguí recorriendo la ciudad y todo lo mismo, puertas con dovelas inmensas, ventanas aplastadas, y escudos y más escudos...

Ávila es una ciudad parda, verde, y negra. Ávila es una ciudad de ensueño y poesía. Nunca se puede imaginar cómo es, y aun teniéndola delante duda uno si aquellas murallas son de piedra o si son levantadas por la quimera una noche de ensueño. . . . . . Por un arco noble y fuerte salgo a los adarves y desciendo al río. Entre bruma se ve a la ciudad. Las murallas se pierden en lo blanco. La torre de la catedral se asoma sola y como con miedo de elevarse. El alma de la dulcísima Teresa está suspendida sobre la ciudad. El sonido que percibo es sordo y tembloroso. Es algo así como sonar de esquilas conventuales, voces de monjas y ruido de pasos de alguien que se aleja por una calle cubierta. La mañana está callada y tristona. El cielo pesa sobre los espíritus apenándolos..... Vuelvo a entrar en la población y sigo deambulando por sus calles lúgubres y religiosas. Por todos lados hay que recordar a la santa mujer castellana.

Las cruces dan sombras de pasado. Hay al pasar por los arcos y encrucijadas rarísimos efectos de luz. El silencio es tan callado que se oye cantar al río. Las iglesias y capillitas románicas se suceden sin interrupción. Muchas están mustias y destrozadas. Las hierbas que son amantes de las piedras las cubren y besan con pasión. . . . . . Ábsides, portadas desmanteladas, figuras hieráticas, piedra hecha polvo... todo eso pasa por los ojos con gran ligereza...

La lluvia seguía cayendo desesperada. La ciudad estaba como encogida....... Las nubes eran más negras que las casonas.

Un tren que pasó a lo lejos [——]

NOTA: *Es una primera versión del capítulo «Ávila». Probablemente se trata de un texto elaborado poco después de la estancia en Ávila y luego completamente reescrito para la pu-*

blicación. Publicadas las frases del primer epígrafe por I.Gib-
son en Federico García Lorca 1. De Fuente Vaqueros a Nueva
York, *Barcelona, Grijalbo, 1985, pág. 120.*

6 hojas, 15,5 x 11 cm., en tinta, al dorso de unas papele-
tas electorales, numeradas 2-6, incompleto.

Sin fecha, pero podría ser un texto de finales de 1916 o
principios de 1917.

[núm. 3. *Pv]*

DÍPTICO TERESIANO

En una noche toda temblores fríos llegué a la ciudad
del pasado. Tienen sus calles verdosas y aplanadas una
quietud y una solemnidad trágicas. Cuando se pasa por
ellas en el silencio, los pasos resuenan grandiosos y otro
sonido lejano parece responder a sus choques...

De noche la ciudad es miedosa y de cuento infantil.
La catedral es lo único que se eleva sobre aquel gran
acorde negro y el cielo es vago y opaco como continuación de la ciudad.......

Aquella noche mi espíritu estaba inquieto por lo que
pasó. Aquella noche las campanas de Ávila dijeron una
sonata tan de miel y bronce que mi corazón fue todo
ternura. . . . .

Al ser de día salí a ver la ciudad y pisé sus rincones
con amor.....

NOTA: *Es otra primera versión del capítulo «Ávila», aun-*
que seguramente posterior a la precedente.

2 hojas, 18,5 x 13cm., en tinta, numerada 2; al dorso de
las hojas 3-1 del ms. inédito Estado sentimental. La primavera.
El ms. que lo contiene está fechado «27 de Marzo. 1917».

MESÓN DE CASTILLA

Yo vi un mesón en una colina dorada, al lado del río de plata de la carretera. Bajo la enorme románica fe de estos colores trigueños ponía una nota melancólica la casona aburrida por los años. En estos mesones viejos que guardan tipos de capote y pelos ariscos, sin mirar a nadie y siempre jadeantes, hay toda la fuerza de un espíritu muerto español..... Este que yo vi, muy bien pudiera ser el fondo para una figura del Españoleto.

En la puerta había niños mocosos, de estos que siempre tienen un pedazo de pan en las manos y están llenos de migajas, un banco de piedra carcomida, pintado de ocre, y un gallo sultán, arrogante, con sus penachos irisados, rodeado de sus lujuriosas gallinas siempre coqueteando con sus cuellos.

Era tanta la inmensidad de los campos y tan majestuoso el canto solar, que la casona se hundía con su pequeñez entre el vientre de la lejanía... El aire chocaba en los oídos como el arco de un gigantesco contrabajo, mientras que al cloqueo de las gallinas, los niños, riñendo por una bola de cristal, ponían el grito en el cielo... Al entrar, diríase que se entraba en una covacha. Todas las paredes mugrientas, de pringue sebosa, tenían una negrura amarillenta, incrustada en sus boquetes, por los cuales asomaban sus estrellas de seda las arañas. En un rincón estaba el despacho con unas botellas sin tapar, un lebrillo descacharrado, unos tarros de latón bollados de tanto servir y dos toneles grandes, de esos que huelen a vino imposible.

Era aquello como una alacena de madera, por la que hubieran restregado manteca negruzca y en que miles de moscas tenían su vivienda.

Cuando callaban el aire y los niños sólo se oía el aleteo nervioso de estos insectos y los resoplidos del mulo

257

en la cuadra cercana. Luego, un olor a sudor y a estiércol, que lo llenaban todo con sus masas sofocantes... En el techo, unas sogas bordadas de moscas señalaban quizá el sitio de algún ahorcado; un mozo somnoliento por el medio día se desperezaba chabacano con la horrible colilla entre su boca egipcia; un niño como de «Rafael» jugueteaba al rum rum de un abejorro; otros viejos echados en el suelo como fardos, roncaban con los desquiciados sombreros sobre las caras; en el infierno de la cuadra los mayorales hacían sonar los campanillos al enjaezar a los *machos*, mientras allá entre las manchas obscuras de los fondos caseros brillaba el joyel purísimo de la hornilla, que daba a la maritornes boquiabierta el brillo apagado de un cobre esmaltado de Limoges.

Con la calma silenciosa de las moscas y del aire y rodeados de aquel ambiente angustioso, todas las personas dormitaban. Un reloj viejo de ésos que titubean al decir la hora dio las doce, un carbonero con su blusón azul entró rascándose la cabeza, y musitando palabras ininteligibles saludó a la posadera, que era una mujeruca embarazada, con la cabellera en desorden y la cara toda ojeras... ¿No quieres un vaso? y él: No, porque tengo malo el gaznate... ¿Vienes del pueblo?... No. Vengo donde mi hermana, que tiene esa enfermedad que es nueva... Si fuera rica (contestó la mujeruca) ya el médico se la habría quitado ya... pero los pobres... Y el hombre, haciendo un gesto cansado, repetía: los pobres, los pobres; y acercándose el uno al otro continuaron en bajo la eterna cantinela de los humildes.

Luego los demás, al ruido de la conversación, se despertaron y comenzaron a platicar unos con otros, porque no hay cosa que haga hablar más a dos personas que estar sentadas bajo un mismo techo sin conocerse... y todos se animaron, menos la embarazada, que tenía ese aire cansado que poseen en sus ojos y en sus movimientos los que ven a la muerte o la presienten muy cerca. Indudablemente aquella mujeruca era la figura más interesante del mesón.

Llegó la hora de comer y todos sacaron de sus bolsas unos papelotes aceitosos y los panes morenos como de cuero. Los colocaron sobre el suelo polvoriento y abriendo sus navajas comenzaron la tarea diaria.

Cogían los manjares pobrísimos con las manazas de piedra, se los llevaban a la boca con una religiosa unción y después se limpiaban en sus pantalones.

La mesonera repartía vino tinto en vasos sucios de cristal, y como eran muchas las moscas que volaban golosas sobre los pozuelos dulzones, éstas se caían a pares sobre las vasijas, siendo sacadas de la muerte por los sarmentosos dedos de la dueña.

Llegaban tufa[ra]das sofocantes de tocino, de cuadra, de campo soleado.

En un rincón, entre unos sacos y tablas, el mozuelo, que se desperezaba, engullía unas sopas coloradas que la criada le servía entre risas e intentos a ciertas cosas poco decorosas...

Con el vino y la comida, los viajeros se alegraron y alguno, más contento o más triste que los demás, tarareaba entre dientes una monorítmica canción...

Y fue sonando la una y la una y media y las dos, y todo igual.

Siguió el desfile de tipos campesinos, que todos parecen iguales, con sus ojos siempre entornados por la costumbre de mirar toda la vida al campo y al sol, y pasaron esas mujeres, que son un haz de sarmientos, con los ojos enfermos y los cuerpos gibosos, que van, con gestos de sacrificadas, a que las curen en la vecina ciudad, y desfilaron las mil figuras de tratantes, con sus látigos en la faja, que son muy altos y los rumbosos de las posadas, y esos hombres castellanos, esclavos por naturaleza, muy finos [y] comedidos, que tienen aún el miedo al señor feudal y que al hablarles siempre contestan ¡señor! ¡señor!, y los que son de otras regiones, que hablan exagerando sus palabras para llamar la atención, y hasta se asomó por aquella escena pintoresca el prestidigitador, que va de pueblo en pueblo sacándose cintas de la boca y variando las rosas de color...

Y dieron las dos y las dos y media, y todo igual...

Como ya había sombra en la puerta, a ella se salieron todos los personajes, para gozar del aire perfumado de los cerros...

Solamente quedaron dentro, adormilados aún y cubiertos de moscas, dos vejetes muy apagados, que con las camisas entreabiertas enseñaban un mechón de pelo cano de sus pechos, como mostrándonos la muerta bravura de su juventud... Afuera se respiraba el aire sonado por los montes, que traía en su alma el secreto más agradable de los olores. Las peladas y oreadas colinas, tan mansas y suaves, invitan con su blandura de hierbas secas a subir a sus cumbres llanas.

Unas nubes macizas y blancas se bambolean solemnes sobre las lejanas sierras. Por el fondo del camino viene una carreta con los bueyes uncidos, que marchan muy lentos, entornando sus enormes ojazos de ópalo azul y babeando como si masticaran algo muy sabroso; y pasaron más carretas destartaladas, con arrieros en cuclillas sobre ellas; y pasaron asnos tristes y aburridísimos, cargados de retamas y golpeados por un rapaz; y hombres y hombres, que no veremos más, pero que tienen sus vidas; y algunos sospechosos de los que miran de reojo... y dieron las tres y las cuatro... En el mesón se notó un movimiento, todos los que estaban en él se levantaron; por un lado del paisaje se oía un ruido que fue en creciente hasta que apareció un automóvil dando gritos antipáticos con su bocina, y se detuvo en la puerta del mesón. Montaron todos en sus asientos y yo también, preguntando extrañado: ¿Pero hay automóviles?... La maritornes arrastraba a un cerdo atado con una soga hasta colocarlo en su zahúrda.

Los niños y la madre hastiada se colocaron curiosos en la puerta para vernos marchar... y dieron las cuatro y media. Un castellano, con reflejos de sol en la cara y con las manos en los bolsillos, miraba indiferente a todas las cosas... El automóvil partió... y comenzó a pasar por nuestra vista la eterna cinta roja llena de campanarios y de cruces enmohecidas.

Federico García Lorca
Burgos 20 de Agosto de 1917
(Para el libro *Caminatas por la España Vieja*)

NOTA: *Se trata de un artículo aparecido el 22 de agosto de 1917 en el* Diario de Burgos. *Lorca lo recoge casi por entero en su libro en el homónimo capítulo, modificando algo la puntuación, y cambiando o eliminando las partes finales.*
Publicado por I. Gibson, «Federico García Lorca en Burgos: más artículos olvidados» en Bulletin Hispanique, *LXIX, 1967, núms. 1-2, págs. 179-194.*

[núm. 5. *Ni]*

CARTUJA

CLAUSURA

De la obscuridad de oro y perla surge la figura de un ángel blanco y rosa. Su cara es tan tenue y transparente que se ven las cosas que hay detrás veladas por una neblina clara y temblorosa. Sus ojos están extáticos y abiertos. Sus alas son de plumas rojas, y su túnica de luz violácea. Las manos sublimes las ocultan las anémonas azules que lleva en el pecho. La visión es tan de vapor que apenas si se ve. En el suelo hay un trecho de flores con más luz y color. Ahí descansa el ángel. El fantasma avanza muy despacio hasta colocarse frente a un claustro de mármol blanco y gris dorado. Las columnas son tan débiles y esbeltas que parece se van a quebrar. El techo es de sándalo oloroso y está adornado con medallones de plata cincelada. La luz es de un color rosa muy pálido . . . .
. . . . Por bajo de las arcadas finísimas pasea un monje con hábitos de nieve, cabeza rasurada y carnes

blancas. Lleva un rosario de azabache y un libro amarillento..... Sus pasos suenan majestuosos y reposados.....
La fuente mohosa y virginal reza callada y sentida.
Las palomas apenas se mueven .... La
luz azul y sin vida produce éxtasis supremos en los
claustros callados... El monje sigue paseando. Cuando
se aleja demasiado en la penumbra del corredor es una
mancha lechosa. Es viejo pero esbelto, su mirar es inco-
herente y vago... parece un Zurbarán.......... Una
campana suspiró y las palomas se mudaron de sitio ....
Por los arcos y columnas una transparencia de sol
pasó..... El ángel era ya gigante y de luz roja. La cabeza
descansaba sobre la punta de un ciprés. Tenía los brazos en cruz y en el pecho una copa de cristal granate
llena [de] incienso ardiente........ El monje camina-
ba muy despacio y gallardo..... Los lirios perfumaban al
jardín y a la fuente, y las uvas rubias y claras se movían
inquietas en su parral ...... El ángel era cada vez más
grande y rojo. Sonó el ángelus, el monje se inclinó, elevó las manos al cielo, y se golpeó el pecho. La visión se
convirtió en luz rojiza y su alma se escondió en el seno
del mármol..... El rojo y el dorado se fueron volviendo
blanquecinos y el claustro fue ya grisáceo...........
El religioso de nieve y lana se perdió en un negro del
fondo de la deliciosa galería y todo quedó solitario ....
Los cipreses se inclinan devotos [ante] una cruz antigua
y polvorienta .... y en [el] aire hay
el sonido de un órgano ideal que pulsara la tiernísima
Cecilia. ....

NOTA: *La primera hoja tiene el título* Cartuja. Clausura,
*que parece posterior a la escritura del texto. En efecto hay dos
títulos* Mística cuadro a lo *(tachado «mística») y* Cuadro a lo
Fray Angélico *con la misma letra del manuscrito. Es probable
que Lorca hubiera pensado incluirlo en el libro, pero al final
no lo hizo.*

*5 hojas, 15,5 x 11 cm., en tinta, numeradas 2-5, comple-
to. Al dorso de unas papeletas electorales, las mismas que usa
para otros textos (cfr.,* supra, *núm. 2).*

En 5r fechado «3 de Febrero», sin año, probablemente 1918, y firmado «Federico García Lorca».

[núm. 6. *Ap]*

SAN PEDRO DE CARDEÑA
PAISAJE

Sobre el aire, lleno de frescura primaveral, está cayendo toda la oración castellana. Por los montes de trigos olorosos brillan las arañas y en las lejanías brumosas el sol pone unos rojos cristales opacos... Los árboles suenan a mar y en toda la solitaria llanada inmensa el resol da raros tonos de esmalte.

En los pueblos se respira el ambiente de quietud honda; las eras de seda se llenan de rubio incienso y de cascabeleos pausados como oficios a la resignación del trabajo..... mientras una fuente besa siempre a la acequia que la traga... bajo las suaves sombras de los olmos y nogales, los niños harapientos gritan alegres espantando a las gallinas; la torre silenciosa con un salvaje jardín sobre sus tejas; las casas cerradas con toda la tristeza de su humildad... y un canto de mozuelo que viene del trigal.....

En un remanso que parece un bloque de mármol verde lavan unas mujeres, desgreñadas como Medusas, entre risas y parloteos chismosos...

En los cielos serenos hay nubes en gris y blanco, por la solemnidad férrea del campo hay el blando temblor de la mies...

La sublime unidad de las tierras castellanas se mostraba en su solo y solemne color. Todo tiene la austeridad cartujana, el aburrimiento de lo igual, la inquietud de lo interrogante, la religiosidad de lo verdadero, la solemnidad de lo angustioso, la ternura de lo simple, lo aplanador de lo inmenso.

Las sierras lejanas se ven como indecisas escorias violeta, algunos árboles tienen alma de oro con el sol de la tarde, y en los últimos términos los mansos y obscuros colores abren sus enormes abanicos, cubriendo de terciopelo tornasol las dulces y melancólicas colinas...

Los segadores, con las guadañas, dan muerte a las espigas, entre las cuales, las amapolas, enseñan la tela antigua de su flor.

Por los fondos de plomo comienza a sonar el arrebol, el aire se para, y bajo la mística coloración indefinida, la tarde castellana dice su eterna cansada canción...

Suenan las carretas por los caminos, los insectos músicos tienden al aire las cuerdas de sus gritos, parece que los henos y las flores sin nombre han roto las arcas de sus aromas para acariciar a la blanca obscuridad... parece que del profundo e incomprensible diálogo divino brotara una explicación a la eternidad...

En las aguas se reflejan los árboles juntos en medio de la tristeza de un otoño ideal... y por las hondonadas umbrosas, llenas de sombra ya, se oyen balar las ovejas a la monotonía de una esquila pausada...

Toda la grandeza rítmica del paisaje está en su amarillo rojizo, que impide hablar a ningún otro color... Las yerbas secas que alfombran a los suelos, se amansan, y entre los nogales, y los olmos, una torre antigua con las ventanas vacías, asoma su cabezota cansada del tiempo.

* * *

El sol pone transparencias de aguas verdes sobre el prado en que parlotearon doña Elvira y doña Sol... En el sentimiento de la historia de piedra, el silencio pone su hondura religiosa, sólo turbada por las palomas torcaces con sus aleteos suaves.

Todo el monasterio, al que ya aman las yedras y las golondrinas, enseña sus ojos negros vacíos, de una tristeza desconsoladora, y desmoronándose lentamente, deja que las yedras lo cubran, y los saúcos en flor... Los luminosos acordes del sol de la tarde envuelven a los olmos y nogales de flores amarillas, mientras los fondos de verde macizo van tomando su bronceado color.

Al pasar, enjambres untosos de moscas levantan un murmullo melodioso, los pájaros vuelan alocados, y en los árboles, como hoscos tenebrarios, se posan, escondiéndose entre sus ramas...

En el gran compás del monasterio se levantan grandes piedras, como tumbas cercadas de ortigas y flores moradas... En un lado, una portada sencilla con los escalones dislocados, una torre con escudos negruzcos y sobre ella el hieratismo de las cigüeñas, con sus zancas y picos rosa... Sus grandes nidos, por donde asoman los picos, dan una impresión de dejadez y abandono.

La gesta colosal quisiera hablar en el misterio soleado, pero ya las cimeras y los petos de malla huyeron por un fondo sin luz... La figura amorosa de Jimena ideal aún espera al caballero, más amante de las guerras que de su corazón... Y esperará siempre, como espera Don Quijote y esperan los ensoñadores, sin notar la fría realidad...

Toda la historia de amor está dicha sobre estos suelos; todas las melancolías de la mujer del Cid pasaron por aquí... todas las palabras de réplica mimosa y fuerte se oyeron por estos contornos... «Rey de mi alma y destas tierras conde, ¿por qué me dejas? ¿Adónde vas? ¿Adónde?»...

Pero el héroe tenía ante todo que ser héroe, y apartando a la dulzura de su lado, marchaba entre fijosdalgo en busca de la muerte, y la mujer, dolorida y llorosa, pasearía entre estos saúcos y entre estos nogales renovados, hasta que algún religioso con barba blanca y calva esmaltada viniera en su busca para conducirla a su aposento, en donde quizá todas las noches oyera a los gallos cantar... Y lo desearía y lo amaría por grande y por fuerte, pero todo en vano, que tan sólo algunas horas pudo de sus caricias gozar...

Luego el claustro, lleno de sombra y de polvo... y el sepulcro, en donde las estatuas, llenas de esmeraldas derretidas de humedad, yacen mutiladas y sin alma... Lo demás, todo ruinas con hilos de plata de las babosas ortigas, rudas enredaderas, y mil hojas entre las piedras caídas... y cubierto con una amarga y silenciosa pátina de humedad...

Todo lo que por aquí pasó no pasará jamás... lo de siempre y lo que no queremos creer, la verdad formidable que no oye nadie...

Las cigüeñas están paradas, tan rígidas, que parecen adorno sobre los pináculos... Hay olor a prados y a antigüedad... Bajo las sombras del crepúsculo, el convento, acariciado por los nogales cargados de fruto, tiene más preguntas y más evocación... Al salir de su hondura, todos los claros reflejos del sol ya muerto se esparcen por las tierras llanas... Una llanura de oro viejo, coronada por un nimbo rojo, unas murallas de plata oxidada, y en los cielos la azul frialdad de la luna en creciente... Pero por encima de todo esto, es la gesta que da voces de hierro sobre los campos, muy altas, muy fantásticas, muy sangrientas, sirviéndole de perfume el sollozo de una canción de tarde de Schumann.....

Federico García Lorca
De la Universidad de Granada
(Para el libro en preparación *Caminatas románticas por la España vieja,* prologado por el señor Berrueta).

NOTA: *El artículo salió en el* Diario de Burgos *el 3 de agosto de 1917. Lorca lo recoge, con variantes, en el capítulo «San Pedro de Cardeña».*

Publicado por I. Gibson, «Federico García Lorca en Burgos: más artículos olvidados» en Bulletin Hispanique, *LXIX, 1967, núms. 1-2, págs. 179-194.*

SEPULCROS..........

Es algo muy suave y melancólico un sepulcro dentro
de una iglesia..... Son como altares a la muerte en donde
vivieran grabados en las piedras todos los pecados juntos con todas las virtudes... En ellos descansan los personajes de las tres clases que más hieren a los pueblos.
Arzobispos, guerreros, reyes. Todos ellos envueltos en
las sombras eternas y adornados con extrañas quimeras
de piedra... Algunos carcomidos por los años enseñan
sus cabezas borradas y renegridas y otros aprisionados
por verjas polvorientas [que] impiden ver sus figuras...
Las estatuas yacentes con los dedos que bendicen rotos
y sin narices o con raras mutilaciones tienen una mueca
trágica en su frialdad..... En los sepulcros góticos los
artistas pusieron un misticismo envuelto en una sarcástica burla. Colocaron a la efigie mortal sobre un plinto
donde se hallaban, junto a santos apóstoles, enredaderas de pámpanos en los que se escondían huyendo del
incienso mil diablos y dragones enlazándose fieramente
y mordiendo los racimos de uvas. Otras veces colocaron
ángeles con alas enormes cercados de pelícanos y aves
extrañas enlazados entre rosas de cuatro pétalos y acantos. Escenas de perversión, aves agoreras, con los ojos
abiertos espantados, sátiros detrás [de] rosas de cien
hojas y bacantes doloridas aprisionadas entre cuernos
de abundancia. Luego murciélagos, dragones, ogros,
representando los pecados, los escudos llevados por
pajes como niñas, y una fauna y una flora de ilusión...
Para encuadrarlos escogieron ramas de árboles y caras
de santos y bufones...... Hay siempre en estos sepulcros
unas burlas escondidas e indescifrables, algún ansia de
decir cosas que no podían por temor a ser quemados o
quedarse sin cabeza. En toda esa época se observa un
estado de odio contra la nobleza y el clero en medio de
una fe ardiente y poderosa... En un sepulcro dos cabe-

zas de Jesús soportan con expresión de dulce dulzura el peso enorme de un arco sobre el que hay una viña maciza [——]

NOTA: *Es una primera versión del capítulo «Sepulcros de Burgos». Se trata casi seguramente de unas notas tomadas en ocasión de las visitas a la Catedral de Burgos.*
2 hojas, 21,5 x 16 cm., en lápiz, numerada 2, incompleto.
Sin fecha, pero seguramente de la segunda mitad de julio de 1917.

———————

[núm. 8. *Ni]*

LA BALADA DE LA MUERTE

Por encima de todas las preocupaciones y de todos los olvidos hay una mancha espantosa que llena por completo la vida de los hombres. La preocupación de la muerte... Es que si el pensamiento se para a contemplar ese misterio no lo comprende y únicamente sabe que sus ojos se despanzurrarán entre piedras, que sus entrañas serán nidos de terrores vivientes y que los gusanos verdes y devoradores se comerán su corazón. Siempre que se piensa en la muerte nos figuramos nosotros mismos bajo tierra, con sentimientos y conscientes de nuestro estado roídos por gusanos que nuestras manos no los pueden quitar pero que nuestros ojos entreabiertos los ven..... Y el horror a la muerte casi nunca es por el alma sino por el cuerpo, y por un temor que existe en todos nosotros de la contemplación del más allá..... Los hombres nos amamos por el cuerpo, y cuando éste es de hielo azulado en el frío atroz, nos sentimos aturdidos y seguimos amando al cuerpo que vivió sin acordarnos del alma y de la prueba que va a sufrir..... Luego cuando pasan algunos días lloramos desconsolados aquel cuerpo ya podre espantosa y tenemos el terror de su aparición, pero esto siempre por su materia no por su espíritu.

268

NOTA: *Tema 'sepulcral' muy cercano a la segunda parte del capítulo «Sepulcros de Burgos».*

2 hojas, 22,5 x 16,5 cm., en tinta, numerada 2. Al dorso de hojas 2-1 de: Mística de luz infinita y de amor infinito, inédita.

En la hoja 16r del ms. que lo contiene aparece la fecha «Junio 27 de 1917».

[núm. 9. *Ap*]

NOTAS DE ESTUDIO

LA ORNAMENTACIÓN SEPULCRAL

La ornamentación es el ropaje y las ideas que envuelven a toda obra artística. La idea general de la obra son las líneas y por lo tanto su expresión. El artista lo primero que debe tener en cuenta para la mejor comprensión de su alma es el primer golpe de vista o sea el conjunto del monumento, pero para expresar sus pensamientos y su intención filosófica, se vale de la ornamentación que es lo que habla gráfica y espiritualmente al que lo contempla... Siempre tiene muy en cuenta los temas, cuya modulación trágica o sentimental ha de conmover a la mayor parte de los hombres y las figuras enigmáticas que lo dicen todo o nada, y cuya no comprensión ha de hacer pensar... Luego el medio ambiente por[que] cada cosa ha de estar colocada en su centro, y es tan grande la influencia de lugar que varía por completo su expresión... El tiempo, así como es el gran destructor y el gran enseñador, es el gran artista de la melancolía. Nosotros sentimos en toda su grandeza los pasados por monumentos, tanto por su historia como por su celo... y parece que los antiguos escultores hicieron sus sepulcros para mirarlos ahora... Y qué amargura tienen bajo el eterno color de tarde de los claustros... En todos ellos se desarrollan las mismas ideas de muerte y

269

de vida, envueltas en una burla sarcástica... Hay como un ansia de decir cosas que no podían decir por temor a ser quemados vivos o encerrados para siempre en una oscura prisión.

Por regla general los artistas que los hacían, los mismos que trabajaron en los coros y en todas las obras catedralicias, eran gentes del pueblo y por lo tanto oprimidos por la nobleza y el clero... por eso cuando con sus manos callosas tomaron el lápiz y el cincel lo hicieron con toda la rabia y con toda intención perversa contra aquellos de que eran esclavos. Una prueba de esto son las misericordias de los coros y las ideas de los sepulcros... Hasta la misma literatura de aquellos tiempos esboza sus ideas anticlericales en figuras simbólicas, muy difíciles de interpretar... ¡Cuántas cosas que no se explican!... En un sepulcro macizo, en que descansa un antiguo obispo, el artista puso por ménsulas a dos dulces cabezas de Jesús, que soportan con cansada expresión el arco pesado cubierto de una viña de grandes racimos... Es muy extraño esto, cuando es sabido que los santos, aunque estuvieran en función de columnas, nunca lo estuvieron en función de cariátides, porque los que hicieron las portadas tuvieron con ellos esa piedad...

En los sepulcros góticos, la ornamentación de *ideas* corre por unas ricas venas con sangre de pámpanos por los que se retuercen pájaros, caracoles, lagartos luchando con pelícanos, quimeras de pesadilla y monstruos alados con cabeza de león. Todo muy diminuto como temiendo que se vean... o como si toda aquella fauna engendro del demonio se escondiera entre los racimos huyendo del incienso o de las fúnebres salmodias gregorianas... El caballero siempre está con un libro y cobijado por ángeles y santos con un paje o un perro a los pies... Toda la flora del gótico se desarrolla en los arcos y en las florenzas en que adquiere su apogeo. Tuvieron los góticos el especial cuidado de no romper las líneas y dar una aparente impresión de sencillez ornamental, pero tuvieron la gran filosofía y la gran burla en sus figuras.

Si nos detenemos ante un sepulcro gótico, observaremos los enormes ríos de figurillas graciosas, de diablillos engarzados como piedras preciosas sobre los doseles de encaje y de formas suavísimas ocultas en las sombras de las impostas, pero todo ello en germen... Una edad tenía que venir en abriendo sus venas ricas que dejaran esparcir sobre sus retablos y sobre sus columnas para dar lugar a un estilo ebrio de adornos, el estilo barroco.

Los góticos, voy diciendo, tienen más puñal para con los vicios en sus sepulcros. Se ven retratados los pecados capitales... en algún sepulcro alguno triunfó...

Luego, calvarios ingenuos, escenas de la historia santa y bosques de ángeles... Los apóstoles los colocaron sobre las pilastras al lado de aquella perversión, con rostros de éxtasis, de rabia, de quietud...

Estos sepulcros, sin embargo, son los que tienen más cristianismo y menos paganía... Ellos son como una muestra de aquellas edades de hambre y superstición... tan llenas de terrores a Belcebú y de gracia picaresca e intencionada. Ellos también son una muestra de los ya pasados horrores, mostrándonos sus mil escudos con las riquezas del que ya no es ni polvo...

Pero así como en los sepulcros románicos se sienten los albores de aquella fe cristiana y tremenda, en los del renacimiento toda la austeridad románica y la filosofía gótica se cambian en un paganismo y una lujuria amasada con un raro misticismo, que pone al alma en suspenso... Ya a las líneas elegantes y finas del gótico suceden las fuertes y clásicas líneas romanas y griegas... Y son los plintos llenos de manzanas, rosas y cuernos de la abundancia los que triunfan, y son las guirnaldas de calaveras atadas con cintas de seda, y son las luchas de sátiros con hojas enormes, y son las grecas de cabezas distintas, entre las cuales el Santiago peregrino asoma su bordón...

Las ideas son todas de una extrañeza incomprensible... Por regla general estos sepulcros del renacimiento toman forma de altares como la mayoría de los góticos por ser esta la forma que más se presta a la riqueza ornamental... Todas las líneas encuadran a tableros llenos de figuras y flores.

En algunos plintos mujeres desnudas entre paños y guirnaldas de naranjas, sostienen con gran expresión de dolor canastos llenos de yedra, en otros hay cariátides fundidas con la pared, que tienen sobre sus cabezas despeinadas por un viento de acero toda la fábrica sepulcral... en todos existen cabezas rotas de toro y león que llevan entre sus dientes los lazos de las guirnaldas que corren alrededor.

En unos se desarrollan los desnudos con toda su furia lujuriosa, en otros dentro del mismo impudor hay una tristeza silenciosa que trasciende a religiosidad... Es un abad viejo al que sostienen su urna cineraria dos hombres completamente [desnudos] mostrando al aire sus sexos, pero en su movimiento y en sus ojos entornados, hay toda la grandeza de una pureza infinita... pero estas expresiones son las menos porque en los demás sepulcros hay rostros y contorsiones bellísimas que son la lujuria misma...

Y para llenar huecos sin adornar emplearon dragones con caras primorosas de lid correcta, mujeres con pies de águila y alas abiertas entre lluvias de hojas y cuernos, y chivos con los ojos abiertos, aves agoreras enlazadas entre rosas de cien hojas, ogros, bacantes dolorosas, cardos, acantos, y, sobre toda esta sinfonía de ensueño tentador revive la majestuosa escena del Calvario sostenida por pirámides de ramas o por las espaldas de algún hombre colosal...

En los más avanzados del renacimiento desaparece toda la riqueza de desnudo, para dar paso a los haces maravillosos de líneas y a los escudos, como únicos motivos de ornamentación...

Federico García Lorca
De la Universidad de Granada.

NOTA: *Artículo aparecido en el* Diario de Burgos *el 31 de julio de 1917. Lorca lo modifica y lo recoge como primera parte del capítulo «Sepulcros de Burgos. La ornamentación». Esta primera parte es la que sucesivamente mandó a la sevillana revista* Grecia, *que la publicó el 1 de octubre de 1918 con el título* Divagaciones *de un cartujo. La ornamentación.*

Publicado por I. Gibson, «Federico García Lorca en Burgos: más artículos olvidados» en Bulletin Hispanique, *LXIX, 1967, núms. 1-2, págs. 179-194.*

[núm. 10. *Ap]*

IMPRESIONES DEL VIAJE II
BAEZA: LA CIUDAD

Todas las cosas están dormidas en un tenue sopor. Se diría que por las calles tristes y silenciosas pasan sombras antiguas que lloraran cuando la noche media... Por todas partes ruinas color sangre, arcos convertidos en brazos que quisieran besarse, columnas truncadas cubiertas de amarillo y yedra, cabezas esfumadas entre tierra húmeda, escudos que se borran entre verdinegruras, cruces mohosas que hablan de muerte. Luego un meloso sonido de campanas que zumba en los oídos sin cesar, algunas voces de niños que siempre suenan muy lejos y un continuo ladrido que lo llena todo.

El cielo muy azul en el que se recortan fuertemente los palacios y las cornisas con jaramagos. Nadie cruza las calles, y si las atraviesa, lo hace muy despacio, como si temiera despertar a alguien que durmiera. Las yerbas son dueñas de los caminos y se esparcen por toda la ciudad, tapizando las calles, orlando las casas y borrando las huellas de los que pasan.

Los cipreses ponen una nota de melancolía en el ambiente y son incensarios gigantes que perfuman el aire de la ciudad, que constantemente se disuelve en un polvo rojo... Hay fachadas desquiciadas con mascarones miedosos llenos de herrumbre, columnas empotradas en los muros que parece se retuercen para desprenderse de su posición...

¡Todo callado, todo silencioso! De noche los pasos se oyen palpitar y perderse en la obscuridad y uno y otro y otro, y el aire que habla en los esquinazos, y la luna dejando caer su luz que es plata fundida.

Los patios están llenos de tulipanes, de bojes, de espuelas de caballero, de lirios de agua, de ortigas, de musgo... Huele a manzanilla, a mastranzo, a rosas, a piedra machacada. En los tejados, en los balcones, en los dinteles hay adornos de topacios, granates, esmeraldas, de musgo, y rompiendo la gris monotonía, bandadas de palomas torcaces.

Dominándolo todo, el negro y solemne acorde de la catedral. En algunos pardos torreones hay escaleras ahumadas que no se sabe dónde van, almenas arruinadas que son nidos de insectos y sombras que se ocultan cuando alguien llega.

De cuando en cuando un palacio coronado de monstruos que se ríen horriblemente, con balcones sostenidos por quimeras extrañas y figuras de mujer con pies de macho cabrío. En los arrabales se contempla uno enorme, negridorado, con sus balcones raros y amplios que tienen serpientes enroscadas en sus columnas; en los frisos hay comitivas de locura y perversión, siempre moviéndose, pero que se pierden entre la trama de piedra a medida que pasa el tiempo.

En estas cabalgatas los hombres musculosos van desnudos, apretando guirnaldas de rosas que cubren sus sexos, y mujeres con las bocas abiertas y los brazos son serpientes que se retuercen. Entre este bosque de flores y figuras, un gran alero sostenido por zapatones bordados que a su vez son sostenidos por grotescos, destartalados e indiferentes perrazos enseñando los dientes, cara de noble expresión, todo esto entre un bosque de rostrillos, de margaritas, de puntas de diamante y de ramas con cabezas de chivo que respiran sensuales a las mujeres que pasan por la plaza...

El cielo ¡qué azul está! En el fondo, escondidos, los ojos negros de siempre, que miran muy hondo, muy pasionalmente tristes y al pasar junto a ellos se cierran y se oyen cuchicheos de viejas... más allá un coro de niños que dicen muy mal la canción fundida en el crisol de Schubert melancólico...

> Estrella del prado
> al campo salir
> a coger las flores
> de Mayo y de Abril.

Y caminando con el alma llena de tristeza, de aburrimiento y animosidad porque está llena de emociones, todas distintas, que la invaden por momentos y a ratos estoy triste y a ratos alegre.

El sol se pone. Todo es plata y oro. Hay nubes de ámbar azul que oculta la luz del sol; los chopos están rozando como si fueran violonchelos, como trompas, y el sonido amplio del ambiente suena como un misterioso y gigante timbal de acero. Luego un trémolo de luna y estrellas. Por las vías muertas otra vez los pasos y las voces de miel de los pianos soñando adormiladas, bajo la inmensidad de ópalo...

NOTA: *El artículo salió en la granadina revista* Letras *el 30 de diciembre de 1917. Lorca lo modificó bastante y lo amplió mucho hasta tranformarlo en la primera parte del capítulo «Ciudad perdida». Por otra parte, algunos párrafos pasaron a integrar uno de los textos recogidos en la parte «Temas», con el título «Un palacio del renacimiento».*

Publicado por I. Gibson, «Los primeros escritos impresos de Federico García Lorca: dos artículos más» en Bulletin Hispanique, *LXX, 1968, núms. 1-2, págs. 116-121.*

AMANECER

Los montes lejanos surgen con ondulaciones suaves de reptil. Las transparencias infinitamente cristalinas lo muestran todo en su mate esplendor. Las umbrías tienen noche en sus marañas y la ciudad va despojándose de sus velos perezosamente dejando ver sus cúpulas doradas y sus torres antiguas iluminadas por una luz suavemente dorada.

Las casas asoman sus caras de ojos vacíos entre el verdor y las hierbas y las amapolas y los pámpanos danzan graciosos al son de la brisa solar. Las sombras se van levantando y esfumando lánguidas mientras en los aires hay un chirriar de ocarinas y flautas de caña por los pájaros. En las distancias hay indecisiones de bruma y heliotropos de alamedas y a veces entre la frescura matinal se oye un balar lejano en clave de fa. Por los valles ungidos de azul y de verde oscuro se levantan las palomas campesinas muy blancas y negras para posarse sobre los álamos o sobre macizos de flores amarillas. Aún están dormidas las campanas graves, sólo algún esquilín Albaicinero revolotea ingenuo junto a un ciprés. Los juncos, las cañas y las yerbas olorosas están inclinadas hacia el agua para besar al sol cuando se mire en ella. El sol aparece casi sin brillo y en ese momento las sombras se levantan y se van, la ciudad se tiñe de púrpura pálida, los montes se convierten [en] oro macizo y los árboles adquieren brillos de apoteosis italiana. Y todas las suavidades y palideces de azules indecisos se cambia[n] en luminosidades espléndidas y las torres antiguas son luceros de rojiza luz, las casas hieren con su blancura y las umbrías se han cambiado en brillante verdor. El sol de Andalucía comienza a cantar su canción de fuego que todas las cosas oyen con temor. Los pájaros al cruzar el aire son de metales raros, iris macizos, y ópalos rosa. Los humos del hombre empiezan a salir cubriendo la ciudad, el sol vibra y el cielo antes puro y fresco se va tornando blanco sucio y angustioso. Los molinos empiezan con su durmiente serenata, algún gallo canta recordando al amanecer arrebolado y las chicharras locas de la vega templan sus violines para emborracharse al mediodía.

Meditación

Otro día que se pasará quizá sin dejar huella en los espíritus. Otro día en que las almas todavía dormidas no sienten su vida y sus actos ni piensan bajo la luz matinal. Otro día en que sobre las ciudades se ciernen las sombras de la antigüedad, del horror y mientras el gigantesco Cid sonríe feroz, Pablo, Pedro y los apóstoles huyen por una blanca senda despreciados por la multitud. Otro día en el que hay voces que llaman a las almas tímidas para hacer burlas divinas mientras ocultan una bacanal. Otro día en que la creencia de un Dios vengador se cierne sobre las cabezas. Otro día en que la humanidad no sabe ni sabrá y la naturaleza sigue en su desprecio al hombre. Las melancólicas torres de los conventos quieren parecer alegres pintadas con sus colores chillones, pero qué amargura y qué tragedia tienen sus ventanas con sus celosías de harem, cubiertas de polvo y velos negros... Sobre una taza de flores amarillas dos mariposas se besan locas de alegría y de amor. ¡Ojos los de las monjas llenos de amores no conseguidos y de tristeza morada! Y los pájaros con mil colores por el sol revolotean como niños gozosos y el aire tiene alegría y la naturaleza pena dolorosa y risueña, pero sobre la ciudad en una nube de amargura se cierne un centauro con cuerpo de Mahoma y cabeza de Satán. Los conventos llenos de trágicos insomnios, maceraciones carnales, y almas enamoradas de la maternidad se levantan en el paisaje rodeados de cruces y de cipreses desafiando tímidamente a la otra humanidad..... Y las palomas se aman y las nubes se funden y en los cielos hay sol y fuego en el corazón, pero las antiguas sabias generaciones no volverán a cruzar este doloroso erial. Ya empiezan a sonar las campanas, ya habrán amortajado al que murió,

277

ya se extasiarán las cautivas de un Jesús de ellas en amorosos éxtasis. Ya habrán salido las maldades de sus covachas, ya llorarán las madres, ya las pecadoras se habrán inclinado a recoger la flor del placer, ya se inician las risas a los que sueñan. Ya los circos se preparan para recibir la caricia sangrienta, ya se estarán cerrando las puertas para que la luz de una humanidad colosal no llegue... ya se abrirán las cancelas......... es que llega el día y con él la obscuridad. Y todo esto es para matar al sabio silencio de la noche que es la luz..... Otro día para que las almas pequen de leso amor. Otro día para que el oro compre a las conciencias y a los corazones. Otro día para que los que sueñan se vean solos y lloren al saber lo que los demás no sabrán..... Ya el sol es fuego en pedazos, hay perros que aúllan sobre el agua profunda, hay un pianísimo de piedad en los árboles y un cantar sangriento de fiera enamorada sobre un acorde desesperado de guitarras..... Otro día. Otro día, y la sombra ventruda de Sancho que hace huir a Platón.

Canción

Desde este cerro de oro, bañado de gracia de Dios, fuerte y de [ilegible] solar, miro a la ciudad y comprendo que los hombres no comprenden porque no sufren con la naturaleza. Viven en la obscuridad porque no miran al sol. No sentirán la caricia de lo verdadero hasta que no amen a lo amable y lo que se debe de amar. Cometen crímenes y se ríen atroces, asesinan niños de hambre y se encogen de hombros pensando en el confesionario. Traman sus mentiras y sus imbecilidades en la sombra, pero luego las sacan impúdicos a la luz. Odian el amor y el que dice la verdad. Desprecian los corazones bondadosos para acompañarse de los perversos. ¡No importa! ¡No importa! nada tiene importancia en esta comedieta irónica..... ¡No importa! Porque aún no han aparecido en el cielo los signos del Apocalipsis. Escanciaremos nuestras ánforas llenas de leche y vino en honor de Astarté y de Afrodita y si los vientos nos traen dolorosas nuevas, y si hay nubes que oscurecen al sol libaremos hasta la última gota de licor lujurioso... porque después vendrá el perdón y además aún no han aparecido los signos del Apocalipsis.....

Gran dolor debe causarnos la sangre derramada inocente. Desesperación profunda debiéramos tener al ver como tras un cuerpo acardenalado goza el horrible Tilly. Pena desconsolada nos debiera acometer al ser nosotros causa de males sin fin... pero nuestras almas no sufren lo que debieran y deben sufrir y nos entregamos a locas diversiones mientras hay algo que nos va cubriendo de plomo el corazón. ¡Hombres! ¡Hombres! ¡Todos sin corazón de bondad suprema! Escanciemos nuestras ánforas llenas de vino griego y de licor doloroso de mujer. Coronaos de pámpanos y de hojas de higuera, tapaos los ojos con una rama de adelfa, arrancaos el corazón y caminad, y si alguna voz de tristeza os llama bebed más vino , pensad en Moloch, y seguid, seguid que nadie os atajará en el sendero. Ya que la humanidad marcha sin freno, ya que la caridad murió y los santos fueron mutilados, el amor se extingue entre bocanadas de pólvora y fuego. En algunos corazones no ha muerto ni morirá nunca porque ellos son los encargados por Dios de conservar el fuego hasta que llegue la nueva humanidad..... Pero esto es atrozmente doloroso, colosalmente increíble, y sin embargo es verdad.

Coronaos de pámpanos y adelfas, y escancia[d] vuestras ánforas bajo las columnatas marmóreas de un templo griego..... sed el pecado mismo que aún no aparecen los signos rojos del Apocalipsis..... Por todo se extiende la duda. Nadie cree. Es imposible que los hombres tenga[n] la certeza de un cielo que prometiera el blanco Jesús. No hay que pensar en eso. Si por el horizonte alguien que cree ve una cascada de oro y de plata y una voz que dice: «todo esto te pertenece si no crees», el creyente exclama: «no creo». Si alguno reza compungido y una sombra de placer lo llama, acude sediento a gozar de aquello olvidando a Dios... Y es que el dinero, el placer y el orgullo son los que atraen y los que los hombres miran como supremo Dios. Nadie que piense en lo que no debe pensarse se precie de católico y menos de profundamente religioso. No creen. No. Solamente tienen probabilidades, y por eso quizá alguna vez tenían [——]

NOTA: *El primer epígrafe corresponde, con pequeñas variantes, al capítulo «Granada. Amanecer de verano». El resto del texto no tiene nada que ver, excepto algunos vagos conceptos o descripciones que pueden haber confluido, como recuerdos de lectura, en los sucesivos capítulos «Albayzín» y «Canéfora de pesadilla». Publicado el primer epígrafe, con comparación de las variantes, por E. Martín en* Federico García Lorca, heterodoxo y mártir, *Madrid, Siglo XXI, 1986, páginas 251-2.*

7 hojas, 22 x 16 cm., en lápiz, 6-7 de papel más fino, numeradas 2-7, incompleto; en hoja 1r «Amanecer», y cruzando parte del texto aparece esta frase escrita en tinta: «mientras tanto los reinos del arte esperan, esperan almas rodeados de una infinita paz», Al dorso, texto incompleto: Trozos de vidas. José Luis..., *en tinta; en hoja 2r «Meditación»; en hoja 4r «Canción».*

Sin fecha.

————————

[núm. 12. *Mv*]

EL MUNDO
(EL JARDÍN)

Sobre la dulzura evangélica del jardín silencioso los jazmines habían roto sus almas perfumadas. Había en el aire sofocación de tarde veraniega con su color amarillo transparente. En los álamos chorr[e]aba la melancolía solar y bajo los parrales lúbricos y profundos sonaban los caños de la fuente muy suaves como si resbalaran sobre el desnudo bronceado de una gitana pasional. Los grises maravillosos se fundían con los azules de la noche cercana y llenaban al jardín de desfallecimientos vagos. Los enormes cipreses como romanzas Chopinescas hechas forma y olor ponían la nota funeral. Unas cabras rumiaban el romero tras su celosía llena de arañas... Las campanas de las lejanías envolvían de tristeza al jardín. Las avispas de oro y azabache se escondían entre las rosas y los pámpanos mientras que turbaban el silencio los resoplidos de dos gatos furiosos..... En medio de la soledad religiosa borboteaba sobre los aires el olor de tarde y de jardín divino y allá muy lejos lucía el infinito inquietante de oro sobre una montaña morada. ¡Divina hora del crepúsculo! Hora para la muerte. Hora para el pensamiento. Hora para la rebeldía del espíritu. Maravilloso instante de la naturaleza en que todo es de mujer inmensa, de incienso cálido y de supremo desbordamiento. Tiempo en que todo es esencia de tono menor, ojos que pasaron, y ternura desconsoladora..... En los jardines el crepúsculo toma matices deslumbradores y tenues con toda la gama del color triste. Parece que se hicieron para servir de relicario a todas las escenas románticas que pasaran por la tierra. Tras las marañas obscuras de las yedras y campanillas asoman siempre cabezas de mujeres rubias imposibles, y muchos ojos que miran trágicos, y la plata melosa de la fuente y la intranquilidad constante de las hojas pone[n] en las almas visiones espirituales por la sugestión del ambiente. Un jardín es algo superior, es un cúmulo de almas, silencios y colores que esperan a los corazones místicos para hacerlos llorar. Un jardín es un gigante de esencia y un beso de rubia ideal. Un jardín es algo que abraza amoroso y un ánfora tranquila de melancolías. Un jardín es un sagrario de pasiones y una grandiosa catedral para los bellísimos pecados. En ellos se esconden la mansedumbre y el orgullo, el amor y la vaguedad del no *saber qué hacer*..... Cuando adquieren las alfombras húmedas del musgo y por sus calles de álamos de esmeraldas musicales no avanzan sombras de vida, los habitan las sabias serpientes bailarinas de las danzas egipcias que andan voluptuosas por los macizos abandonados. Cuan-

281

do pasa el otoño sobre ellos tienen un gran llanto desconocido. ¡Jardines para los tísicos que se mueren de lejanías brumosas! Los otros jardines, los del amor llenos de estatuas mórbidas, de espumas, de cisnes, de iris macizos, de lujurias escondidas, de estanques con lotos rosa y verde, de glorietas misteriosas donde un amorcillo herrumbroso tira eternamente la flecha fatal, de cigüeñas perezosas y de visiones desnudas encierran toda una vida de pasión y abandono al destino. ¡Jardines para el olvido y para las almas faunescas! Y los que son un bloque verde con secretos negruzcos en donde las arañas tendieron sus palacios de ilusión, con una fuente rota que se desangra lentamente por la seda podrida de las algas. ¡Jardines para idilios de monjas enclaustradas con algún estudiante y algún chalán caminero! Jardines para el recuerdo doloroso, y para el más allá. Todas las figuras que pasan por el jardín solitario lo hacen pausadamente como si celebraran algún rito divino sin darse cuenta... y si lo cruzan en el crepúsculo o en la luna se funden con su alma. Las grandes meditaciones, las que dieron algo de bien y verdad pasaron por el jardín. Las grandes figuras románticas eran jardín. La música es un jardín al plenilunio. Las vidas espirituales son efluvios de jardín. El sueño ¿que es sino nuestro jardín? . . . .
. . . . . . En la vida que arrastramos de atareamiento y preocupaciones extrañas pocos son los que se espantan de pena y delicadeza ante un jardín y los pocos que nacieron para el jardín son arrastrados por el huracán de la multitud. Van pasando los románticos que suspiran por la elegancia infinita de los cisnes. En los crepúsculos están solos los jardines. El sudario gris y rosado de la tarde los cubre y contados son los que escuchan devotos su canción.....

La tarde se iba consumiendo entre el trémolo de los violines campestres. No había luna. Las estrellas eran ternuras de luz. Pronto la noche hablaría con el obscuro jardín. Parecía que manos invisibles movían la parra y los rosales trepadores. Los gatos seguían con su maullido arisco al son del agua y las sombras del frío hacían palidecer a las umbrías.

. . . . Era inquietante la luz como de tormenta... y era miedoso el dosel de los pámpanos y era aplanadora la grisura de la lejanía..... Al mágico conjuro de la huida de la luz el jardín se estremecía... y temblaba el magnolio de hojas de cuero y el eucaliptus formidable y las tenues enredaderas y el rosal de Alejandría..... Los mil perfumes formaban el perfume desconocido mezclado con el olor de las fuentes y de la tierra soleada. El no mirado cielo abrió la inmensidad de sus luces abrumadoras escarchando de gracia al jardín y de la casa cercana tapizada por un jazmín salió una voz apagada de piano que cantaba una furiosa melodía que mostraba ensangrentado un imposible sentimental.

... Y el jardín se llenó de luna espiritual.

NOTA: *Es un texto que presenta, en su parte central, una versión muy próxima al perdido ms. del capítulo «Jardines». Es uno de los problemas textuales más interesantes (cfr.* Introducción*), pues pertenece al inédito* Fray Antonio *(poema raro), citado por Lorca como libro «en preparación».*

4 hojas, 22 x 16 cm., en tinta, numeradas 1-4, completo.

Aunque esta parte del Fray Antonio *no lleva fecha, podemos suponer una redacción en las primeras semanas de septiembre de 1917. En efecto, capítulos posteriores del ms. están fechados 14, 19 y 31 de septiembre de 1917.*

[núm. 13. *Ni]*

«EN EL JARDÍN TODO ERA QUIETUD...»

En el jardín todo era quietud y silencio cuando por una avenida de adelfas blancas y rojas apareció una mujer vestida de seda gris con dos trenzas rubias como los trigales al mediodía. Avanzó muy lenta y con un gracioso movimiento sentóse en el borde de la fuente verdosa y metiendo sus manos en el agua suspiró satisfecha.

El aire cantó en los chopos, los cipreses se besaron y el jardín se llenó de sombras raras y de frescura..... una nube pasó borrando al sol. Verano. Almas de fuego y carnes de deseos y languideces. Mediodía. Lujurias y soñar en mujeres desnudas y poseídas. El agua era de lumbre y el suelo era de oro y esmeraldas... y el jardín se derretía en olores y sonidos..... Eucaliptos, chopos, mimbres, laureles, naranjos, parrales... eran músicas y colores suaves. Rosales, adelfas, margaritas, amapolas «bella luz», madreselvas, celindas, dompedros, malvarrosas, eran mareo y nacimientos de olores de vida..... Todos los rosales de todos matices y tamaños rodeaban la fuente poblada por avispas y ranas. El aire se veía brillar a lo lejos, el cielo estaba muy azul con nubes blancas y plomizas, y la fuente lloraba una melodía de lujurias con su voz casi humana. La mujer inmóvil miró su cara de temblor en el agua y con una mano movía la vida de la fuente hasta que su rostro desaparece entre ondas y burbujas de plata..... Las palomas se arrullaron, un sapo cantó y el alma del jardín suspiró adormecida..... Por la avenida de adelfas avanzó un joven con mirar de niño y manos pálidas; dirigióse hacia la mujer, la besó en la frente y abrazándola dulcemente inclinó su cabeza en sus pechos. El aire sonó más fuerte, la fuente se desbordó de ternura, las palomas se callaron y la pareja desapareció abrazada entre las flores y los verdes. El jardín fue todo silencio, el sol penetró en las sombras, dando luz a las rosas gitanas... y a lo lejos en el silencio trágico del mediodía se oían cantar cansadas y dulces a las norias. . . . . La fuente tenía fuegos fatuos de oro y sol, y las hojas de los rosales estaban aprisionadas en hilos de plata de las arañas..... A lo lejos la casa parecía transparente y sus ventanas eran granates inmensos . . . . .

NOTA: *A continuación del texto transcrito, Lorca ha añadido una frase incompleta quizá como comienzo de otra parte: «¡Qué eternidad de fuego en el corazón de mi cuerpo!... Mi corazón no es mío porque lo odio y no puede [—-]».*

Es un texto de la serie «Jardines», poco elaborado y no seleccionado para su inclusión en el libro.

3 hojas, 21 x 15 cm., en tinta, numeradas 2-3, aparentemente completo, al dorso de las hojas 3, 4 y 10 de: Mística que trata de la melancolía.

En la hoja 11r del ms. donde se encuentra este texto hay una fecha: «10 de Mayo», probablemente 1917.

[núm. 14. *Pv]*

FRES - DEL - VAL

Bibliografía: *Semanario Pint[oresco]*, 1843.
Assas: *Monografía de los monumentos arquitectónicos de España.*

Nuestra señora de Fres del Val o Frex del Val, según en los siglos pasados se decía. En las enjutas los blasones de Manrique... La portada... el ambiente melancólico... los árboles... el color de las ruinas..... Al dar vuelta a los muros, arcos adintelados, carpaneles, y escarzanos por orden de altura, cruces de calatrava, hoy todo renegrido, y se llega por unos enormes y obscuros pasadizos al denominado «Patio de Padilla», donde todo está lleno de una herrumbre melancólica... y tiene un aspecto desconsolador. Los arcos de tracería renacentista, de armónicas proporciones, en que se muestra el blasón de los Padillas que da nombre a él. En los frisos hay escudos del Emperador Carlos de Gante. Es tradición que Carlos V pensó en retirarse a este Monasterio en vez de Yuste..... pero lo mismo afirma el P. Morote en su obra «Antigüedad y blasones respecto del Monasterio de Nuestra Señora la Real de las Huertas» que se halla en Lorca..... Por medio de otras estancias miedosas a que [da] acceso una portada plateresca y pasando una derruida escalera se llega al claustro procesional, donde todo parece intacto de tracería ojival... Se compone de dos cuerpos de distintas épocas. La inferior al ojival florido apoyado por estribos cilíndricos que rematan apiramidados, y el superior [que] ya deja ver la influencia del Renacimiento se compone de arcos apainelados que son coronados por un tejaroz apometado sobre el que avanzan alternando cruces de Calatrava y raros imbornales.

La portada de las procesiones se presenta en forma ojival abocinada que da paso a la iglesia en donde rápidamente cambia de decoración, en donde los arcos se mantienen solos cubiertos de yedra y de musgo y donde los árboles crecen en medio de la iglesia. En ésta estuvieron enterrados don Gómez Manrique y su esposa doña Sancha Rojas que primero estuvieron juntos y luego separados. Es notabilísima la ropa que tenía don Gómez de la orden de caballería del Grifo o de las azucenas, o de las Jarras de Santa María, restablecida en aquellos tiempos por don Fernando de Antequera... (véa[n]se Assas y Monje). En la misma capilla mayor se hallaba el maravilloso sepulcro de don Juan de Padilla, hoy en el museo, y otros sepulcros de la familia del fundador fallecidos en la mitad del siglo diez y seis... Una piadosa trad[ic]ión conservada por el glorioso P. Fray Josef de Sigüenza, dio origen al Monasterio de Fres del Val como a otras fábricas religiosas de la misma época... Asegura, que desde los días del rey Recaredo existía en Val una imagen de la virgen muy venerada hasta el desastre del Guadalete, la cual había subsistido después de la invasión musulmana, llegando a los días de Alfonso XI en que el espacioso templo en que se conservaba, llegó al estado ruinoso. En aquella ocasión hubo de apare[ce]rse la virgen a un labrador de Modúbar de la Cuesta a quien mandó visitar la iglesia y amonestar con varios milagros a los habitantes de los próximos poblados para que la reparasen, como lo hicieron, pero como no había dinero la convirtieron en ermita.

Movido por la devoción a aquella imagen, el Adelantado Mayor de Castilla en los reinados de Enrique III y
Juan I don Pedro Manrique «el Viejo», señor de Val fundó
una cofradía y como murió sin sucesores legítimos,
mientras le heredaba en el Adelantamiento su hermano
don Diego Gómez, habiendo dejado el tal don Pedro un
hijo bastardo llamado don Gómez Manrique nacido en
1356 y educado en la corte del Sultán de Granada, a
quien había sido, cuando niño, entregado en rehenes
junto con otros caballeros y como cuando llegó a hombre abjurase del islamismo que profesó en su niñez, sus
tíos y el rey don Juan cuidaron de que le fuera adjudica-
da la herencia de el su padre don Pedro el viejo señor
de Val, dándole además en matrimonio a la señora doña
Sancha de Rojas, hija del Merino Mayor de Guipúzcoa,
Ruy Díaz de Rojas, y confirmándol[e] por último el Adelantamiento de Castilla vacante a la sazón por muerte de
su tío don Diego. La especialísima devoción que siempre tuvo a la Virgen de Val y la milagrosa cura que hizo
esta virgen en su hija doña María devolviéndole el habla
que había perdido en una enfermedad, cuando tenía
diez y seis años, determináronle a vivir el mayor tiempo
posible al lado de aquella imagen construyendo allí un
palacio en 1400... El prodigioso milagro de la virgen,
librándolo de la muerte en el feliz sitio de Antequera, el
efecto que produjo en el ánima del llamado don Gómez
la comuni[dad] de Jerónimos que él observó cuando fue
en peregrinación a dar las gracias a la virgen del Monasterio de Guadalupe situado cerca de Cáceres «determi-
nóle a el facer fundar otro Monasterio muy fermoso para
loa perpetua de la virgen del Val». Como efectivamente
lo fundó en el año 1401 haciéndole cuantiosas donacio-
nes y construyendo con sus propios dineros el claustro
procesional con todas las habitaciones de la parte superior, el refectorio y algo de la Capilla de S. Jerónimo,
además de la iglesia donde fue enterrado con toda pompa y duelo de los labradores y de los reyes su cadáver
trasladado desde Córdoba en 1411. Todos sus descen-

dientes siguieron favoreciendo al monasterio en unión de otros personajes de alta alcurnia que no eran de la familia... Cuando en el cerco de Granada (1491) mataron al Adelantado Mayor de Castilla don Juan de Padilla, hijo de don Pedro López de Padilla y de doña Isabel Pacheco, hija del célebre Marqués de Villena, dejaba al Monasterio por heredero suyo. Trasladado a él su cadáver por los cuidados de la reina Católica, eregía a don Juan un suntuoso sepulcro su madre, mientras don García de Padilla, hermano del muerto, dejaba grandes bienes y honores y construía parte del edificio, continuando sus descendientes favoreciéndolo en extremo, tanto que cuando Carlos V buscaba retiro espiritual dícese que mandó labrar una gran habitación, cosa que no hizo por mandato de los médicos... Tal llegaba hacia nosotros lleno de leyenda y de poesía el monasterio de Fresdelval, pero las tropas de Napoleón I lo arrasaron por completo, llevando a la Francia la riquísima biblioteca jerónima y vendido el edificio ha sido muy explotado conservándose sin embargo algunas cosas tales como el sepulcro de Padilla, el cual se dice ser obra de predilección y de piedad de Isabel la Católica.

NOTA: *Se trata de unos extensos apuntes histórico-artísticos sobre el monasterio en ruinas próximo a Burgos. En* Impresiones y paisajes *el texto homónimo recoge vagamente algunos motivos de estos apuntes. Para elaborarlos, Lorca siguió bastante de cerca los textos por él citados, de manera aproximativa, como bibliografía (tanto en cabeza como en el texto). Se trata de: un artículo de R. Monje, «El monasterio de Fresdelval», que apareció en el* Semanario Pintoresco, *Madrid, 1843 (Monje también es autor de un* Manual del viajero en la Catedral de Burgos, *Burgos, 1843); la obra colectiva en 19 vols.* Monumentos arquitectónicos de España, *Madrid, Imprenta de Fortanet y Calcografía Nacional, 1859 y ss.; el volumen al que se refiere Lorca está escrito por M. de Assas,* Monasterio de Fres del Val, *1878; el libro de P. Morote Pérez Chueca,* Antigüedad y blasones de la ciudad de Lorca, *Murcia, 1741.*

5 hojas, 19,5 x 15,5, en tinta, numeradas 2-4, completo.

Sin fecha, pero se puede afirmar que fue elaborado durante la estancia en Burgos de julio-agosto de 1917.

[núm. 15. *Ap*]

LAS MONJAS DE LAS HUELGAS

Siempre un convento ha sido como un misterio de amor débil, escondido tras altos muros. La idea que el vulgo tiene de ellos es esa, la de encantamiento. Cuando se oye cantar a las monjas con esas voces tan suaves y tristes se imagina que estarán allí prisioneras y que querrán salir, pero no podrán... pero no sabe la gente que ellas en su aislamiento son dichosas. Bien es verdad que casi siempre lo que induce a dichas santas mujeres a encerrarse en esas solemnidades muertas es un enorme conflicto sentimental, que ellas no pudieron resistir con sus almas sin fuerza. La vida la ven con toda su dramática tramoya y huyen de los hombres para enterrarse en una casona como protesta vivísima a la sociedad.

Y allí se convierten en blancura ideal, con voz de miel. Se vuelven niña que ríen por todo y para todo tienen un gesto de protección divina... Sus altares, muy llenos de trasticos y de floripones, sus cuidados al Niño Jesús, como si fuera de carne y hueso, sus supersticiones de almas en pena de otras monjas que las llaman, todo eso es de una adorable infantilidad.

Los conventos son manantiales purísimos de poesía que, aunque muy explotados por varios cursis, siempre tienen modulaciones desconocidas. Algunas monjas viejecitas, esas que no piensan nada más que en morirse, parecen, al hablar en sus temblores, ovejas que balaran en un otero celestial. Hay otras que son la virilidad del convento y que guían a las débiles con su gran corazón. Las más parece que hablan como temiendo al diablo y una, la más vieja, siempre que habla, llora.

Al mirar las empolvadas celosías, las almas que lo son, siempre sienten una gran inquietud y una gran ansia de ver lo que hay dentro; estas emociones, bien extrañas por cierto, nos ocurren cuando contemplamos una pared, detrás de la cual ocurre algo interesante. Ya vio esto y lo dijo el divino Víctor Hugo y el convento, tanto por su vida desconocida como por su místico romanticismo, nos atrae y nos hace meditar...

Y más nos interesan aquellos en que las monjas no se ven y que al penetrar en sus estancias religiosamente obscuras sentimos una frialdad acre, mientras allá muy lejos se oye el siseo de los rezos. Nos intrigamos y si tenemos la ayuda necesaria de la fantasía soñamos, soñamos y vemos el interior del convento más idealizado aún que en la realidad. Y sentimos respeto y miedo de aquellas vidas tan encerradas y tan mudas, y nos aterramos al pensar en las primeras fundaciones de San Benito, San Bruno y los San Franciscos y en aquellos conventos de Santa Catalina, en el Sinaí, en los cuales los monjes tenían que entrar izados por una cuerda en el muro. ¡Qué sublimidad de sacrificios! ¡Qué heridas tan hondas en el corazón!

Nuestras almas no pueden comprender ni comprenderán nunca a una monja enclaustrada. Son esencias rotas de amor y maternidad, que al encontrarse solas en el mundo se buscan unas a otras para convertirse en sombras en una tumba antigua.

Nadie diga nada del convento, porque es quizá una única verdad. El convento no admite ni afirmación ni negación; es una torre de poesía que se levanta por encima de todas las ideas. El convento es como un enorme corazón frío que guardará en su seno a las almas que huyeron de los pecados capitales. El convento es la noche y el día. El convento es la muerta pasión y la blanca virtud. El relicario de la fe y la tradición, y por eso aguarda temblando como un animal recién nacido al borroso porvenir. Los lagos insondables, son interrogaciones; hay que saberlos mirar. Si las generaciones venideras los comprenden, los cercarán de murallas de plata.

* * *

.....y el encanto marfileño se abrió y la ensoñación sentimental estaba presente; parecía una cosa así como un cuento oriental.....

Allí estaban las monjas vestidas de blanco con los velos negros, las caritas sonrosadas y plácidas rodeadas del elegantísimo turbante. Tenían por fondo una galería y ella un Cristo atormentado. Nos miraban con mucha curiosidad y se reían de todas las cosas que decíamos...

Toda la aristocracia medioeval está encerrada en los claustros, y por muchas garras fieras que despedacen a la Historia, este convento, aunque mutilado, será señorial y lo será siempre. Huele a limpieza de blanco paño y a suave humedad. El patio solitario, lleno de yerbas, con las ventanas entornadas, tiene bajo la tarde de Julio una rumorosa tranquilidad soleada y el claustro azulado en estrellas góticas en las esquinas bajo su solería, los cuerpos de las monjas que murieron.

Comenzó la visita, y al conjuro de la música monjil surgió una época gloriosa de España, época de leyendas y de hechos maravillosos y desconocidos, guardada con fe y amor devoto por aquellas mujeres... y surgió Alfonso VIII y San Fernando, y Dª Berenguela y Sancho el Deseado... y princesas y niños y caballeros, todos colocados en sencillos sepulcros arrimados a las paredes, y surgieron leyendas de monjas infantas que murieron en olor a santidad... y apareció la batalla de las Navas y la cruz que llevaba el arzobispo Rodrigo, y se llegó al coro, donde está el corazón de la casa... los pasos resuenan extrañamente... allá en el fondo un calvario lleno de espanto cubre de piedad a las sombras... Luego las luces que brillan ante los sagrarios y las lejanías de las bóvedas con sus ventanales rasgados... y tapices en rosa y azul claro que explican a los emperadores romanos. Todo lo que dicen las monjas de los muertos que allí tienen, lo pronuncian con una verdadera unción de agradecimiento. Parece que Alfonso el de las Navas es un santo para ellas... y enseñan tristes el vacío sepulcro de Alfonso el Sabio y se maravillan ingenuamente ante la tumba de la infanta Berenguela, que un día fatal para el convento se la encontraron sentada en una escalera del coro.

Y nos sentaron en la silla abacial, donde la melancólica figura de la abadesa nos declamó cariñosa y consejera, y las demás monjas siempre sonriendo, siempre sonriendo con una augusta serenidad...

Pasamos por el patio románico color oro viejo, con una fuente llena de arabescos, de sol y de flores sencillas... y volvimos al gran coro, donde vimos vírgenes deliciosas con su candor casi monjil...

Después una religiosa soltó su cola para parecer un pavo real enorme, como la «Manzana de Anís», de Francis Jammes; cortamos claveles de la huerta, y salimos en medio de unas recomendaciones conmovedoras a la bondad...

* * *

Al salir, el crepúsculo estaba en un pianísimo desfallecido... El agua de las acequias no se movía y de los trigos llegaba el vaho saludable... Las ideas se retorcían luchando... venían las pasiones con sus rojas guadañas y venían las virtudes con sus blancas palomas... y un aplanamiento devoto por la tarde... Las campanas tocaban a la oración... y en el fondo, entre mil ideas extrañas, sonaban unas risas de las espigadoras...

Federico García Lorca
De la Universidad de Granada.

NOTA: *Se trata del artículo publicado el 7 de agosto de 1917 en el* Diario de Burgos. *La segunda parte fue recogida, muy reelaborada, en el capítulo «Una visita romántica. Santa María de las Huelgas» perteneciente a la parte «Temas».*

Publicado por I. Gibson, «Federico García Lorca en Burgos: más artículos olvidados» en Bulletin Hispanique, *LXIX, 1967, núms. 1-2, págs. 179-194.*

MEDITACIÓN

En este misterio tan angusto es como se comprende al corazón... En esta solemnidad tan abrumadora es cuando se divisan los lejanos clamores de las otras almas. A través de estos campos tan quietos y religiosos, y al sonar sus aires a tarde de Julio con melodías de trigos, de carros por senderos eternos, de rebaños dulcísimos y de historias pasadas, se llega a las cumbres de la expresión de amor. Los espíritus sin vida no hallarán aquí sino una quizá visión de colores severos, pero los que llevan en el corazón algún dolor escondido se llenarán de misterio y de elevación y serán como piedras almas en la tristeza de la tarde. Estos campos de Medina tienen una tranquilidad turbada por el progreso que ellos callan con su enorme simplicidad. Hay en algunos momentos de las almas que éstas al encontrarse solas en un monte o en un torreón desde donde divisan una inmensidad sienten sobre su corazón a las otras almas que son causa de sus dolores y como se llenan de infinito el cuerpo es paz para encerrar al espíritu y circunda al soñador de luz purísima, por eso a los santos se los vio así. No estaban llenos de Dios porque Dios en su grandeza no puede estar en el hombre pero se llenaban de almas que eran sus pesadillas y que eran su luz. Hay hombres que fueron grandes y que después se convirtieron en ruindad y pequeñez. A esos hombres otros con más fuerza en su espíritu les robaron las almas para llevarlas sobre el corazón..... Los campos con los trigos segados se llenan [de] luz sonrosada y eucarística. De las eras llegan cantares en sudarios de trigo. Sobre una laguna revolotean palomas y las hierbas que crecen a su lado semejan con el polvo bloques de mármol verdes. El castillo se torna en oro y el sol penetra en sus recintos como un beso de la antigüedad. ¿Habrá sombras en los sótanos? ¿Subirán las almas de los muertos por las no-ches? ¡Qué tendrán estos sitios muertos bajo la tarde! ¡En los pasadizos y en las escaleras el sol no brilla! ¡Quién se atreverá a afirmar ni a negar! Todo se llena de suavidad melosa. Algún carro dice algo todavía. Las voces de los niños suenan a campanillas lejanas. Por los fondos unas fontanas de luz infinita y en la semiobscuridad los bos-quecillos de pinos parecen cisnes trágicos bañándose en ópalo. Más silencio, una campana... Qué solo estoy ¿Ha-brá sombras? En una lejana y amable esfumación cre-puscular hay una iglesia mirando en rosa... En estos mo-mentos tengo dos almas sobre mi corazón.

NOTA: *Es un texto escrito en Medina del Campo, sin desa-rrollar para su inclusión en el libro, pero con motivos genera-les muy próximos a los de varias partes de* Impresiones y pai-sajes.

3 hojas, 22 x16 cm., en lápiz, sin numerar, completo.

Fechado: «tarde del 17 de Julio de 1917. En el castillo de la Mota. solo».

───────────

[núm. 17. *Ni]*

«CAPILLA DE DOÑA URRACA»

Capilla de Doña Urraca. El sarcófago está en una es-quina y se halla rodeado de un polvo viejo y lleno de misterio. Doña Urraca se halla sobre una puerta rota. Esta capilla es una fundación y se halla detrás del cruce-ro. Todos los arcos del triforium tienen una modulación románica. Palencia tiene un encanto triste, cansado y lleno de antigüedad que dan al corazón. Puerta de los novios. No sé [por] qué pero llevo en mi alma el cansan-cio del amor trágico. Muy lejos de todo lo que sea cora-zón mío viven los demás. Yo resistiré las calumnias y los desprecios pero tengo una vaga esperanza de alborada gloriosa. Siempre hay una cosa que se sobrepone a todo y que me llena de estupidez, quizá sea esto por lo que pasa en mí, pero por dentro de mi alma y por encima de todas las cosas está mi esencia de amor infinito y mi desprecio a todas las cosas del mundo. Yo soy tan vanidoso quizá como los demás. Yo a ratos siento a la carne y a las carnes. Yo me baño en grosería, pero yo soy casto por alma en todas las cosas, aun en las más triviales, encuentro interna poesía. Yo resistí a [¿Gala?].

Por la calle pasa una muchacha preciosa con un velo negro y un candor primoroso.

NOTA: *Se trata de apuntes tomados durante los viajes a Castilla. Doña Urraca es citada en en libro, pág. 44, pero se habla de «la torre», situada en Covarrubias, no de «la capilla» de la Catedral de Palencia a la cual se refiere este texto.*

1 hoja, 22 x 16 cm., en lápiz, sin numerar, incompleto.

Sin fecha, pero se trata de un texto seguramente escrito durante el tercer viaje con Berrueta, en julio de 1917.

[núm. 18. *Ni*]

«SAN JUAN»

San Juan. Imagen bizantina fría y hierática, con túnica abierta hasta la rodilla y un cordero ingenuo que puede ser lo mismo un perro. Tiene restos de pintura que se observan en el cordón del vestido y la túnica que tiene restos rojos. La cabellera está semidorada y los ojos negros miran sin expresión muy pequeñitos.

NOTA: *Es otro apunte de visita, no identificable.*
1 hoja, 22 x 16 cm., en lápiz, sin numerar.
Al dorso aparece un fragmento de texto, fechado «Noche del 14 de Julio. Granada, plaza del Carmen. Amor y quizá Beso». Con toda probabilidad se refiere a 1917, el día anterior a la partida hacia Castilla.

DE SANTIAGO A CORUÑA

El automóvil marcha veloz. El descenso de las cuestas es agradabilísimo, es algo así como sumergirse en el vacío. El valle es delicioso, por entre la hierba pasa un riachuelo..... los heniles están repletos. Todo es blando, suave..... El coche se detiene en un pueblecito blanco. Muchos patos y gallinas, crucecitas, pizarra. Pasamos por delante de una iglesia que parece un plinto gigante. Varios sauces se desmayan sobre ella..... suena una esquila dulzona..... por un camino vienen dos mujerucas hablando..... Un molino..... seguimos descendiendo..... En el paisaje hay poca luz, mucho sonido, sopla el viento con fuerza, los árboles ejecutan sus trémolos. El automóvil aprieta la marcha. Los árboles pasan rápidamente uno tras otro... esto me hipnotiza. Un marinero que viene a mi lado me cuenta cosas interesantísimas de su vida en alta mar..... Por la carretera pasan carros primitivos, los conducen vacas de ojazos azules y dulces, su andar es resignado y tranquilo. Los carreros las pinchan cruelmente para que aviven el paso. Los carros se pierden de vista. Se los come y los borra la niebla..... ¡El mar! ¡El mar!... verde muy verde esmeraldino con espumas... El agua se estrella contra los riscos de la costa levantando polvo blanco. Se ve el aire pasar por encima del agua. Esta al sentirse acariciada tiembla de placer. Hay un extraño estremecimiento en la inmensidad del mar. El sol por entre jirones de nubes se refleja en el agua que se tiñe de amarillo. A la izquierda las rías de Betanzos, Ferrol y Pontevedra son gigantes bocas que se tragan al Cantábrico... El agua está inquieta..... las alegres gaviotas volaron todas. En las lejanías se ven las barcas pesqueras moviéndose como blancos espectros.....

El automóvil se para. Ya estamos en Coruña. La ciudad es lindísima. Muchos jardines, calles alegres. Las casas con miradores de cristales. Mucha vida. Movimiento. Trabajo. En el puerto, las barquillas agrupadas se besan unas a otras a impulsos del agua, tan pastosa que parece jarabe..... En la casa del comandante se oye un piano. Sus notas llegan a mí confusas... me acerco ansioso. Es un aire popular... «vámonos, vámonos» y caminamos a la torre de Hércules. Es cuadrada, altísima, está desafiando al mar. Este enfurecido la salpica de espuma fuertemente. El aire me arrulla................................

NOTA: *Algunas frases de este texto, de tema gallego, han sido transcritas por I. Gibson,* Federico García Lorca I. De Fuente Vaqueros a Nueva York, *Barcelona, Grijalbo, 1985, pág. 123.*
4 hojas, 18,5 x 12,5 cm., en tinta, numeradas 1-4, parece completo; en 1r tachado el primer título: «Impresión de Lugo».
Sin fecha, pero escrito seguramente durante el viaje a Galicia en 1916 o poco después.

[núm. 20. *Ap*]

IMPRESIONES DEL VIAJE

SANTIAGO

Salimos de Zamora a la una de la noche, y andar y andar... Llegamos a Astorga a las cinco de la mañana, y vuelta a caminar. El paisaje espléndido todo verdura; multitud de parrales graciosamente sostenidos por largas piedras; las montañas muy altas, y en el fondo de ellas, por entre muchas piedras, corre el Miño lentamente, dulcísimamente, con un color azul verdoso que contrasta con los colores chillones de los voladizos de las casucas que en él se asoman para mirarse. Verdes, granates apagados, azules tenues, lejanías blancas... agua... y andar y andar... siguen grandes praderas de un verde luminoso; en ellas pacen vacas y corderos guardados por aldeanas descalzas con pañuelos de colores chillones en la cabeza... Y andar y andar... por un lado del tren siguen las montañas cubiertas de verde, recortadas con el blanco dulzón del cielo... y al otro lado el Miño... Llueve a ratos... hace frío... Andar... andar... El sol en las estaciones; todo el mundo muy abrigado... hace frío... andar, andar... ¡El sol! ¡Qué gusto cuando se tiene frío calentarse por los tibios rayos del sol!... se siente uno confortado, mimado por él; me recuesto en el blando asiento y al son del traque traque del tren me adormilo... ¡qué gusto!... y andar... andar... pasan, en visión cinematográfica, montes, prados, cielos, agua...

¡Redondelaaa!... dice una voz chillona que se oye de lejos. El tren se para. ¡Por fin! Descendemos de él; aquí trasbordamos. No sé qué tienen los trasbordos: qué antipáticos... aunque se tenga tiempo se cree que uno va a quedar en tierra; corre que te corre... ya están las maletas colocadas; a coger los sitios. Entran en el vagón unos gallegos que nos miran extrañados: les choca nuestra charla. La decoración cambia. Pasamos por el viaducto de Redondela. La ciudad se ve a vista de pájaro. Un ancho paseo con una fuente en medio donde charlotean unas muchachas; sus risas apenas se oyen. Un túnel. ¡Qué largo!... Otra vez la claridad. En este momento el paisaje es enorme. Al fondo se ve la ría de Pontevedra. Está encajada (por esta parte) entre dos grandes montañas verdes pobladas de blancos caseríos como todas las de esta tierra. En el centro de la ría hay una isla de verdura; al fondo, entre tenues gasas de neblina, lejos, muy lejos, el mar... Vamos por la ribera de la ría. El tren se inclina suavemente hacia ella... su brisa nos llega y azota el rostro. Se oye silbar el viento... llueve. Lentamente, gradualmente, el paisaje se va quedando sin luz. En la ría unas tencas cabecean soñolientas. Es la hora del crepúsculo. Calma, paz. Ya casi es de noche. No se ve más que una mancha negra y otra gris: las montañas y el cielo... Ya nada se ve; de cuando en cuando, una lucecilla roja. La noche. Poesía grande, infinita de la Naturaleza, cargada de ruidos extraños y de músicas celestiales... El tren va a gran velocidad. La obscuridad es grande. No se ve... Y entonces penetró en el vagón, el cual se halla iluminado por un pobre mechero de aceite, que le comunica un aspecto tristísimo. ¡Qué ambiente tan ahogado!... Unos señores dormitan tranquilamente en un rincón; todos los demás aletargados; y yo también, influido por el medio ambiente, me acomodo en un asiento y poquito a poco me voy quedando dormido... y mientras tanto, el tren corre triunfal los campos de Pontevedra arrojando bocanadas de fuego que iluminan trágicamente la ría...

NOTA: *Se trata del artículo publicado en la revista granadina* Letras *el 10 de diciembre de 1917. No fue incluido en el libro.*
Publicado por I. Gibson, «Los primeros escritos impresos de Federico García Lorca: dos artículos más» en Bulletin Hispanique, *LXX, 1968, núms. 1-2, págs. 116-121.*

[núm. 21. *Ni]*

EL CREPÚSCULO

> Como una luz de más allá
> Victor Hugo

De los campos sale un vaho meloso y apasionado que envuelve a la ciudad en nubes de [c]olor rosa y trigo que ésta recibe con unción callada como si se preparara para el momento supremo de la puesta del sol..... Los mares rumorosos de espigas están quietos y las aguas tranquilas parecen miel de plata y de menta. Hay algo que zumba en los oídos muy extraño que rompe la campana con su clamor plomizo.....

NOTA: *Publicado por Ch. Maurer en* Cuadernos Hispanoamericanos, *núms. 433-434 (julio-agosto 1986), pág. 30. No fue incluido en el libro pero la técnica descriptiva es análoga a la de varias partes del mismo.*

1 hoja, 22 x 16,5 cm., en tinta, sin numerar, al dorso de la hoja 12 de la citada Mística *en que se trata de una angustia suprema que no se borra nunca. En la misma hoja aparecen las palabras: «Muy bien. Dios», que seguramente se refieren a la* Mística.

En la hoja 12r del ms. en que se encuentra aparece la fecha «16 de Mayo. 1917».

[núm. 22. *Ni]*

ALEGORÍA
LA PRIMAVERA LLEGA

La Primavera ya está vistiéndose de azul y ha despertado de su dormir largo. El invierno está muriéndose de calor y llorando nieves derretidas..... Por los montes hay celajes y bordados de nubes rojas. En los caminos hay capullos abriéndose y mujeres que se ríen. Los amaneceres tienen olores de vida y de rosas. Los atardeceres llevan en su corazón amores y esperanzas. En los árboles hay broches de esmeraldas. Las aguas son de arco iris. Cuando llega la noche una inmensa mano de gasa y olor pasa por los campos dando colores a las cosas.............. Debajo de los sembrados están los espíritus de la naturaleza formando los frutos..... Los aires cálidos están matando al invierno... y toda la tierra está moviéndose y preparándose para su parto genial..... Al mediar el día, el campo tiene en esta época indefinida un misterioso encanto de color y de luminosidad. To[do] está quieto y adormilado..... parece que la naturaleza está rezando porque se formen bellas flores. Hay en el aire dorados y plomos tan raros que hacen a las sierras de cristal. Las músicas de la primavera se oyen lejanas y el sol levanta con sus lanzas de alegría la nube de plomo que pesaba sobre los tristes..... La sangre corre ardiente y las rejas se abren ante la promesa de los claveles..... Los cristales de las casas son diamantes y rubís con el

300

sol. Los ojos de las mujeres son brujos y su mirar es un estilete de oro que se clava en el corazón. Cada día que pasa es una tonalidad distinta en los campos. Cada noche que transcurre es una sinfonía más de amor..... Todos los árboles se mueven para que sus brotes sean fruto y hojas. Las celindas, rosas, margaritas, camelias se adi[vi]nan en sus plantas..... La primavera ya se está poniendo sus alas de luz y pasión porque ha despertado de largo dormir..... El invierno está agonizando de calor porque vio en el horizonte al mes de Abril.....

Uno que tiene corazón de fuego

Yo no quisiera que la primavera llegara nunca porque si mis ojos la aman la detesta mi corazón. Como yo tengo en el pecho una llama, el frío y la nieve son un consuelo inmenso..... pero cuando llega la dulce y melosa primavera su ardor aviva las llamas de mi corazón y me hace morir de pensamientos. Yo no quisiera que llegara nunca la primavera porque entre sus flores y sus sonor[idades] mi alma encuentra el supremo desencanto de mi amor..... Toda la sangre de mi cuerpo tiene en sus fibras esencia de ella..... La primavera haciendo correr y agitarse mi sangre hace que ella sea para mi alma la angustia y el recuerdo constante que el frío del invierno me hizo olvidar..... Por eso para mí la primavera es languidez y suspirar.

NOTA: *Primera parte muy similar a varias descripciones de* Impresiones y paisajes. *Es también significativo que el primer título, tachado, sea «Paisaje de ensueño».*
4 hojas, 18,5 x 13 cm., en tinta, numeradas 2-4, completo. Sin fecha.

Colección Letras Hispánicas

DE PRÓXIMA APARICIÓN

choc- [122-07]

no extended waranty

phil's employee
    retirement plan

Nation- wide fam
        share plan
            700 mins unlimited

781-910-2806